社會工作小組叢書

社 會 工 作 小 組 叢 書 （ 九 ）

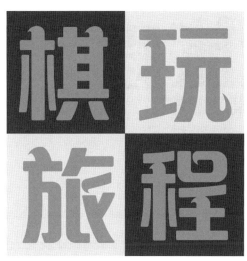

棋玩旅程

100個桌上遊戲 帶領技巧

第二版

梁林輝、葉文俊、黃幹知 編著

棋玩旅程

100 個桌上遊戲
帶領技巧

編著	梁林輝、葉文俊、黃幹知
責任編輯	謝偉強
封面設計	飯氣攻心
相片提供	shutterstock

出版	策馬文創有限公司
電話	(852) 9435 7207
傳真	(852) 3010 8434
電郵	ridingcc@gmail.com
出版日期	2017 年 5 月初版
	2020 年 11 月第二版

發行	香港聯合書刊物流有限公司
	香港新界荃灣德士古道 220~248 號荃灣工業中心 16 樓

國際書號	978-988-13348-2-4
圖書分類	(1) 社會工作　　(2) 文娛活動

目錄

理論篇

實踐篇：100 個桌上遊戲帶領技巧

應用篇

附錄

供稿者簡介

核心編著團隊

鳴謝以下在不同機構工作的朋友，於過去一年半，在百忙中仍堅持每月抽空參與聚會，一同試玩、練習、互相觀摩帶領桌遊，並從中撰稿整理前線經驗：

吳偉林

浸會大學社工系畢業，其後一直從事精神復康服務。深信社會工作是椿「擺渡」的工作，由乘客變成擺渡人後，希望透過書內的文字，將從前輩處承傳下來的智慧和經驗與讀者（尤其是正攻讀／初畢業的社工）分享。

張偉楠

香港理工大學社工系畢業，現職小學駐校社工，尤對個案與小組工作手法結合的方式感興趣。過去數年積極將桌遊介入輔導手法於工作中實踐，著重體驗學習對青少年成長的重要，深信人存有對自身需要的覺察能力及個人化的解決方法。

盧春茹

從事就業支援服務，喜歡認真玩桌上遊戲的註冊社工。

廖美梅

理工大學社工系畢業，喜歡人與人之間的連繫及分享。畢業後曾從事駐校社工、青少年中心社工等。熱愛青少年工作，喜愛運用桌遊作為個案及小組工具，打開青少年之心窗，成為他們成長的橋樑。

其他供稿者

另外鳴謝以下朋友在百忙中抽空撰稿：

何仲焜

港大哲學及心理學系畢業，致力運用多年之桌遊及棋藝導師教導經驗，於不同渠道推廣健康有益的遊戲文化。

林浩文

青年工作社工，長期利用桌遊舉辦活動、小組及專業培訓工作坊，熱愛桌遊並曾參與世界桌遊比賽，希望能以桌遊陪伴青年成長。

林俊鴻

香港城市大學畢業，現職中學駐校社工，相信由戶外歷奇到室內桌上遊戲等經驗學習手法都能啟發青少年的轉變與成長。

吳子聰

香港中文大學社工系畢業，於 2013-2016 年間在聖公會聖基道兒童院任職家庭支援計劃社工，並開展一系列以桌遊為本的住宿兒童成長、義務導師及倡議小組。

霍景昇

香港中文大學社工系畢業，現職青年服務工作。近年與工作伙伴以桌遊配合個別輔導及小組工作，應用至義工、領袖訓練及社區工作中。

趙軒瑋

浸會大學畢業後，從事長者服務及就業服務，興趣是以生動有趣的介入手法協助服務使用者面對生活的轉變及提升生活質素。

周皓霖

中大社工系學生，曾在多間不同的青少年中心工作及實習，並以桌遊向兒童進行公民教育。

最後，本書得以付梓，除了感謝以上朋友的付出外，更感激馮立榮校長、周詠禧社工、劉志豪職業治療師及黃頌行先生在百忙中撰寫書介！

■「社會工作小組叢書」總序

小組工作是社會工作實務的一種手法,在不同服務層面上廣為社工應用。這套叢書就是以社會工作小組在香港的應用為立足點。

我們認為學習和應用社會工作小組的過程中,應注意以下幾點:第一,須堅持社會工作的價值和視野;第二,掌握小組工作的特性及小組動力的知識;第三,從服務對象的需要出發,了解當事人有何需要尚未獲滿足;最後,要把介入的理念與工作手法靈活配合,對應著小組互動的情況和組員獨特的處境。

香港社會正面對急速轉變,部份前線社工畢業後,會先選取某一介入理論和手法,然後套用於服務對象上,或參考小組應用手冊,把活動包裝湊合,冠以有趣的名字去開展小組,卻往往忽略服務對象的實際情況和需要,當然很難達到理想的效果,這是很值得關注的。

我們希望透過這套叢書,重申社會工作小組的價值、視角和手法,反思過往的經驗,展望將來的發展,更根本地從社工的價值和視角出發,以滿足服務對象的需要。

認清社會工作小組的價值和視角

系統思維(systemic view)是社會工作實務裏一個很重要的視角,一直指導著我們應如何帶領小組以發揮效用,尤其服務對象正面對多元的問題,或接受很多不同的服務。系統思維讓我們在小組中考慮組員與不同系統的關係,更提醒了我們「人在環境中」(person-in-environment)的視角——要處理的不單單是組員的心理問題,還涉及社會層面,以及人與環境的互動。因此,系統思維除了幫助社工注意組員間的互動外,亦會將小組介入指向各個層面,不只著重小組的輔導,還會兼顧促進社區互助、倡議政策改善及追求社會公義。文化角度在社會工作中也同樣重要,我們要思考文化、歷史環境等因素如何影響服務對象。

舉例而言,針對有特殊學習困難的青少年,社工除了採用專門的介入手法外,更可動員四週的資源,如開展社交小組去幫助學生建立互助群體、籌劃家長小組讓他們交流心得和促進子女的學習。隨著小組的發展,這些學生和家長小組更可以結集力量,一起推動教育政策的改變。我們相信小組的治療成效不一定來自專門的介入,組員間的互動亦可發揮輔導和治療效果,進一步更可發揮他們的力量去影響社區和政策,讓服務對象體現自己的力量。

社會工作小組的一個基本價值,就是平等參與、互相尊重,也是建立公民社會的基石。所以小組除了處理組員面對的問題外,也希望透過這平等參與、互相尊重的過程,促進公民社會的建立(Schwartz, 1959;羅國權,2011),這也是我們過往小組工作經常忽略的。

小組工作的價值和社會工作的傳統是一脈相承的。小組工作比個別輔導更強調對人的尊重、平等參與。社會工作相信優勢導向（strength perspective）的角度，我們除了幫助服務對象面對困難和問題外，更重要是凸顯他們如何應付這些困難，以及解決問題的方法和能力。社會工作小組正是要發揮服務對象的毅力，以及欣賞其不屈不撓的美善精神。

整筆過撥款推行後，很多機構為開源節流，較少把資源投放於小組工作的發展上。現行的津貼及服務協議（Funding & Service Agreement）側重了提供短期小組的服務，並且過於著重參與的人數，這種偏重服務數量的資助模式，往往犧牲了小組的服務質素，尤其忽視了長期小組所帶來的貢獻和成效，於是機構難於支持長期小組的服務發展。現時，幾節的短期性小組成為服務的趨勢，並且強調要跟從既定小組程序，藉此加強監控或「保證成效」，因此同工缺乏有利的條件去發展互惠互補的小組（reciprocal model）或社會目標為本的倡議性小組（social goal model）（Papell & Rothman, 1962）。

我們的工作範圍正不斷地受到津助、服務協議和外界資助基金的重新規範。社會工作的基本理念和信念越來越不受重視，社工必須對自身的傳統價值重新思考，否則我們的工作只會不斷地被扭曲，服務對象的需要也只會被邊緣化。

對應需要比手法更重要

不少社工對臨床介入特別嚮往，認為心理治療的理論和技術是最專業的，更是提升社工專業地位的不二法門。當然，這些臨床介入和治療理論可加強我們的小組成效，但使用時的心態和方法卻值得關注。首先，應用這些心理治療的理論和技術時未必符合社會工作的價值觀、當時的處境和文化角度；第二，引入心理治療的理論時或會淡化了社工的價值（如對服務對象需要的理解），例如某些理論只重視問題分析和處理，卻忽略滿足服務對象的需要，甚至不能跟隨小組的步伐。第三，心理治療是很受西方資本主義和市場主義的影響，這些觀點很容易將服務對象的問題化約為個人內在和心理的困擾，治療的重點就是要把這些失調行為轉化為符合社會要求的功能性（functional）行為，而社會工作卻是採取批判的角度（critical perspective），考慮人在環境及個人與社會的關係。

舉例而言，現在許多中學生是受校方諸多引導或強迫才參與社工舉辦的小組，而小組的主題往往是由校方主導，這些小組活動能否真正對應學生的需要呢？顯而易見，這些學生的問題和需要是由校方所界定，有些學生甚至被定為「問題學生」，學校與學生雙方的觀點未必是一致的，一旦學生被迫參加小組活動，社工的首要工作就是要建立信任的關係，進而調節小組的介入方向，並且要處理學生與環境之間的互動情況，以有效滿足他們的需要。這時候，社工必須察覺自己正是處於縫隙間提供小組工作，也是介入於服務對象與環境之間，從而發揮調和功能（mediation function）（Schwartz, 1976）。如果社工沒有這種醒覺，就會進入社會控制的角色，對服務對象造成抑制和欺壓，這是必須防範的。

雖然這套叢書是以小組工作為定位，但我們相信個人、小組和社區的介入手法，是無分彼此，優次同等，並應該靈活結合的。無論選用不同層次的介入手法，或在小組中選用甚麼理論、手法或活動，對應服務對象的需要都是極之重要的考慮。

社會工作的終極目標是為人謀求福祉（well-being），我們認為家庭、社區和社會的問題都不是單一的原因所造成，因此需要運用多項應變思維（Multiple Contingencies Thinking）

（曾家達、游達裕，2011）去審察，否則如果只是使用線性類別思維（linear categorical thinking）去處理單一和表面的問題，就只會是頭痛醫頭，腳痛醫腳。

社會工作知識的一大特點，是由服務對象的需要作基礎和焦點，再結合多方面的專業知識，這是跨學科的，不單只應用心理學、社會學，還包括歷史、人類學、文學等，以及運用藝術、舞蹈、音樂、錄像、文字等媒介，從而達到介入的目的。這些工作手法、知識，不是社工專業所獨享，服務對象也擁有這些知識和智慧，他們在參與的過程中會發出自己的聲音，而社會工作的一項重要功用，就是提供空間讓服務對象發聲。

實證為本的小組工作實踐的反思

近年，坊間出版了很多小組治療手冊，很多人都有一份迷思，認為要對這些手冊保持忠誠，完全跟從當中的程序才是最專業、最恰當的。而輔導成效的研究發現，社工自身的能力和態度，包括對服務對象的關懷和熱誠、純熟掌握有關技巧、社工本身的成長和修養等，比治療手法更有影響力，更能引發當事人的正面轉變（Wampold, 2001）。

我們的叢書雖然提及很多不同的手法和活動，但更加鼓勵大家不要盲目跟從，更應留意組員的需要和小組發展。這叢書所提供的小組程序和介入手法固然有參考作用，但在適當時候要放下手冊，對應處境，關注當下情況，留意小組的互動、組員及自己的情緒反應。

我們在設計小組時，總會針對某些服務對象，從研究、文獻回顧、整合過往的經驗等方式進行需要評估，從而構思概念框架、目標和手法。這個過程是為我們設下一些假設，但更需要以事前的聚焦小組或組前面談，作更深入的需要評估，從而檢查這些假設是否正確，才不會強迫服務對象去迎合我們的介入框架。例如我們曾開展一個病態賭博／賭博者小組，回顧文獻時發現認知行為治療的手法對他們較為有效，但組前面談卻發現他們已接受多次認知行為治療的介入，但成效不彰，此時我們就要重新調整小組的手法，如使用完形治療（Gestalt Therapy）及正念（Mindfulness）訓練。

叢書出版與本土化的實戰智慧

後現代主義者福柯（Michel Foucault）提出「權力就是知識」，權力往往就是用知識來呈現，甚至專業知識是一個階級和等次的安排。如何分辨甚麼是知識時，我們深信小組工作的知識不只是西方的理論，更不只是掌握在學院手上。相反，前線同工與服務對象的接觸之中，其實是充滿了實務知識。戰後，香港開始引入西方理論於社會工作發展上，自 1970 年代至今已有三、四十年。香港是一個彈丸之地，很多社工已經累積了豐富的實務經驗，彼此交流和分享的速度亦很快，這段期間我們已發展了具本土化的社會工作，例如外展工作就是香港很有本土特色的實務工作。我們在接受外國理論之餘，無需妄自菲薄，可主動向外地交流我們的經驗。在廿一世紀，社會工作的知識生產基地不只在西方、在學院，前線同工的實務經驗也是重要的知識來源，中國亦會累積和生產很多寶貴的實務知識。

實務研究的概念很廣闊，我們不排除使用一些量表進行研究，但單靠量表所取得的研究結果，對實務工作幫助不大。其實，前線同工在帶領小組和活動後，認真地回顧和檢討自己工作的成效、是否對應服務對象的需要、過程應如何改善，並檢視箇中的邏輯等，這已經是很寶貴的研究過程，對實務工作有很大的貢獻。日後，學院的研究應該要結合前線社工實踐的

經驗。舉一個較極端的例子，有一些學院的研究，竟要求參與幾節小組的組員填寫超過十多頁的問卷，以滿足研究的需要，這是否有點矯枉過正呢？對實務又有多少貢獻？這都值得我們深思。

展望將來，北望神州，社會工作在人口眾多的中國不斷發展，小組工作與個人或家庭輔導相比，無論是成本效益和可服務對象的數量上，都是更加適合。相信在不久的將來，經過同工的一同努力，我們定必可以發展一個具有東方和本地特色的社會工作小組模式。

這叢書編訂的團隊來自前線社工和學院老師，這是有機的結合，我們一同思考、發展、累積和創造知識，希望有系統地組織、反思和總結這些實務經驗，成為小組工作的指引，從而鼓勵一個本土化的社會工作小組實踐。

我們期望出版這套叢書可以鼓勵創新及以實踐為本的社會工作小組，從而推廣小組工作的發展。我們不以西方的模式和理論為唯一的標準，同時亦重視當下本地華人社會的需要，並結合本地研究作實踐的方向。

梁玉麒（香港中文大學社會工作學系專業應用副教授）
游達裕（資深社工、社會工作教育者）
黃幹知（青少年服務前線社工）

2011 年夏

參考資料

Papell, C., & Rothman, B. (1966). Social group work models: Possession and heritage. *Journal of Education for Social Work, 6* (2), 66-77.

Schwartz, W. (1959). Group work and the social scene. In T. Berman-Rossi (Ed.), *Social Work: The collected writings of William Schwartz* (pp. 202-220). Itasca, Ill: Peacock Publishers.

Schwartz, W. (1976). Between client and system: The mediating function. In R. W. Roberts & H. Northen (Eds.), *Theories of social work with groups* (pp. 171-197). New York: Columbia University Press.

Wampold, E. B. (2001). *The great psychotherapy debate: Models, methods and findings.* Mahwah, NJ: Lawrence Erlbaum Associates, Inc.

曾家達、游達裕（2011）。〈知行易徑：從理論到實務〉。載於曾家達、游達裕編，《知行易徑：基礎與應用》。香港：策馬文創。

羅國權（2011）。〈社會工作小組之我見〉。載於梁玉麒、游達裕、區結蓮、張敏思編，《千帆並舉：社會工作小組新貌》。香港：策馬文創。

本書使用説明

「棋玩旅程」乃指透過桌上遊戲（Board Games），讓小組經歷耳目一新的旅程。社工在小組中應用桌遊大有學問，有深度的經歷能促進組員的成長及反思。否則，桌遊只會淪為康樂的玩具。

本書理論與實踐並重。理論篇中，詳細分享了桌遊及小組工作的理論、介入經驗和設計桌遊的心得。應用篇中，分享了在不同的華人社群對象中應用桌遊的小組程序表。在實踐篇中，詳細介紹了 100 個桌遊，分享如何深入串連、帶領和變化桌遊，令桌遊變得更有學習意義。每一個活動順序列出以下項目：

⚠ 執行須知

- ☻ 人數：顯示多少人參與遊戲最理想，人數較多時宜再分組進行
- ⏱ 需時：按過往經驗需時多少，包括講解、帶領及解說的時間，亦視乎小組的節奏
- ◆ 物資：桌遊所需的配件
- ✂ 設置：開展桌遊時的設置及擺位
- 📖 出版：桌遊的出版商及作者，方便同工選購

☰ 講解技巧

- 讀者可按講解步驟説明活動進行方式，包括玩法及規則；
- 我們選出部份規則上較複雜的桌遊，把講解的示範片段上載 Facebook 專頁。

⬆ 帶領技巧：介入經驗

- 分享筆者過往引導小組過程中的經驗。

❓ 解說技巧：功能與主題

- 代表桌遊可帶出的訊息及對小組的功能，只要稍為調節規則，可轉變主題；
- 羅列解說時誘導問題的例子，讀者宜因應小組情況及主題等靈活調節。

⇌ 程序變化

- 稍稍調節規則及其他設定，增減難度，分拆結合，為活動帶來新元素。

字詞定義

由於本書涉及小組工作及帶領遊戲的理論和技巧，所以往往涉及一些專業名詞，為求一針見血、簡而精地把有關的概念表達，以下羅列部份用詞的統一解釋：

詞彙	定義
組員	在小組或大型活動中參與遊戲程序的人
工作員	指負責帶領遊戲的人，包括帶領小組的「組長」，或大型活動中在中央給予指示的「主持」
手牌	遊戲中使用的卡牌，由組員手上拿取的牌，並在每回合中打出
牌庫	遊戲中使用的卡牌，置於桌面的卡牌，讓組員打出手牌後補回
指示物	遊戲中用作提示或記錄分數，通常為卡牌以外的小物件，如：小型卡片、膠製的玩偶等
洗勻	於遊戲開始前把所有的卡牌弄亂，增加公平性
版圖	以硬卡板製成，供遊戲進行的圖板或地圖

本書是「社會工作小組叢書」的第九本。為減少重複，書中遊戲提到某些技巧時會提議讀者同時留意其他篇章，讀者宜靈活運用，融會貫通。

Facebook 專頁

我們會定期於 Facebook 專頁更新帶領技巧的專題文章、帶領桌遊的示範片段、購買桌遊的好去處等，亦歡迎大家把回應和心得在網上延續討論。

社會工作小組叢書 (Social Work Group)
www.facebook.com/socialworkgroup

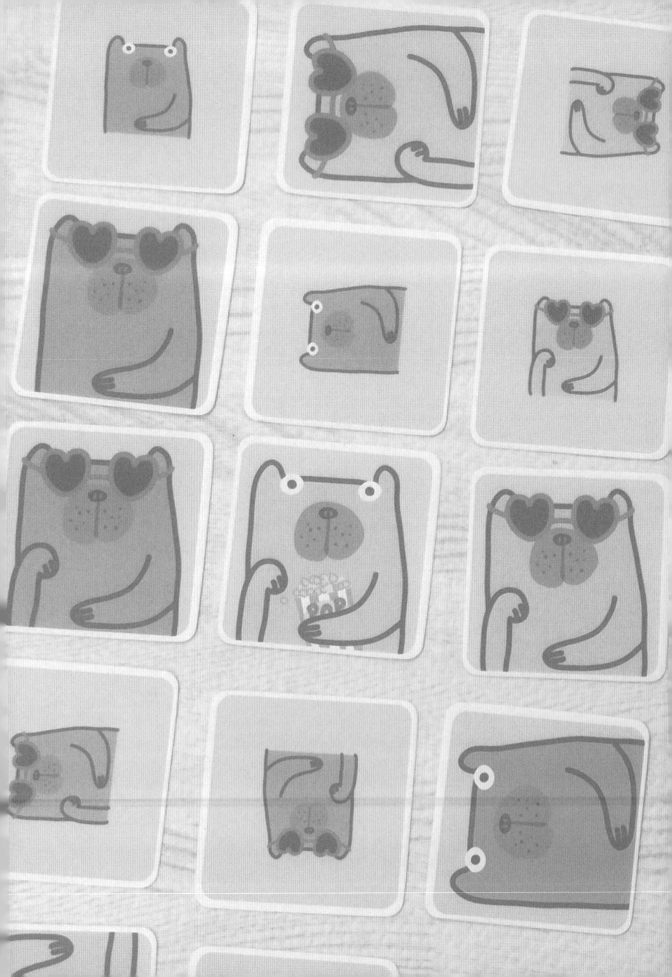

理論篇

B1
桌遊與社會工作小組概論

黃幹知、葉文俊、梁林輝

B1.1「桌遊」的定義

「桌上遊戲」（Tabletop game 或 Tablegame），簡稱「桌遊」，顧名思義，是在桌子或任何平面上進行的遊戲。因多數由紙質材料製造，不用電子設備的支持，故又稱為「不插電遊戲」（韓旭，2009）。

西方文獻大多把歐式桌遊（Eurogames）歸類為現代版圖遊戲（modern board games），德文為「Brettspiel」，「brett」是英文中的「board」，意指「版圖」，而「spiel」即「玩」或「遊戲」。筆者認為以此來定義桌遊，很易排除了運用其他物資進行的遊戲，例如：卡牌、戰棋、骨牌等，其實這些遊戲的性質與上述版圖游戲相同，因此本書都一律採納為「桌遊」。

筆者綜合不同的文獻（Schaefer & Reid, 2001; Gobet, Voogt & Retschitzki, 2004; Bellinson, 2012; Gibson & Douglas, 2013; Hertel, 2015），界定本書中所指的「桌遊」包括以下的特質：

1. 有特定的結構，包括：規則及輪換機制（turn-taking），為參加者締造一個安全的遊戲環境；
2. 對形式有規定，包括：
   - 特定指示物（不論是棋子、卡牌、骨牌、波子）的功能、數量及位置；
   - 清晰界定了在桌上的遊戲範圍（例如：專門設計的版圖或起點與終點）。
3. 每當移除或移動指示物時，會影響遊戲的大局和結果；
4. 設有外在機制，如：擲骰、轉盤或隨機抽牌等，增加遊戲的不確定性（uncertainty）；
5. 讓人與人在現實生活中面對面進行互動；
6. 不涉及現金賭博。

以象棋、西洋棋、圍棋或麻將為例，都符合以上部份的特性，但由於組員很少因為遊戲而引發對話（閒談除外），故彼此的交流很少，而且部份更涉及金錢賭博，因此本書不會將這些歸類為桌遊。

Jean Piaget 將遊戲行為分三類：練習性、想像性和規則性。按此分類，多數的桌遊因為具輪流等待、共同制定與遵守規則、組員相互合作或競爭才能完成等社會性意義，故應歸類為「規則性遊戲」（Gobet et al., 2004）。

B1.1.1 德式與美式「桌遊」的歷史淵源

桌上遊戲的歷史悠久，考古學家在四大文明古國中都曾發現傳統桌遊的蹤跡，例如公元前3000 年左右，在古埃及出現的「賽尼特棋」、中國商周時期的「六博」棋盤遊戲等，而現代桌遊以美國及德國為兩大龍頭。社會工作的介入重視處境（context），當了解兩地的文化和背景時，會更理解桌遊的特色，從而更本色化（contextual）地選取合適的桌遊給組員參與。

自工業革命後，大眾休閒娛樂的時間增加了。歐洲的冬季寒冷而漫長，家庭會以一起玩桌遊來維繫親情。於是有商人看中歐洲市場的情況來設計遊戲，其中德國出版的遊戲最多，自成一派，發展了蓬勃及眾人皆知的桌遊產業。由於桌遊代表了家庭的價值及孩子成長，所以經常成為德國人的禮物清單之一。德國為歐洲的軍事及工業大國，有很多專業工程師設計出許多以戰爭為背景、抽象思考或策略性資源經營的桌遊。

在美國，桌遊則並非普遍性的家庭活動，而是較受學生和年輕人愛好的玩意。因此，美式桌遊多數停留在一個非常簡單的遊戲水平，新開發的遊戲會一直沿用相同的系統和機制，不斷地尋找新的主題來刺激用家，通過角色扮演進入遊戲的世界。

許瑞玲、黃家儀、張雅惠（2012）整理了德式桌遊和美式桌遊之差異：

	德式桌遊	美式桌遊
對象	大眾、家庭活動	學生或年輕人，「嗜好」活動
遊戲時間	較短（多數約 1-2 小時）	較長（多數約 2 小時以上）
遊戲規則	簡潔明瞭	細節較多、複雜
特色	以「選擇」為主，注重策略	以「掌控」為主，注重運氣
機制	組員要互相合作，共同達成任務以獲獎得分	以消滅對手為目的，使對手死亡、失敗、出局
主題	與現實相近	多充滿幻想
視覺	繪圖及配件品質精美，引人購買的興趣	華麗、精緻、立體面積較大
配件	不愛用骰子	愛用各式各樣的骰子
代表作	**Bc07. 卡坦島、Bc01. 卡卡城**	「大富翁」、「同盟國與軸心國」

簡單而言，美式桌遊屬於 Nicholson（2015）所指的競賽為主（competitive gamification），為自己爭取最大的利益，而德式桌遊則以合作為主（cooperative gamification），連結組員，鼓勵組員結盟或協作。

B1.1.2 現代德式桌遊的特色

綜合不同文獻，比對傳統桌遊，本書所選取的現代德式桌遊，具有以下特點：

一、參與程度與時間

傳統桌遊多數只有兩人參與，輪候及完成遊戲的時間都較長。

現代桌遊的規則簡單而靈活，適合兒童參與；同時，又可自行變化，部份甚具策略性，因此也吸引了不少成年人參與。而且針對家庭聚會而設計的桌遊，適合多人參與，組員以交易、拍賣等不同方式同步進行不同的小行動，輪候及完成遊戲的時間不會太長，可以反覆練習（Nicholson, 2008; 王芯婷，2012；黃莉媛、張雲婷，2013）。

二、平衡運氣與策略

傳統桌遊多數用骰子或轉盤來決定移動的步數。

為提升玩家的互動，現代桌遊會提供大量的選擇，組員要運用不同的策略，多於依靠運氣，例如：擲骰或抽卡用來創造不同的決策組合（Gobet et al., 2004; Nicholson, 2008; Crews, 2011）。

有論者形容，現代桌遊是在「運氣」和「策略」這兩極的連續體（continuum）上作出決策

（decision），而德式桌遊多數偏重「策略」一方：

運氣（Chance） 偶然性（Fortuity）	策略（Strategy） 複雜性（Intricacy）
• 所有人對現況的理解和所得的資訊都是一樣的，例如：象棋 • 「偶然性」通過隨機的過程，例如：輪流擲骰、抽卡，對勝負有重要的影響	• 組員按規則在特定時空作出選擇，決策對勝負有重要的影響 • 組員處理或統計大量資訊並策劃下一步 • 「複雜性」隨選擇的數量而增加

（Mayer & Harris, 2010; Hertel, 2015）

三、決策開放與多變（Open-ended Decisions）

現代桌遊身處一個開放式的環境，像戲劇般多重結構的發展；組員要理解繁多的資訊、執行遊戲規則、對突發狀況作出應變，更要在不確定的情況下有策略地運用交易、協商、角色扮演等方式冒險地作出決策，並承受遊戲結果。這考驗組員的腦力，涉及複雜及高階的思維技巧，包括：協調思考、文字處理能力（literacy skills）、思考不同可能性（probabilistic reasoning）（Mayer & Harris, 2010; Berland & Lee, 2011; Hertel, 2015）。

四、以計分取代淘汰

傳統桌遊多數以「戰爭」作邏輯，要贏得遊戲並不是消滅對手，而是設法讓自己的資源不斷增加和局勢不斷佔優，或與對手結盟，抑制其他對手的成長，最終有組員用盡資源或被淘汰出局，輸掉的會變成旁觀者。

現代桌遊中，所有組員都可全程進行遊戲，不會中途出局。組員有多種方法取勝，最常見的是某人達成任務來結束，或到某個時候來計分；即使處於劣勢的組員仍可阻礙別人、左右大局，部份遊戲更不形成攻擊對立，而是要共同合作完成一個目標，既有競爭性又有合作性（Nicholson, 2008; Mayer & Harris, 2010）

Gobet et al.（2004）、Zagal, Rick, & His（2006）和 Hinebaugh（2009）把傳統桌遊和現代桌遊的性質分類，前者屬「比賽」，後者則屬「合作」和「協作」：

比賽遊戲 （Competitive Games）	合作遊戲 （Cooperative Games）	協作遊戲 （Collaborative Games）
以策略打擊或消滅其他對手，例如：戰爭遊戲（war games）	各有目標，從對手身上取分或許也是得勝的方法之一，多按規則談判或討價還價，增加組員的對話，例如：比試遊戲（race games）	所有人結成一個團隊，有共同的目標，例如：排列某個陣式，共同為成敗負責，組員間要溝通及討論，例如：排列遊戲（alinement games）

五、平衡主題與機制

現代桌遊的設計師除了精心設計遊戲的機制外，更堅持遊戲皆有其主題故事（包括：情境、角色及概念，例如：戰爭、貿易、文化、藝術、城市建設、歷史等），並以此來設定學習內涵及目的（韓旭，2009；Mayer & Harris, 2010）。

六、重視創意與美感

現代桌遊包裝盒的內和外，均充滿活潑的視覺設計，而且色彩豐富。盒面上會有設計者、插畫家的簽名或名字標示，一般稱為「設計師遊戲」（designer games）（Mayer & Harris, 2010）；盒內則有精美繪圖的紙版、高品質的木刻與配件（如：金屬棋子），引起遊戲興趣（王芯婷，2012）。

總括而言，現代德式桌遊較重視策略和選擇，組員的參與程度較高，而且具有處境或主題，較傳統桌遊更適合運用於社會工作小組的介入中。

B1.1.3 桌遊的分類

回顧古今中外的文獻，有不同的桌遊分類方式，包括：

一、以道具分類（韓旭，2009；許瑞玲、黃家儀、張雅惠，2012）

- 版圖遊戲（board games）：包含棋類（chess）——圖文符號畫在一塊硬板作活動範圍或記錄的工具
- 卡牌遊戲（card games）：使用卡牌進行
- 骰子遊戲（tile-based games）
- 骨牌遊戲（domino games）
- 紙筆遊戲

二、以機制分類（Doghair, 2006; 許瑞玲、黃家儀、張雅惠，2012）：

以在桌遊中獲勝的機制來分類，包括：合作、表達、運氣、交易、競標、反應、風險管理、行動點數分配、手牌管理、記憶、板塊放置等，詳見〈**B4. 桌遊的結構**〉。

以上兩個分類方式各有其限制。社會工作相信在小組中運用不同的程序活動（programs）來產生和回應互動過程（process），從而達到不同的介入目標（purpose）。由於同一桌遊可以達到不同的目標，所以若以機制分類，則有違以上原則。隨著近年桌遊的發展，不同的遊戲可能會運用多於一種道具或遊戲機制，為達到「不重不漏」（mutually exclusive, comparatively exhaustive）的效果，本書的〈實踐篇〉會摒棄以上的分類，以遊戲時間的長、中、短為不同的桌遊分類。

B1.2 桌遊在社會工作之理論基礎

B1.2.1 個人層面：治療性桌遊——以遊戲作語言

一、兒童與「治療性桌遊」（Therapeutic Board Games）

過往西方的文獻主要研究在兒童輔導中運用桌遊，屬於個案層面的介入。建基於 Anna Freud 以「遊玩（play）促進言喻（verbalization）」的信念，以結構性遊戲引導兒童的思考和行為，從中抽取兒童生活及內在世界的有用資訊。「行動」（action）是兒童的語言，他們用行為多於語言來表達。當兒童進行桌遊時，讓他們在一個安全的環境中，自然輕鬆地建立具治療性的工作關係，引起對話，讓他們有機會把在傳統輔導中難以言喻的感受以行動呈現，而工作員可觀察兒童的行為模式（pattern）和認知，例如：何時及如何打破或違反規則，明白其行為背後承受的壓力、複雜的感受或焦慮的情緒，對其所關注、需要以至家庭關係等作出更準確的評估（assessment），建立輔導目標；兒童也可在一個有規則及界線環境中嘗試新的思維和行為（Matorin, McNamara & Kottman,1996; Streng, 2008; Bellinson, 2012）。

近年有不少研究指出（Schaefer & Reid, 1986; Matorin et al.,1996; Schaefer & Reid, 2001; Gobet et al., 2004; Streng, 2008; Hromek & Roffey, 2009; Wiener et al., 2011; Bellinson, 2012；王芯婷，2012），治療性桌遊可成為輔導和心理教育（psychoeducation）的工具，尤其針對喪親、離異家庭，以及有特殊學習需要、受欺凌或遭虐待的兒童，回應不同層面的需要：

小組主題	回應兒童的成長需要
自我認識	從勝負中學習面對困惑及應對（coping）挫折的策略，提升自我效能；遊戲過程涉及很多選擇，當中會看到自己的處事風格，從而更接納自我形象
生命覺察	在不強調比賽和勝負的溝通遊戲中，協助喪親、受性侵犯、被欺凌者在安全自由的氣氛下學習自我表露存在、分離與獨立、防衛等難以言喻的議題
目標設定	從有限的時間和規則中適應社會規範，作出決策判斷，並培養耐心、專注力；桌遊提供即時的挑戰，有助計劃未來
自我管理	桌遊模擬不同的主題故事，把不同社會的規範轉化成一些遊戲規則，為了完成、得分或勝出，必須有技巧地善用規則中的空間，對時間、理財、學習等規劃具有幫助
經驗反思	處理憤怒、走出抑鬱與焦慮、延遲滿足及控制衝動、增強理性思考等

二、其他年齡層的小組應用

較多研究都關注治療性桌遊在兒童身上的成效，其實也有零星研究指出，桌遊能應用在不同社群的小組上，促進他們發聲，例如：患癌青年的互助小組（Wiener et al., 2011）、無家可歸的婦女充權小組（Racine & Sevigny, 2001）、精神分裂症的心理動力小組、提升認知效能及防止腦退化症的長者小組（Gobet et al., 2004）。此外，這類桌遊在面對年老、疾病、殘疾等的社群亦可應用。

桌遊可以促進社工和組員平等地分享以下不同層面的經驗，從中互相學習（Racine & Sevigny, 2001; Wiener et al., 2011），包括：

1. 建立共同經驗：心路歷程、生活壓力、關注及對未來的展望，從中建立小組的共鳴感及凝聚力，加快小組發展；
2. 反思人際關係：家庭與朋輩；
3. 分享應對策略：如何面對困難和挑戰，以展現組員的資源和能力。

由此可見，桌遊在個人成長輔導的小組中，讓組員在整理感受、促進覺察和自我認識方面，都具有一定的作用。

B1.2.2 人際層面：在小組中學習溝通和社交技巧

一、桌遊與小組致效因素（Change Factors）

學者透過研究不同小組的成功原因，發現小組工作比個人的介入有一些促使改變的因素，也就是所謂的「致效因素」或「治療因素」（curative/therapeutic factors）。綜合 Yalom（2005）及 Bloch & Crouch（1985）的觀點，筆者在下表中羅列部份與桌遊小組有關的「致效因素」：

小組致效因素	定義	與桌遊小組的關係
小組凝聚（group cohesiveness）	組員關係緊密，對小組有歸屬感，能互相支持及接納（acceptance）	桌遊促進組員間互相合作的關係，共同完成目標，並建立具信任的氣氛
同舟共濟（universality）	組員向小組分享自己的困擾和憂慮，漸漸將問題非個人化，互相產生共鳴	組員帶著類似需要參與小組，而桌遊建構共同的經驗，並討論相似的生活關注
灌輸希望（instillation of hope）	陷於低潮者看見成功處理困難的組員，會對自己的進步抱有期望	在桌遊中看見其他組員能成功完成任務，為自己帶來希望

小組致效因素	定義	與桌遊小組的關係
傳達資訊 （imparting information）	工作員或組員在小組中向其他人提供資訊、建議或教導（guidance）	工作員或組員在桌遊的過程中共享資訊，又或在解說過程中分享策略
利他主義 （altruism）	組員因互相支持及分享建議，而發現自己對其他人是有幫助的，提升自尊	很多桌遊要求組員在過程中協助其他人才能讓整隊完成任務或得分
發展社交技巧 （develop socializing techniques）	以角色扮演或互動時彼此坦誠的回饋，學習更適當的社交行為	組員在桌遊中不停與人合作和談判，間接地學習及練習不同的社交技巧
觀察模仿學習 （vicarious learning）	組員觀察及模仿小組中其他人的行為（imitative behavior），並加以嘗試	組員在桌遊中觀察其他組員如何談判、處理衝突或表達情感等
人際學習 （interpersonal learning）	小組成為組員探索人際互動的社會縮影，通過回饋帶來矯正性的情緒經驗及啟發（insight）	組員在桌遊中會展現自己的人際風格，而在解說時從互相回饋中成長

桌遊是在真實情境中面對面與人互動，過程中會出現合作、競爭、利益交換、談判，需要高度的溝通技巧，彰顯了組員的能力。此外，桌遊為小組提供一個安全和輕鬆的環境，讓組員更開放去嘗試演練行為、共同協作解難及觀察反思，為現實生活中作實驗並面對後果，比直接由社工指導會更有啟發性。由於現代桌遊時間短促，其「可以重來」的特性，讓組員可反覆練習不同的社交技巧，學習如何與別人相處和溝通。在考慮小組的組成結構時，宜招募具不同社交能力和程度的組員作榜樣來建構更多有效的社交技巧（Schaefer & Reid,1986; Matorin et al.,1996; 韓旭，2009; Hromek & Roffey, 2009; Mayer & Harris, 2010; 王芯婷，2012; Bellinson, 2012; Gibson & Douglas, 2013; Hertel, 2015）。至於在小組中可運用的主題包括：

小組主題	需要與能力
聆聽觀察	觀察技巧、判斷技巧、傾聽及接收能力、觀摩其他人的做法和長處來學習新策略
同感共情	同理心、學習體會別人立場、彈性回應、機智風趣、社交鎮靜、處理情緒
表達技巧	口語和非口語的表達技巧，懂得如何與其他人溝通
常規建立 / 面對衝突	在規則下與人競賽、展現日常社交模式
家庭關係	對年齡差別的要求不大，適合家庭成員一起進行，增進親情

因此，社工若選用桌遊來達到人際目標時，可注意該遊戲有否呈現 Hromek & Roffey（2009）所提出的人際學習的三個層次，並加以善用當中的過程：

1. 技巧層次：卡牌呈現日常生活面對的挑戰和兩難，或按版圖指示練習社交技巧；
2. 交流層次：過程中使用一些技巧，如面對勝負的困惑情緒及應對策略；
3. 示範層次：社工或組員的互動過程，讓人模仿學習。

B1.2.3 教育層面：組織與社會介入

一、桌遊訓練的思維技巧

西方的文獻主要研究奕棋過程中的認知心理學，包括：感知（perception）與分類（categorization），如：選擇性搜尋理論（selective search）；記憶（memory representations）與知識（knowledge），如：組塊理論（chunking）；解難與決策等，如：漸進加深論（progressive deepening）（Gobet et al., 2004）。Hinebaugh（2009）更指出，最近數十年，更有一些標榜學習語言、數學、社會等的教育性桌遊（educational board games）。多數論者都認同，桌遊能有效訓練組員的高階思維技巧，Mayer & Harris（2010）更以 Bloom（1956）的分類法（taxonomy），指出桌遊可讓學生更有動機持續學習以下的思維技巧，並應用在學校的研習活動中。筆者再以不同的例子來說明如何應用：

Bloom 分類法	技巧	桌遊如何應用	例子
評鑑 Evaluation	評價、批評、判斷、證明、說服、支持	察言觀色：留意不同資訊或行動背後的動機 深思熟慮：評估現有的資源及風險，作最有利的決策 獨立判斷：批判不同資訊 持續反思：自我評估遊戲經驗中的表現	Bb26. 抵抗組織：阿瓦隆 Bc05. 我是大老闆
綜合 Synthesis	分類、歸納、重構	即時整合多個不同資訊的來源，建構新知識和概念，回溯過往的前設知識	Bb09. 語破天機
分析 Analysis	比較、對照、分解、篩選、分離	透徹地拆解資訊背後的意義，從而篩選有價值的資訊，在複雜的情況下隨機應變及作邏輯推理	Bb01. 出包魔法師 Ba12. 德國蟑螂
應用 Application	建立、製作、建構、模仿、預測、準備	把日常知識、概念和技巧轉化並應用在特定規則和創新情境上	Bb03. 估估劃劃 Bb15. 火柴會說話
理解 Comprehension	總結、轉化、辯護、解釋、說明、例證	理解遊戲規則，並選擇合宜的行動，聯想不同東西之間的關係	Ba13. 靈犀一點 Bb18. 教父風雲
知識 Knowledge	識別、描述、回憶、定義、列出、認可	從主題故事中認識、辨識與回想當中的歷史、地理等時空背景，部份遊戲亦考驗組員的記憶力	Bc08. 鐵道任務——歐洲版

（Hinebaugh, 2009; Mayer & Harris, 2010; Crew, 2011）

教育界方面的文獻指出，適當選取與課程相關的桌遊，是可以將它變成為一個有效的「進展性課程評鑑」（formative assessment）工具，除了有助掌握學生怎樣趣味地溫故知新、有何東西尚未知曉之外，也可有助教師理解學與教的成效（Gibson & Douglas, 2013），這符合上述分類法中的「知識」、「理解」和「應用」層次，屬於低階思維（lower order thinking）及基本的學習技巧。

「分析」、「綜合」和「評鑑」，屬於高階思維（higher order thinking），這些技巧除了有助應對日常活動的挑戰、促進學習外，應用在以組織領導或社會公義為主題的小組，亦有不同作用。

二、組織領導小組之應用

Gobet et al.,（2004）引述 De Voogt 的大眾心理學研究，探討傳統桌遊（尤其是奕棋）中的

三類欺詐（deceit）行為，包括：心戰、手段和作弊，不但會令人破壞規則，也可能做出損人不利己的舉動。我們建議社工應盡量避免使用這類無助組織和團隊建立的遊戲。

Hinebaugh（2009）則以桌遊探討博奕理論，指出桌遊有助組員在指向同一目標下，了解不同人的行動如何影響決策，並附上遊戲的例子，說明在數學及經濟學的應用。這一點在社工訓練領袖組織結構及處理策略上大派用場。

現代的德式桌遊，摒棄了「比賽」的元素，而更重視「合作」的元素，因此會產生組員與組員間、小隊與小隊間、和小組作為整體的協作（collaboration），並應用以上六層的思維技巧作出決策，以下為一些例子：

小組主題	領袖所需的技能
領袖風格	步伐較快者協助和教導其他不熟悉該桌遊的組員，是由「理解」到「應用」；完成活動後，「分析」及反思過程的收穫，「綜合」有待修正之處，向其他人提供意見和回應，這是一個邁向「評鑑」的過程
共享願景	廣納不同的想法與觀點，並提出一己之見；開放地與人分享經驗和策略，並在有限資源下把持原則，作出道德抉擇並承擔後果
組織結構	組員學習遵循規則，公正地與人協作，共同為團隊付出對抗遊戲的機制，同時有彈性地以不同的執行策略，應對不可預見的困難，學習如何在博奕論的兩難困局中作出抉擇
小組建立 / 合作解難	即使面對競爭環境，但在清晰的規則和限制下，互相支持達成目標，並練習如何解決問題

（Schaefer & Reid,1986; Gobet et al., 2004; Hinebaugh, 2009; Mayer & Harris, 2010）

三、社會關懷小組之應用

桌遊既是一個模擬處境活動（simulations），也是一個有效的教學工具。

桌遊提供故事背景，讓學生應用已學習的知識（Crews, 2011）。在美國，已有不少例子說明，可在課室中運用桌遊，與中小學語文教育、社會科、數學及科學的課程結連，而大專領域更曾應用在醫護教育、化學、時裝市場學等；研究更發現以桌遊教學，可為學生提供具「心流」（flow）的高峰經驗，有助學生吸收、享受及更有動力地學習（Zagal et al., 2006; Mayer & Harris, 2010; Khan & Pearce, 2015）。

其中，在社會學科中，遊戲的政治、經濟、環境議題，對每位組員都有其個人意義，有助擴闊其世界觀，並以不同的角度面對問題（Mayer & Harris, 2010）。舉例而言，有教授與經濟學系的學生以「現金流」（cashflow）桌遊，引導大學生思考致富之道、自己在資本主義社會中的經濟身份（Fridman, 2010）。另一例子是，有大學與犯罪社會學的學生進行「大富翁」桌遊，把批判理論中所提出的不平等活現眼前（Paino & Chin, 2011）。

以上似乎多以教育界為例子，那麼對社工又有何啟示呢？

第一，桌遊大多以社會現實為背景，如社工敏銳地選出一個對應組員生活處境（context）的桌遊，並以有效的提問帶動組員反思，例如：以 **Bb21. 紙牌大富翁** 來說明侵佔弱者財富才是致勝之道，當中代入貧窮者的感受，是一種「差異教育」；而引導組員反思香港面對的地產霸權問題，更是回應「社會關懷」的主題。

第二，桌遊的機制充滿社會性的隱喻，如能利用當中的機制，引發進一步的思考，例如用 **Bb23. Red 7** 來思考社會的主流規範如何塑造自己在生命中的抉擇，讓組員對宏觀社會結構有更深的理解，則是「系統思維」的體現。

以上兩個例子，都是建基於 Mezirow（1991）的蛻變學習（transformational learning）。

Nicholson（2012）提出「遊戲化」（gamification）的理論——用遊戲設計的元素為組員賦予個人意義，並轉化它在另一處境以帶來長遠改變。傳統桌遊系統強調計分、成就等，主要以外在因素引發組員的動機；但若能有技巧地為遊戲賦予意義，則可引發組員的內在動機。Nicholson（2015）更進一步補充「有意義的遊戲」（meaningful gamification），必須有以下的「R.E.C.I.P.E.」元素，包括反思（Reflection）、講解時以故事建構情境（Exposition）、讓組員有所選擇（Choice）、善用桌遊的故事背景（Information）、自由地遊玩（Play）及引導組員關注身邊的事物（Engagement），這些帶領技巧更切合現代德式桌遊的機制。

四、主題以外具社會公義精神的倡導與社區教育

西方的文獻指出，教育界內有不少由學生自創桌遊作為專題研習的手法之一。學生要確定主題、搜集資料、對主題知識有全面的理解，再把這些理解應用於設計遊戲機制和概念，並鋪陳遊戲玩家一切可行的選擇，分析他們每個決策會帶來的後果（Rebore, 1993）。以上種種，不單要求學生需要有批判思考及創意思維，還要應用上文提及的六個層次的思維技巧，因此能訓練學生的組織領導。

對社工而言，除了可在與學校合作的社區服務學習活動中與青少年共同創建一套桌遊外，更可與不同社群在中心以倡導小組方式，創作桌遊來為自己、為社區發聲，讓公眾認識不同社群的處境，以及他們面對哪些不公義的社會制度，甚至爭取更理想的政策，例如有同工曾創作桌遊來討論民主與普選、無障礙社區，而香港樂施會更創作不同的桌遊，如：「搵食風雲」和「理想社區」來分別探討本地貧窮和社區發展等議題。

B1.3 總結：社工在小組應用桌遊的主題與限制

B1.3.1 桌遊的優勢與社會工作小組的應用

過去，在香港的社會服務中，桌遊只是一些康樂的工具，例如：在青少年中心大堂的偶到服務中借還的玩具。至近十年，社工才開始關注如何在個案、小組及社區的直接服務中，運用桌遊作專業的介入工具，更有青少年中心發展桌遊成為組織街坊的社區工作手法（周詠禧等，2015）。

Nicholson（2015）在論及「有意義的遊戲」中引述的「自決理論」（Self-determination Theory）包括三個原則，與桌遊的精神不謀而合，也許亦能解釋到桌遊為何可以百玩不厭，重複使用。第一，掌控（mastery），桌遊的要求接近組員的能力範圍，無需考驗體能，即使受行動不便的限制，仍可圍在桌子一起參與，而且對技術要求不高。第二，自主（autonomy），參加者在桌遊中自主地抉擇，而非執行其他人的意願，有助建立成功感。第三，關係（relatedness），桌遊最少要有二人參與共同進行，互相陪伴有助減低孤獨的感覺。

綜合以上元素，再加上桌遊所要求的場地和裝備簡單，適用於個案、小組、大型活動、宿營、社區發展以至中心大堂等介入場景。桌遊可說補足了主流的遊戲和歷奇為本輔導對年齡、場地、身體活動能力、人數各方面的限制，是門檻更低的介入方法之一。此外，近年互聯網興起，很多青少年都喜歡玩電子遊戲，甚至處於隱閉的狀態；傳統小組工作直接用語言的介入，或許會嚇怕他們，他們也未必有太大興趣參加。桌遊既有遊戲的元素，也要求組員之間有互動，也許是一個契機，去吸引這些處於隱閉狀態的社群參與小組，從中建立工作關係，讓有需要的人循序漸進地再次和社會服務接軌。

桌遊的環境創建出真實的經驗，對應的主題十分廣闊。綜合應用以上的文獻，可見從微觀的個人成長輔導、小組的人際學習，以至宏觀的組織領導和社會公義層面，桌遊都有其功能，介入光譜廣泛。由於社工多數在發展性或教育性小組中運用桌遊，本文採用黃幹知、梁玉麒（2014）有關發展性小組主題的架構，為桌遊可帶出的主題作分類：

個人成長	人際溝通	組織領導	社會公義
• 自我認識 • 生命覺察 • 目標設定 • 自我管理	• 聆聽觀察 • 同感共情 • 表達技巧 • 面對衝突 • 家庭關係	• 領袖風格 • 共享願景 • 組織結構 • 合作解難	• 社會關懷 • 差異教育 • 系統思維 • 批判思考 • 創意思維

承接 Yalom（2005）的各個小組致效因素，社工在小組工作的介入，除了重視目標外，更重視小組過程。桌遊所引出的輕鬆和互動的氣氛，有助加快小組發展，因此本文也採納以下的小組過程元素，作為桌遊之目的：

- 破冰熱身
- 互相認識與關係建立（engagement）
- 常規建立（norms setting）
- 小組建立（group formation）
- 經驗反思：運用桌遊進行反思和解說

我們強調桌遊只是其中一個小組工作的工具，不應是介入手法的全部。社工帶領小組時，最重要是對應組員的需要及小組發展階段，聚焦於小組的目標，選出合適的桌遊。一般而言，桌遊可用作每節熱身，但也可在其中一節用一款桌遊來帶出主題，而無需整個小組的所有程序都一一運用。

B1.3.2 桌遊在小組介入的限制

不同文獻分析桌遊的限制都是大同小異。第一，部份規則較複雜，需花費很長的時間去理解，更要大費周章去處理一些簡單的主題，而且對於認知能力受限制的社群，如嚴重智障人士、腦退化症的長者等，限制較大。第二，桌遊始終有玩樂和輕鬆氣氛，可能成為組員逃避一些此時此地中不安情緒的容身之處，比賽性遊戲令組員感到受壓及威脅，或會令組員產生焦慮和尷尬（Matorin et al.,1996; Nicholson, 2008; Gibson & Douglas, 2013）。

就香港的處境而言，部份德式桌遊價值不菲，成本很高，或者那些有基金支持的小組才有能力購買。因此筆者強調適時適用的原則，對應參加者的需要，評估需要及處境，而選取合適的桌遊，而不應「為玩而玩，為桌遊而桌遊」。

參考資料

Bellinson, J. (2012). *Games children play: Board games in psychodynamic psychotherapy.* Child and Adolescent Psychiatric Clinics of North America.

Berland, M., & Lee, V. (2011). Collaborative strategic board games as a site for distributed computational thinking. *International Journal of Game-Based Learning, 1*(2), 65-81.

Bloom, B. S. (1956). *Taxonomy of educational objectives: The classification of educational goals.* Susan Fauer Company, Inc.

Bloch, S., & Crouch, Eric. (1985). *Therapeutic factors in group psychotherapy.* Oxford: Oxford University Press.

Crews, A. (2011). Using games to support the curriculum: Getting teachers on "board".

Knowledge Quest, 40(1), 10-13.

Fridman, D. (2010). From rats to riches: Game playing and the production of the capitalist self. *Qual Sociol, 33*, 423-446.

Gibson, V., & Douglas, M. (2013). Criticality: The experience of developing an interactive educational tool based on board games. *Nurse Education Today, 33*(12), 1612-1616.

Gobet, F., Voogt, A. J., & Retschitzki, J. (2004). *Moves in mind: The psychology of board games*. Hove, East Sussex: Psychology Press.

Hertel, J. (2015). Understanding risk through board games. *The Mathematics Enthusiast, 12*(1), 38-54.

Hinebaugh, J. P. (2009). *A board game education: Building skills for academic success.* Maryland: Rowman & Littlefield Education.

Hromek, R., & Roffey, S. (2009). Promoting social and emotional learning with games. *Simulation & Gaming, 40*(5), 626-644.

Khan, A., & Pearce, G. (2015). A study into the effects of a board game on flow in undergraduate business students. *International Journal of Management Education, 13*(3), 193-201.

Matorin, A., McNamara, J., & Kottman, Terry. (1996). Using board games in therapy with children. *International Journal of Play Therapy, 5*(2), 3-16.

Mayer, B., & Harris, C. (2010). *Libraries got game: Aligned learning through modern board games*. ALA Editions.

Mezirow, J. (1991). *Transformative dimensions of adult learning*. San Fransisco, CA: Josey-Bass.

Nicholson, S. (2008). Modern board games: It's not a Monopoly any more. *Library Technology Reports, 44*(3), 8-10, 38-39.

Nicholson, S. (2012). Strategies for meaningful gamification: Concepts behind transformative play and participatory museums. Presented at *Meaningful Play 2012*. Lansing, Michigan.

Nicholson, S. (2015). A RECIPE for meaningful gamification. In L. Wood & T. Reiners (Eds.), *Gamification in education and business*. New York: Springer.

Paino, M. T., & Chin, J. (2011). MONOPOLY and critical theory. *Simulation & Gaming, 42*(5), 571-588.

Racine, G., & Sevigny, O. (2001). Changing the rules: A board game lets homeless women tell their stories. *Social Work with Groups, 23*(4), 25-38.

Rebore, N. (1993). Board games as research projects. *Book Report, 12*(3), 29.

Schaefer, C. E., & Reid, S. E. (1986). *Game play: Therapeutic use of childhood games*. New York: John Wiley & Sons.

Schaefer, C. E., & Reid, S. E. (2001). *Game play: Therapeutic use of childhood games* (2nd Ed.). New York: John Wiley & Sons.

Streng, I. (2008). Using therapeutic board games to promote child mental health. *Journal of Public Mental Health*, 7(4), 4-16.

Wiener, L., Battles, H., Mamalian, C., & Zadeh, S. (2011). ShopTalk: A pilot study of the feasibility and utility of a therapeutic board game for youth living with cancer. *Support Care Cancer*, 19(7), 1049-1054.

Yalom, I. D. (2005). *The theory and practice of group psychotherapy*. New York: Basic Books.

Zagal, J. P., Rick, J., & His, I. (2006). Collaborative games: Lessons learned from board games. *Simulation & Gaming* (37), 24-40.

Doghair, J. (2006)。〈淺談桌上遊戲的分類〉。《天鵝桌遊報》，http://www.swanpanasia. com/blog/?p=23。

王芯婷（2012）。〈桌上遊戲運用於兒童培力團體之初探〉，《社區發展季刊》，頁 90-102。

周詠禧、黎柏然、唐詩雅、陳鳳明（2015）。《棋代夢想 II：Board game x 社會工作》。香港：聖公會馬鞍山青少年綜合服務。

許瑞玲、黃家儀、張雅惠（2012）。《「遊台灣，Go around taiwan!」桌上型遊戲之研發》。台灣：台南應用科技大學幼兒保育系。

黃莉媛、張雲婷（2013）。〈探討桌上遊戲對孩童能力之影響──以花蓮家扶中心遊戲魔法城為例〉，國立臺北教育大學數位科技設計學系（含玩具與遊戲設計碩士班）學位論文。

黃幹知、梁玉麒（2014）。《一齊玩斗：100 個發展性主題遊戲活動》。香港：策馬文創。

劉力君（2011）。《專題式合作學習在教育桌上遊戲設計課程之應用──以師資培育學生為例》。台灣：國立中央大學學習與教學研究所。

韓旭（2009）。〈不插電的遊戲──「桌遊」〉，《北京紀事》，（9）。

B2
桌遊的講解、帶領及解說技巧

葉文俊、黃幹知、梁林輝

B2.1 如何選取合適的桌遊？

在小組中應用桌遊，既可作為小組初期的破冰遊戲、營造小組氣氛及促進組員間的溝通，也能成為評估組員需要的工具，甚至成為一個主題活動，引導他們反思前一章所提及的主題。工作員可參考 Matorin et al.（1996）提出的清單來選用合適的桌遊：

- 桌遊的經驗跟小組目標及要帶出的主題訊息相關
- 遊戲和生活場景是否對應，例如：所學的技巧和知識是否容易轉化及應用
- 桌遊有沒有特別的主題或故事背景
- 規則會否太複雜及切合組員的年紀與認知發展程度
- 配合組員的興趣而非工作員個人的好惡，例如：策略、運氣、競爭、合作

認識了如何選用合適的桌遊外，又應該如何以講解、帶領及解說技巧來讓組員從經驗中學習呢？本文會引用黃幹知、梁玉麒、劉有權（2012）提出的「經驗前中後之小組促導模型」（Model of Facilitation）中，按經驗的前、中、後三個時段作一個框架，結合工作員與參加者的互動方式（即：演述、提問、分享、行動）作另一維度來討論。

互動方式 （Interaction）	前： B2.2 講解 （Brief）	中（Leading）：		後： B2.5 解說 （Debrief）
		B2.3 活動 （Program）	B3* 過程 （Process）	
演述（Telling）	指示	聲音介入	知識傳遞	教導
提問（Questioning）	前置引導	間接介入	呈現過程	檢視處理
分享（Sharing）	共建情境框架	引導討論	回饋	積極回顧
行動（Acting）	潛移默化	暫停任務	練習／活動	反思

* 過程中之四個技巧，詳見〈B3. 桌遊小組過程常見之關鍵事件及介入技巧〉

B2.2 講解技巧（Briefing）

與一般小組遊戲或活動相同，簡單、直接及清晰的講解，能促進組員從遊戲的親身體驗中學習；而且要有足夠的材料在解說環節中反思及分享。相反，若講解未能為組員建構遊戲的經驗，會令他們感到迷茫，也未能達到工作員預期的小組目標。

帶領桌上遊戲時，可根據「由外而內」的原則，令組員更全面地理解玩法及規則，即先由遊戲的「外觀」開始講解——包裝盒及配件，例如：棋子、紙牌及其他指示物等，然後講解遊戲的「內觀」——遊戲內容，包括：遊戲的勝利條件、玩法等。

B2.2.1 演述：桌遊的包裝盒

- 工作員可先介紹桌遊的名字，加深組員對遊戲的印象：

  - 由於大部份桌遊是在德國設計，若工作員不懂德文的發音時，可使用該桌遊的中文譯名，並加以解釋；
  - 部份桌遊的中文譯名，很快令組員了解遊戲的性質，例如：**Bc04. 送禮高手**，組員即時會聯想到遊戲與送禮物有關，並要了解其他組員的喜好；
  - 沒有官方譯名時，甚至可和組員一同自行創作；

- 工作員也可講解包裝盒上的資訊，包括：遊戲時間、人數及適齡對象，讓他們初步了解遊戲的結構；

- 説故事（Story-telling）：

  - 若桌遊有明確的背景，工作員可用「説故事」的形式來介紹主題，有助組員更易投入遊戲的氣氛，也可吸引他們聆聽工作員的講解。如：**Bc02. 明槍你錢**的故事背景就是一群賊人打劫款項後再分贓；
  - 若該桌遊本身沒有鮮明的故事背景，工作員亦可配合小組主題及桌遊的結構，用組員日常生活的特殊遭遇或語言，自行創作或共同建構情境（framing），從中引起組員的動機（Racine & Sevigny, 2001），具體例子見 **Bb23. Red 7**。

B2.2.2 演述：桌遊配件

- 部份桌遊的配件不多，例如傳統的德式紙牌類桌遊，只要工作員講解不同的卡牌種類，組員多數能很快便理解玩法；
- 部份德式桌遊包含不同的配件，例如：卡牌、遊戲版圖、計分指示物等，組員愈掌握配件，就愈能投入遊戲；
- 部份配件上的資訊對組員能否完成或勝出遊戲有重要的影響，例如：**Bb01. 出包魔法師**中，組員需清楚每款魔法石在遊戲中的數目，才可計算自己所持的魔法石；在 **Bb12. 花火**中，組員要知道各數字牌的數目，才能完成遊戲。

B2.2.3 演述：勝利條件

- 工作員講解玩法前，宜先提出遊戲的勝利條件，尤其是在部份規則繁複的遊戲中，組員很容易在長時間的講解中忽略了重要的資訊；
- 先講解勝利條件，能讓組員掌握如何勝出及遊戲的目標，如：**Ba16. 睡皇后**的勝利條件是「最快獲得 4 張皇后牌或皇后牌上標示分數達 40 分者獲勝」；
- 部份策略遊戲的勝利條件較為複雜，容易令人混淆，如：在 **Bc09. 璀璨寶石**中有「寶石」、「貴族卡」及「發展卡」，組員容易誤會寶石是算進分數的；
- 在講解繁複的遊戲時，工作員宜重複勝利條件。

B2.2.4 演述：流程及規則

- 工作員宜精準地介紹遊戲的流程及玩法，使組員明白各個步驟或回合中的行動；
- 部份複雜的遊戲可考慮用「引導指令」的方式講解，工作員説指令，然後參加者一步一步地跟著他的講解來行動；
- 在開始講解時説明遊戲開始後不會再重複遊戲規則，讓組員學習專注傾聽及理解訊息，並讓組員互相協助去解決困難（王芯婷，2012）。
- 講解時，可參考説明書，先説明各回合的運作流程，如：「先抽牌，再從手牌中執行卡牌的

功能」、「從三個行動中選出兩個來執行」、「先出牌，後補牌」等；

- 再說明組員在每回合可執行的行動及條件，包括：行動的數目、可使用的卡牌功能及其他的特殊功能，例如：在 **Ba16. 睡皇后**中，組員在每回合可以打出「皇帝牌」，並可從桌上的牌庫中獲得一張「皇后卡」；
- 不同遊戲的流程及方法都不同，部份繁複的遊戲更附有「提示卡」，例如 **Bc07. 卡坦島**中的提示卡提醒組員興建村莊等所需的材料、**Bb01. 出包魔法師**的版圖提示了每款魔法石對應的魔法等，工作員可用提示卡提醒組員在開始前了解遊戲中的行動。

B2.2.5 提問：遊戲所需的能力及「貼士」

- 經過以上四個階段，當組員對於遊戲有初步的認識後，工作員可進行前置引導（frontloading），令組員在過程中專注留意他們需要善用的功能或角色卡。如：在 **Bc08. 鐵道任務——歐洲版**中「彩虹車廂卡」的功能可以代替任何顏色的車廂卡，用途十分重要；
- 前置引導能促進組員於遊戲體驗中發揮自己的能力，工作員可詢問組員勝出遊戲所需的策略或技巧，如：**Bc06. 印加寶藏**考驗組員風險管理的能力，工作員可用提問的方式，讓組員反思要細心觀察其他人及果斷地作決定，才會獲得較多的寶物並勝出。

B2.2.6 分享：提問及澄清

- 為確保組員能準確地接收資訊，工作員單向講解完後，可以「提問」測試組員有多明白，例如問組員：「要得多少分才可勝出？」、「每回合可以執行哪幾項行動？」等；
- 工作員可主動詢問組員有沒有疑問、對遊戲流程有何不清楚的地方；
- 若組員說他玩過同一桌遊，但其理解的規則和工作員有出入時，建議工作員可先評估組員提出的規則會否影響主題訊息，若對介入目標沒有重大影響，可以彈性調節，不一定完全跟從自己理解或說明書的規則。宜在開始前取得一致共識，可避免組員中途因各自的利益引致不公平時而出現爭拗。

B2.2.7 行動：示範或試玩

- 組員的學習風格各有不同，有些人傾向以「觀察」或「聆聽」來了解，亦有人要以「動作」或「親身體驗」才能真正清楚明白；
- 工作員可按組員的學習需要，輔以例子來說明，如：在 **Bc01. 卡卡城**中，農夫的計分方法較難理解，工作員可按說明書的圖示輔助說明；
- 若遊戲較為複雜，工作員更應與組員進行初次試玩，在不計算任何分數的前提下，確保所有組員了解遊戲的流程及規則。

B2.3 帶領技巧（Leading）

桌遊是體驗式的活動，要有深刻的經歷才能體會，而這有賴工作員在帶領過程中以「促進者」的角色，並用不同的技巧來促進整個小組的參與，令組員在互動中完成任務，達到小組目標。

B2.3.1 演述：聲音介入（Sound Intervention）

- 工作員直接以精簡的語言提示來介入，是小組中最常見的帶領技巧；
- 由於部份桌遊規則繁複，組員會很容易忘記，因此工作員宜以聲音介入，直接提示規則及卡牌的功能，如：在 **Ba16. 睡皇后**中，部份人對沒有文字的卡牌會感到混淆。工作員可在

過程中以聲音介入，直接指出卡牌的功能，例如：「持劍的是騎士救皇后」、「巨龍是看守城堡」等，可即時引起組員對卡牌功能的記憶。

B2.3.2 提問：間接介入（Indirect Intervention）

- 工作員用開放式提問的方式，來促進組員思考及分析策略；
- 筆者的經驗發現，對於明白規則但在過程中忽略了其他人需要的組員，尤其需要以提問方式作間接介入，如：在 **Bc01. 卡卡城**中，組員很容易因投入遊戲而不斷擴展自己的城堡，甚至吞併了別人的城堡，令組員間出現紛爭；
- 「間接介入」的好處在於能以第三者的觀點，以提問來促進組員思考，從而提醒組員停一停、想一想，例如：「若吞併了別人的城堡，有甚麼得益？」、「打出數字牌對你有甚麼幫助？」等，讓組員經過更仔細的思考及分析，為自己的行動負責。

B2.3.3 行動：暫停任務（Freeze and Refocus）

根據筆者的經驗，工作員按組員的需要，在帶領過程中適時暫停任務及作出介入，多數因為以下三個原因：

- 安全：部份桌遊以反應為主，要求組員鬥快爭奪某些物件、拍打卡牌或響鈴。若組員過份投入，會很容易忽略其他人的安全，如：在 **Ba08. 打蒼蠅**中，曾有組員因太用力而錯手拍傷了其他人。因此，工作員宜時刻觀察組員是否有肢體碰撞，並適時暫停任務；
- 需時思考策略：工作員在帶領一些重視運用策略的桌遊時，除了可用間接介入的方式來作出適當的提示外，還可用暫停任務去使組員有充份的時間思考及分析，避免他們因為心急而作出錯誤的決定。同時，暫停任務也可使組員重新集中及專注於遊戲；
- 關鍵事件：部份桌遊要求組員之間互相交易或交換意見，他們有時因為太投入而產生情緒，如：在 **Bc02. 明槍你錢**中曾出現衝突。一位組員多次被人誤會是「警察」，他多次澄清也無法取信於人，於是互相指責。工作員暫停遊戲，先處理組員的情緒，其他小組的關鍵事件處理技巧，可詳閱 B3 一章。

B2.3.4 分享：引導討論（Discussion）

- 小組工作的重點在於組員間的交流，促進組員互相提問，讓組員可以安心地分享（Wiener et al., 2011）。不少同工會用合作性的桌遊來促進組員的互動，提供平台給他們合作解難；
- 帶領合作類遊戲時，工作員宜留意組員會否急於行動而忽略了其他人的意見及觀點，如：**Bb12. 花火**、**Bb04. 雙城爭霸**等要組員交換意見和溝通協作，工作員可在暫停過程中，給予組員適當的時間和機會進行溝通，尋求共識；
- 同時，較沉默的組員會很容易被忽略，而引導討論能使這些組員在小組中獲得注意，如：工作員在 **Bb07. 熱氣球之旅**中可詢問組員：「甚麼顏色的手牌被打出最多？」令他們留意他人的動機。當組員把注意力放在他人身上時便會多去觀察，甚至與他人對話。

B2.3.5 分享：連結組員（Bridging）

- 組員在桌遊中，通常只會專注於自己的手牌，而忽略了他人。工作員可促進組員多觀察他人來增加勝算，從而達到小組目標；
- 如：在 **Bb13. 雞同鴨搶**中，組員多專注自己的手牌來做決定，而忽略了場上不同區域的飼料數目。工作員可提示組員先觀察，再作出謹慎的決定；
- 連結組員能夠促進組員間的溝通，特別是帶領交易類型的桌遊時，工作員宜促進組員的合作，學會商討事情；

- 如：工作員在帶領 **Bc05. 我是大老闆** 時，可留意組員的交易對象，會否有組員多次被人忽略或未曾成功交易而感到納悶。此時，工作員可以提問讓組員受到其他人的關注，並能主動及順利地與人溝通。

B2.3.6 營造氣氛

- 小組初期，組員間的凝聚力不太強，工作員可多利用遊戲去帶動氣氛，提升組員的參與動機，鼓勵組員投入去與他人建立關係；
- 如：工作員在帶領 **Bb38. 垃圾山** 時，可「描繪」組員的參與過程，例如：「小心呀！」、「梗係先放牛奶盒！」等，以加強遊戲的刺激性。

B2.3.7 關顧感受

- 桌遊必有勝負，組員或因在遊戲中失敗而感到氣餒；
- 不少桌遊要求組員間的合作，在與人商討時或會因意見不合或感不公平而產生情緒；
- 筆者帶領遊戲 **Bb27. 推倒提基** 時，有組員因為被移除圖騰而感到憤怒，甚至指責他人圍攻他。桌遊的經驗很多時都是現實生活的鏡子，組員面對逆境或與人相處，總會有不同的情緒；
- 工作員在帶領時，要時刻留意組員的感受，並作出適時的介入，利用小組動力促進組員一同處理及反思。有關的處理技巧可詳閱 B3 一章。

B2.3.8 適可而止

- 有些桌遊需時很長，在有限的小組時間內，未必可以按説明書的玩法「完成」遊戲，工作員可因應組員的狀態，彈性決定何時及如何完結。若已有足夠的遊戲經驗，那活動後充份的反思和解説來得更為重要，才可帶出小組的主題；
- 「完結」的感覺對組員十分重要，不宜不分勝負或草草收場；
- 若預計時間不足，可減少回合次數、調低勝利條件或門檻，包括：得分或收集的牌數降低，例如：把「七級豬」改為「三級豬」，加快完成遊戲。

B2.3.9 工作員角色：參與或觀察

- 小組初期，工作員通常以桌遊和組員建立關係，投入地參與並帶動氣氛。Bellinson（2012）提醒工作員在參與時，要留意自己的「好勝心魔」（competition impulses），不應把自己的成功感建立在勝出的組員身上；
- 在小組中後期運用桌遊，則多數是有一定的介入目標，例如：希望讓組員在自然的情境中與他人互動、互相觀察、討論，並以溝通協調來解決遊戲中遇到的困難與衝突（王芯婷，2012）；
- 因此，工作員宜從旁觀察及隨時評估組員在遊戲中的情緒、行為、能力、人際互動形態及小組動力；
- 在一般的成長輔導小組中，可觀察的行為包括：組員是主動還是被動、行為是即興還是有規律的、有多願意跟從規則或敢於提出自創的規則等（Bellinson, 2012）。

B2.4 帶領過程中常見的程序變奏技巧

除了以上述的語言技巧作介入外，更可調節遊戲的結構，來回應小組目標及組員的需要。

B2.4.1 調節難度

- 抽起卡牌：在首輪先抽起部份功能牌或工具，待組員熟習及掌握後才加入所有卡牌；
- 循序漸進：簡化遊戲，減少規則，讓組員更易明白。

B2.4.2 計分處理

- 完成特定的目標即可立即得分，可鼓勵全組參與及完成挑戰，有時工作員可改變得分的條件，只要完成目標就能得到分數，而非只有第一名才可以得到分數。

B2.4.3 人多處理

- 兩套合併：大多的桌遊限制約四至六人參與，但有時組員人數較多時，可考慮把兩套桌遊合併使用，工作員同時要注意會否影響遊戲的公平性及趣味性。
- 投影道具：在學校舉辦全班活動或全級講座時，工作員可選用一些不需圍著桌子進行的桌遊，並用投影機展示道具上的圖案或文字，讓全體參與其中，例如：投影 **Bb03. 估估劃劃** 的文字，投影 **Bb14. 你說我畫** 的圖案。

B2.4.4 促進交流

- 分拆工序：工作員可把工序較多的桌遊分配給不同的組員完成，例如：**Ba17. 快手疊杯**，三個人之中，一人觀看及描述圖案，一人負責疊杯，一人在疊杯後原地轉十個圈再行一段路去按鐘，讓組員間有更多的溝通。
- 合作完成：全組以一個目標完成遊戲的挑戰。
- 分隊進行：小組內分兩至三人一隊，讓他們合作之餘又有競爭。可以隨機抽籤方式分派不同小組，讓組員學習與不同特質的人互動與學習（王芯婷，2012）。

B2.4.5 替代物資

- 運用其他物資，例如：用撲克來取代桌遊的道具，詳見 **Ba35-44 的遊戲**

B2.5 解說技巧（Debriefing）

遊戲結束後，工作員要以解說來協助組員整理當中的感受和得著、分享自我轉變的歷程，促進組員間互相學習，把遊戲的經驗轉化應用在未來的生活。具體的提問方向及技巧，可參閱各遊戲的解說部份。下文把 Roger Greenaway 的「4F」提問方向融入到工作員與組員的四種互動方式：

B2.5.1 行動：反思（Reflecting）

- 工作員先不要收拾桌面，並保持遊戲完結時的畫面，可令組員更能回顧整個歷程，例如：組員用手指出版圖的不同位置，更具體地分享遊戲過程的片段及畫面，讓其他組員更容易理解，這對討論事實（Facts）尤其有幫助。
- 工作員也可引用遊戲的分數及結果作切入點來開始回顧。

B2.5.2 分享：積極回顧（Reviewing）

- 工作員可善用桌遊的配件或評分方式，促進組員分享自己的感受（Feelings），例如：以卡牌、棋子或指示物等來表達抽象的感受及想法、表現、投入程度、關係等。
- 讓組員選擇參與分享的程度，甚至選擇語言或其他方式來分享多少自己的事（Racine & Sevigny, 2001）。

B2.5.3 提問：檢視處理（Processing）

- 因應小組的發展階段，在建立正向、支持及信任的氣氛後，鼓勵組員分享遊戲的細節、片段，即事實（Facts）和感受（Feelings），並彼此回饋，從而鞏固經歷（Streng, 2008）。
- 工作員可總結組員分享的要點，並引導組員就某個議題深化討論（Streng, 2008），讓組員有所成長及得益，也就是處理發現（Findings）及未來（Future）的提問方向。工作員可先把遊戲的經驗和日常生活扣連，再引導組員反思如何把在遊戲中的發現或學到的技巧，應用在未來的現實生活中。

B2.5.4 演述：教導（Teaching）

- 工作員有時也可用説教的方式，分享個人在遊戲中的觀察，甚至帶出遊戲的喻意。
- 設計小組時，可考慮桌遊能帶出的隱喻（isomorph），例如：**Bc08. 鐵道任務——歐洲版**中，工作員以版圖中的「路線」，帶出「條條大路通羅馬」的訊息。

本書的 100 個遊戲，會貫徹以上的技巧作為示例。

參考資料

Bellinson, J. (2012). *Games children play: Board games in psychodynamic psychotherapy.* Child and Adolescent Psychiatric Clinics of North America.

Matorin, A., McNamara, J., & Kottman, T. (1996). Using board games in therapy with children. *International Journal of Play Therapy, 5*(2), 3-16.

Racine, G., & Sevigny, O. (2001). Changing the rules: A board game lets homeless women tell their stories. *Social Work with Groups, 23*(4), 25-38.

Streng, I. (2008). Using therapeutic board games to promote child mental health. *Journal of Public Mental Health, 7*(4), 4-16.

Wiener, L., Battles, H., Mamalian, C., & Zadeh, S. (2011). ShopTalk: A pilot study of the feasibility and utility of a therapeutic board game for youth living with cancer. *Support Care Cancer, 19*(7), 1049-1054.

王芯婷（2012）。〈桌上遊戲運用於兒童培力團體之初探〉，《社區發展季刊》，頁 90-102。

黃幹知、梁玉麒、劉有權（2012）。《一團和戲：130 個團隊遊戲帶領技巧》。香港：策馬文創。

B3
桌遊小組過程中常見的關鍵事件及介入技巧

黃幹知、葉文俊、梁林輝、吳偉林、盧春茹

小組結合了三種元素（3P）。社工以桌遊活動（Program）帶領小組時，總有其介入目的（Purpose），以及想帶出的特定主題（參看〈B1. 概論〉）。同時，桌遊在小組發展的脈絡中會引發組員之間的互動，而在互動過程（Process）中，總會有些意想不到的事件，也就是對小組發展過程有重要影響的「關鍵事件」（critical incidents）。很多時候，組員會把日常生活中的行為和互動模式在桌遊中呈現出來，所以有效處理關鍵事件，對組員有莫大的益處，能有助成長和學習。

因應工作員和組員的互動，有四個介入關鍵事件的方式（黃幹知、梁玉麒，2011）：

1. 知識傳遞（psycho-education）：工作員直接講授一些概念、知識和技巧；
2. 回饋（feedback）：工作員以提問方式，引導組員給予回應；
3. 呈現過程（process illumination）：暫停並回望此時此刻的互動、感受和啟示；
4. 練習／活動（exercise）：工作員以活動方式，促進組員表達或重新體會當中的互動。

本文主要整理筆者們在小組過程中運用桌遊時所常見的關鍵事件，並思考組員背後的需要，從而討論上述四個介入方式，如何對應其需要並作出合適的回應。

B3.1 能力稍遜、感到沉悶或沒興趣再參與

每款桌遊都有其特色，能吸引不同學習風格的組員。有些組員明顯對考驗反應的桌遊興趣較小，例如：**Ba02. 心心相引、Ba17. 快手疊杯**；有些組員不太喜歡動腦筋，所以對要求思考策略的桌遊，例如：**Bc01. 卡卡城、Bc09. 璀璨寶石、Bc06. 印加寶藏**等，會感到十分困難和氣餒；有些組員對表達和創作類的桌遊，例如：**Bb03. 估估劃劃、Bb15. 火柴會説話、Bb11. 妙語説書人、Bb24. 傳情畫意**等，又或對代入角色身份的桌遊，例如：**Bb26. 抵抗組織：阿瓦隆、Bb18. 教父風雲、Bc02. 明槍你錢**，會感到缺乏刺激性。工作員要細心評估組員的需要、風格和小組的主題，來選用合適的桌遊。

不過，小組內通常結合了不同風格的組員，要找一些能照顧所有人需要的桌遊並非易事，因此在帶領過程中還是要使用以下針對「活動」的介入策略，讓組員在同一桌遊有不同的體驗。對於一些很需要持續的參與和刺激的組員，不宜選用一些以淘汰為勝出目標的美式桌遊，因為當他們在遊戲後期失去角色時，就很容易會感到沉悶。若非不得已而要選用這類桌遊時，工作員可以調節小組的角色，安排淘汰者負責一些事工，例如：協助工作員分配金錢，或邀請他／她仔細觀察小組的互動，並在隨後的反思環節中協助分享。對於一些因為多次參與同一遊戲而感到缺乏挑戰性的組員，則可調節勝出的方式和目標，例如：把爭取個人得分改為團隊得分，令組員間要合作完成任務或與工作員競賽。此外，也可把勝利條件由互相比較得分改與時間競賽，要求一次比一次以更短的時間去完成任務，這都能令組員建立成功感。有時，組員需要自主地作決定，工作員可容讓他們選出合適的桌遊，甚至協助或代替工作員帶

領小組。

對於一些因自身的能力差異而經常未能得分或勝出的組員，工作員可適當地調節難度，例如：調節響鈴或卡牌的位置，協助組員有更大的勝出機會。如果組員依然持續提不起勁時，更可用「呈現過程」的方式來重訂小組的常規（norms），從中反思要如何接納自己和不同組員間的差異，並調整在小組的參與期望。工作員可先請組員就自己剛才有多投入地打一個分數，然後再按以下例子提問：

- 事實（Facts）：對於較低分的朋友來說，是甚麼因素阻礙了你的投入？
- 感受（Feelings）：剛才的參與過程有何感受？
- 發現（Findings）：其他人覺得自己曾在甚麼遊戲也面對過相似的情況？當時你又如何參與或扮演甚麼角色？你自己最喜歡／最怕參與甚麼類型的桌遊？
- 未來（Future）：你期望自己將來可以如何參與？

處理過後，可讓組員互相明白不同專長的人對參與不同桌遊的興趣並不一樣，並邀請組員在未來的小組過程中嘗試不同的桌遊來認識自己。

B3.2 肢體碰撞和衝突

在一些重視反應的桌遊，例如：Da08. **打蒼蠅**、Ba17. **快手疊杯**、Ba27. **動物泛舟**、Ba14. **豬朋狗友**、Ba24. **通緝令**、Ba30. **快手鬼鬼**等，氣氛都會十分緊張和刺激，組員間難免出現身體接觸。通常肢體碰撞都是無心之失，工作員其實可以在講解的階段中，適當提示參加者要預防受傷，例如：在 Ba08. **打蒼蠅**中，只用輕輕力去拍、只可使用單手、留意組員的指甲會否太長，甚或要求組員先移除手上的飾物和手錶等。

當然，有些組員或會乘機報復，把平日在組外對某人的不滿借題發揮。然而，這是一個很好的契機，讓組員在人際互動中學習社交技巧，把處理衝突的方式，轉化為動口不動手（from acting-out to verbal-out）。因肢體碰撞而引發爭執時，工作員宜即時暫停遊戲，先了解組員有否受傷，再以「呈現過程」的方式來介入，提問例子包括：

- 事實（Facts）：問旁觀者剛才發生了甚麼事情？（讓涉事的組員有空間冷靜）
- 感受（Feelings）：旁觀者猜估當事人有何感受？（這可令兩人得到組員明白而慢慢平復情緒）
- 發現（Findings）：剛才出現碰撞時，你當刻有何想法？
- 感受（Feelings）：現在這刻，當你聽到他所説的想法後，你有何感受？（促進兩人的理解和對話）
- 未來（Future）：如果再有類似事件，其他旁觀者代入他們，你又會如何處理？這對之後大家相處時有何提醒？

B3.3 結盟並孤立某位組員

在那些要求不停儲分數及要協作才能勝出的桌遊中，例如：Bc05. **我是大老闆**、Bb29. **石器部落**、Ba09. **鯊口餘生**、Bc01. **卡卡城**、Ba23. **香蕉猴王**，組員常會以結盟方式爭取最大利益。工作員必須明白及接納他們。不論是否使用桌遊的小組中，結盟和次小組（sub-group）都是必然會出現的，不用刻意處理，尤其有些桌遊要結盟才可勝出。若結盟是為了刻意孤立某位組員使他成為「代罪羔羊」（scapegoat）時，就要因應被針對者的需要來作出處理。有時，這個角色對某些組員是有價值的，因為可吸引別人的注意，增強自己的存在感。當然，如被

針對者有情緒時，則是一個很好的契機來讓所有組員對自己有更大的覺察。

由於關係是較難言喻的，所以工作員邀請組員用指示物排位來展示小組的關係和組員間的距離，以這「活動」的介入方式來引導組員形象化地描述事實（Facts），從中分享不同的人有何感受（Feelings），宜由組員易地而處去猜估對方的感受，也就是「回饋」的介入方式，從中建立更大的同理心。若組員很難猜估對方的感受，工作員可再以「活動」的方式介入——有限制地再進行一次桌遊，例如：在 Bc05. 我是大老闆中，以抽籤形式讓一位組員不可與人交易，並嚴格要求其他人必須守規則配合，從而讓組員明白被針對者的感受。我們必須明白，組員的結盟，是源自參與小組時，需要與人連繫來建立安全感，此時工作員可用「呈現過程」的方式介入，詢問組員：「若不結盟你會有何擔心？」從而讓組員發現（Findings）結盟的行為在滿足甚麼需要。隨後，工作員可把這個結盟的行為與日常生活掛鈎，了解組員：「平日有沒有類似的盟友？通常在甚麼情況下你會與人結盟？」、「有沒有試過在沒有結盟的情況下都可獨自面對？」、「如何獨自面對？」讓小組在一些例外情境中找到如何獨立和果敢（assertive）地應對未來（Future）不同的情況。

B3.4 被人針對及翻舊帳

在桌遊中，組員很多時都會把平日的處事方式呈現出來，例如：不跟從規則，又或在規則中鑽空子（Bellinson, 2012），尤其在一些重視得分或勝負的遊戲中，很多人都會真情流露，例如：筆者在帶領 Bc07. 卡坦島和 Bb21. 紙牌大富翁時，都遇過一些向來比較重視結果的組員，他們會目標為本地運用心理戰去欺瞞別人，甚至爾虞我詐，為了勝出而耍盡一切手段。事後的分享中，其他組員會批判他個人以至其人格。若工作員處理得不好，或會令組員心理受創，以後都不敢再玩。

選擇桌遊時，社工要考慮小組動力，尤其是組員在小組以外的相處歷史，他們的關係能否盛載這些衝突和情緒。假如真的出現這些針對性的話語時，工作員要為氣氛定調，令小組有足夠的信任和支持。在借用小組動力與某位組員一同探索某些過去的習慣前，必須先得到當事人同意才開始交談，否則會令他感到受傷，例如問：「我們發生一件好重要的事，想邀請你分享，想不想借此機會發現自己多點？」即使大家的風格原形畢露，也都只能慢慢地明白不同人的感受和需要。通過組員的互相分享和人際回應，了解到更多組員平日對當事人的看法，從而認識自己更多（Yalom, 2005）。

筆者曾與一個比較相熟的義工組在宿營的晚上，一起玩大富翁版圖遊戲，過程中十分能反映大家向來的處事模式（pattern）。最終勝出的組員，在遊戲初期一直把所有的錢放在版圖底下，大家都不知他有多少財富。他一直保持低調，讓其他組員鷸蚌相爭，自己則漁人得利，到最後階段大家開始對他展開攻勢時，他有數之不盡的財富應對，最終仍能勝出。最快破產的組員，一向十分重視情義，看見其他組員有難時，間中會減租，又或無條件借錢給其他人，最終是最快花光財富。遊戲完結後，筆者繼續和他們分享，討論的重點由遊戲中每人的處事模式、背後的需要和價值觀等，漸漸談論到過去義工組合作時的例子，最終分享了足足三小時，大家都享受其中，因為大家有一份互相接納的心，十分願意去聆聽其他人的回應。

B3.5 過份重視勝負也愛投訴工作員

在桌遊中，勝負乃兵家常事，甚至是必然會發生的。在一些靠爭分奪秒來判斷勝負的桌遊中，工作員未有貫徹地執行遊戲的懲罰，例如：在 Ba18. 毛塵寶寶中，組員吸錯卡牌而沒有執行後果。工作員在講解時就要多留意，說明「可以做」及「不可以做」的原則，讓組員有

清晰和明確的指引。

在要求組員「同步完成」或「鬥快獲勝」的桌遊中，例如：**Ba45. 動物疊疊樂**、**Ba08. 打蒼蠅**、**Ba25. 搖滾節奏**、**Ba14. 豬朋狗友**，工作員未及觀察誰人最快來判斷勝負或對能力稍遜的組員寬容時，或會有組員投訴工作員不公平地偏幫某些人，反映這位組員很需要獲得肯定和成就感，此時可暫停遊戲並一同回應其情緒。首先，工作員要肯定組員認真看待及重視參與的動機，工作員先以「活動」的方式，用不同顏色的指示物／圖案卡去讓組員表達感受，隨後再用「呈現過程」的方式來介入，讓他們反思在生活中勝負扮演甚麼角色，提問例子如下：

- 感受（Feelings）：猜估對方有何感受？你自己又有何感受？
- 事實（Facts）：發生甚麼事？剛才大家聽到甚麼説話？
- 發現（Findings）：勝出對你來説為何重要？失敗對你來説又是甚麼？
- 未來（Future）：日常生活中你如何看待勝利？有何例子？你對勝負有何新的看法？之後你又會抱甚麼心態去面對？

B3.6 持續不運用任何策略

這情況多數會出現在一些規則較多及考驗策略的遊戲，例如：**Bc06. 印加寶藏**、**Ba09. 鯊口餘生**、**Bc01. 卡卡城**。由於桌遊的玩法很複雜，組員短時間內或許未及消化及掌握所有規則，才會不懂靈活運用策略，此時工作員可不時重申規則的要點，並在每局之間分享成績及引導大家討論不同的策略，以促進組員的參與。

假如組員並非自願參與小組，例如：被老師要求出席的小組，他們或會以消極反抗（passive aggressive）的行為來表達不滿及爭取自主的需要，這方面可參考上文第一個處境的處理方法。

桌遊是很好的工具去呈現一個人的日常行為模式，有些人平日已嘗透了失敗的滋味，長久已經習慣受所身處的無助感（learned helplessness）壓抑，寧願事先張揚自己不能勝出遊戲來保護自己，這時可通過「回饋」的方式引導組員討論：

- 感受（Feelings）：剛才你參與遊戲時，你有何感受？
- 事實（Facts）：日常生活上你會怎樣處理挑戰？與遊戲中有甚麼相同／分別？
- 發現（Findings）：這種方式你是如何學習得來的？這種方式在甚麼時候對你有幫助？甚麼時候會阻礙你？
- 未來（Future）：其他人有類似的經驗或困難嗎？你們是如何決定甚麼時候隨心去做、甚麼時候有策略性去做？

由上文的討論可見，桌遊除了本身固有的主題外，活用關鍵事件也可達到介入目標。工作員要彈性處理程序的內容，預留足夠的空間去回應過程。

參考資料

Bellinson, J. (2012). *Games children play: Board games in psychodynamic psychotherapy.* Child and Adolescent Psychiatric Clinics of North America.

Yalom, I. D. (2005). *The theory and practice of group psychotherapy.* New York: Basic Books.

黃幹知、梁玉麒（2011）。《舉一玩十：一種物資帶領多個遊戲》。香港：策馬文創。

B4

桌遊的結構：與組員設計桌遊

梁林輝、葉文俊、黃幹知

社會工作重視充權和參與，當小組發展至中後期，組員多數會有一些共同關注的議題。工作員除了讓組員以服務使用者的身份去學習或改變自己的應對方法外，也可提升他們的參與層次，轉化組員成為主動改變結構的人——教育公眾或倡導政策。若組員對桌遊產生興趣時，更可通過設計桌遊作為參與式行動研究（participatory action research）的方式來發聲。

由零開始設計一個桌遊談何容易呢？不同的桌遊，都有其獨特的結構。若工作員及組員認識了桌遊的結構，可方便他們設計時達到以下的效果：

1. 更易把不同元素，包括：主題、設置、機制、結局等，結合成為屬於自己又獨一無二、主題訊息與趣味兼備以及廣受歡迎的桌遊；
2. 測試及修改遊戲；
3. 有系統地編寫遊戲的說明書及更流暢地講解玩法及規則。

下文總結了不同的文獻及編輯團隊對多套桌遊的觀察，嘗試列出桌遊的基本結構，協助設計者選取合適的素材去組合成一套桌遊，如下：

主題 / 背景故事（B4.1）		
設置（B4.2）	機制（B4.3）	結局（B4.4）
人數設定 配件設計	⟶ - - - - - - ⟶ ⟶	結束模式 勝利條件

B4.1 主題 / 背景故事

桌遊的主題或背景故事要通過特定的機制構思出來。知名桌遊設計師 Brenda Romero 曾分享一個故事：某天，她的七歲女兒放學回來，談到課堂學到的「中央航道」歷史故事——一條十六至十九世紀期間非洲販運黑人到美國的航線，Romero 眼中這段不該遺忘的慘痛歷史，被女兒理解為大批黑人乘搭郵輪出遊，於是她就設計了一款名為「新世界」的桌遊，與女兒一起玩。遊戲的機制就是要把一群木製的人偶越洋運到美國。女兒在遊戲中逐漸明白整趟航程之中，食物和飲用水嚴重不足。Romero 建議女兒：「為了讓船順利抵達，也許得將一些人偶丟入海中。」後來，代表「爸爸」的人偶無法平安抵達終點，女兒也愈來愈投入遊戲，終於哭了起來，因為她的爸爸就是一位黑人。這個桌遊讓她體會到家破人亡的痛苦，及航程中黑奴因為資源不足而被迫投海的悲劇。遊戲是假的、人偶是假的，但歷史和情感卻來得真實。Romero 用一套獨特的桌遊結構來傳達了一個動人的故事及其背後的價值觀。

在很多社區中心內，大家不難發現青少年三五成群在玩「三國殺」這桌遊，更有不少人因接觸「三國殺」而對桌遊產生興趣。曾有很多同事問過筆者：「為何三國殺能風靡兩岸四地呢？」筆者答：「因為有合適的機制，和吸引的主題互相配合。」「三國殺」主要參照以美國西部決

鬥作主題、在外國很著名的桌遊——「Bang！」，設計者轉變了背景故事的主題後，再用創新的配件及合適的舊有機制配合，使人很易投入其中：

以「三國殺」為例		
主題 / 背景故事：《三國誌》中不同陣營的人物，有目標地戰鬥		
設置	**機制**	**結局**
配件設計：按原著來展示各個人物獨特技能的卡牌，技能效果貼近技能名字	手牌管理：組員於每回合出牌陣營：過程中進行溝通及交流，推敲各人是忠還是奸	結束模式——競賽：透過出牌及運用角色自身的技能把目標人物殺死

工作員與組員在倡議小組中共同設計桌遊，很多時都會以他們的生活處境作為主題，例如：**Bb33. 度度都到島**，就是香港傷健協會與輪椅使用者以香港無障礙設施作為背景來設計成桌遊，可説是一個模擬（simulation）的建構過程。過程中，組員成為了專家，因他們才最熟悉自己面對的困難，以及明白社區的需要。工作員的角色就是專心聆聽，接納他們面對的困難，並與他們重新檢視自己和問題的關係，以至分析不同持分者的權力與動力關係。

B4.2 設置

B4.2.1 人數設定

人數的設定影響參與程度，太多人或會令輪候時間很長，但合作或陣營為主的遊戲需要多點人參與才有效果，因此人數的設定要配合機制。

B4.2.2 配件設計

配件是指遊戲具體呈現的方式——道具，德式桌遊十分重視造型特別、精緻耐用的配件，更會把美術設計師的名字明顯地刊載於遊戲盒或説明書上。

卡牌

- 多以長方形或正方形的硬卡紙呈現
- 功能：
  - 可以為組員帶來資訊，資訊的內容視乎桌遊本身的設計；
  - 牌上的圖案為桌遊營造氣氛和真實感，如：「三國殺」每張人物角色都是以三國誌英雄為藍本。

棋子

- 多為木製或膠製，按遊戲的需要及故事背景，以不同的造型及姿態代表角色。
- 傳統的棋子可能因技術或成本考慮，只刻上文字，如：象棋及軍棋。
- 現代的棋子有不同的造型，有助增加遊戲的真實感，如：**Bc07. 卡坦島**有代表村莊及道路的棋子；
- 功能：
  - 代表某個角色或組員；
  - 配合版圖來計算遊戲會合時間或分數。

版圖（Board）

- 多以一塊較大的硬卡板樣式呈現，比卡牌顯示更多的資料；
- 配合棋子時可記錄會合時間、組員分數等詳細資料；
- 戰爭類遊戲需要巨大的版圖來識別不同區域的分佈，最經典的例子如：「戰國風雲」。

板塊（Modular Board）

- 多為零碎的硬卡板，可配合遊戲的機制合併成較大的版圖；
- 功能：
  - 板塊令版圖可加可減，提高遊戲的變化，例如 Bb42. 綿羊爭牧場、Bc07. 卡坦島；
  - 要求組員合併板塊來爭取分數獲勝及達標，例如 Bc01. 卡卡城；
  - 用卡牌合成，無需同時使用，例如：Bc10. 矮人礦坑。

指示物

- 有些較複雜的桌遊要用很多的棋子來代表某些特定的人、事或物，但因棋子的數量、成本或體積所限，而改用指示物來代替，如：Ba23. 香蕉猴王，用猴子玩偶作棋子，得分的結果就用香蕉指示物來代表。
- 一些簡單的棋子或用硬卡紙剪裁成的細小方塊，也可成為指示物。

計量工具

- 記錄剩餘時間或營造緊湊感，如：沙漏、計時器；
- 記錄分數或點數，如：金錢、代幣或籌碼；
- 測量各種距離用的量尺、比例尺。

特別道具

- 為令遊戲的主題和氣氛更鮮明，設計者可考慮製作一些遊戲涉及的物件；
- 如：在 Bc02. 明槍你錢中，各組員在每回合中要扮演不同的黑幫人物並舉槍殺人，配件內附每人一把海綿手槍，使組員更能投入遊戲的氣氛中；
- 一些鬥快完成的活動，會設有一個響鈴，如：Ba07. 指定動作或 Ba17. 快手疊杯。

B4.3 機制（Mechanics）

機制是遊戲運作的方法，也就是說明書所規範的玩法，筆者把 Board Game Geek 網站歸納出來的 44 種德式桌遊機制去蕪存菁，整合分類如下：

B4.3.1 合作（Co-operative Play）

陣營（Partnership）

- 多數以「身份牌」把不同的組員分成不同的聯盟或隊伍，有時是兩隊或更多；
- 每個陣營會有自己的目標，例如：以某個形式攻擊對方或找出對方的「頭目」等，通常可以整體獲勝。Bb26. 抵抗組織：阿瓦隆、Bc10. 矮人礦坑都是代表作；
- 陣營類的桌遊需要組員間有豐富的語言或非語言的交流，並以出牌等行動來判斷對方的身份，對於成熟及能扮演角色（role playing）的組員有一定的優勢。

協作（Collaboration）

- 組員間很少甚至完全沒有競爭，鼓勵他們通過協作及溝通，集體通過或達標才能獲勝或一

起輸掉遊戲，Bb12. 花火就是一個例子。

B4.3.2 表達（Expression）

按不同的表達媒介來分類：

説故事（Storytelling）

- 總是圍繞「文字」或「圖畫」來創作，訓練組員聆聽、表達技巧及創意；
- 如：Bb22. 小木偶需要組員按抽到的文字題目説故事，Ba19. 故事骰則需運用骰子圖案來創作故事；
- 適合一些表達能力及社交技巧都較強的組員。

表演（Acting）

- 要組員以無聲的動作、模仿或唱歌等行為與其他組員交流，如：Ba25. 搖滾節奏、Ba11. 動手不動口中，要組員用手做不同的動作；
- 可加入「協作」的機制，促進組員間的互動。

紙筆（Paper-and-Pencil）

- 組員透過紙張和筆作為工具去表達訊息，直至遊戲結束來分勝負；
- 《一齊玩吓》中的 Eb29. 猜猜畫畫及 Bb14. 你説我畫便是紙筆為主的表達類遊戲。

配件提示

- 組員不能以任何的言語或動作表達，而是運用移動遊戲的配件或棋子，讓其他組員推測表達者的訊息或意思；
- 如：在 Bb09. 語破天機中，組員要運用版圖及棋子來表達題目；
- 如：Bb36. 犯罪現場則讓組員利用版圖及棋子作工具，讓其他人猜測現場的證物及兇器。

B4.3.3 運氣

擲骰（Dice Rolling）

- 有部份的結果由擲骰來決定，如：移動棋子；
- 擲骰被認為是最公平的處理方法，但若只用擲骰來進行，便流於以運氣取勝，限制了組員的決策；
- 擲骰會增加遊戲變數，最有策略的組員未必能有十足把握獲勝；
- 多數的遊戲會先擲骰，再讓組員於擲骰前或後思考策略或作出決定，以 Bb10. 動物骰及 Bb07. 熱氣球之旅為例，擲骰只佔遊戲的其中一部份，組員仍然需要分析及思考策略；
- 骰子不一定是六個數字，可能是圖案或其他標記，也不一定是傳統的六面骰，投擲硬幣變相是兩面骰，亦有一些九面骰，筆者曾見過三十二面的骰子。

剪刀石頭布（Rock-Paper-Scissors）

- 廣東話叫「包、剪、揼」。行動機制的一種，以傳統剪勝布、布勝石、石勝剪來決勝；
- 在此基礎上，還可能有進一步的級別，例如：「神話時代」（Age of Mythology）。

B4.3.4 交易（Trading）

- 多在資源管理的遊戲中，要組員先觀察局勢，如：其他人的需要或發展方向，再對應自己的優勢與其他人交換資源；
- 過程中，組員會開出不同的條件，並嘗試與其他人談判並達成共識；

- 以 **Bc07. 卡坦島** 及 **Bb29. 石器部落** 為例，組員要不斷評估形勢，找出自己的優勢來成為談判的籌碼，促成對自己有利甚至雙贏的交易。

B4.3.5 拍賣 / 競價（Auction/Bidding）

- 要求組員輪流出價競投，通常是喊出一個金額，物品價高者得；
- 贏家獲得被拍賣的物品，有助進行下一步的行動；
- 多會加入特定規則使價格下跌，增加刺激性，並避免開價太高無人問津；
- 一件物品拍賣完畢，就會進行下一件物品的拍賣，循環進行，直到全部物品售罄或者達到某個特定的條件；
- 以 **Bb32. 禮物** 為例，若組員不能冷靜地分析，很容易會破產或慘敗。

B4.3.6 風險管理（Risk Management）

行動抉擇（Action Selection）

- 作決定或表態前後，組員需要考慮很多因素才行動；
- 以 **Bc06. 印加寶藏** 為例，組員要抉擇放棄爭取更多寶石安全離開還是冒險來找更多的寶石。組員要不停評估自己決定背後的風險，並嘗試在有限的資訊下作出當時最正確的決定。

卡片選擇（Card Drafting）

- 組員從某個數量的牌庫中選擇手牌，獲得某種優勢，或完成特殊的組合；
- 令組員有某種程度的選擇權，如：**Bc08. 鐵道任務——歐洲版**，組員可選擇隨機抓牌。

同步行動（Simultaneous Action Selection）

- 讓組員在同一時間秘密地選擇他們的行動，在行動公開之後，這些行動按照規則執行，**Bc02. 明槍你錢**，數三聲後各人把手槍瞄準假想的目標組員。

賭注（Betting/Wagering）

- 鼓勵組員對遊戲中某些結果投注，多數是遊戲的一部份，撲克牌是典型的例子；
- 貨物估價（commodity speculation）和投注類似，組員於遊戲中對不同的貨物投注，貨物價格往往不斷變化，並透過升值後的買賣而得分，例如：「馬尼拉」及「賽駱駝」；
- 股票持有（stock holding）：買賣或持有一種股票。股票可代表一間公司，一種商品，或者一個國家，如：「併購（acquire）」；
- 在這類遊戲中，設計者要準確設定投資回報率，回報太低會令機制形同虛設，回報太大令人一次就可得暴利而翻身，會減少遊戲的策略性。

投票（Voting）

- 以投票來確定某些情況下的結果、選擇或判斷，例如：**Ba41. 誰是間諜？**，動議懷疑的間諜人物後，逐一投票，最高票者公佈身份。

B4.3.7 行動點數分配（Action Point Allowance）

- 組員在每回合獲分配一定數量的點數，可以用於各種行動之中，直至組員沒有足夠的點數「購買」更多的行動；
- 這方式能給予組員執行各種選項，有很大的自由度；
- **Bc08. 鐵道任務——歐洲版** 是此類機制的例子，每回合組員有 4 個行動點數，可用於拿取手牌、建鐵路或取目標卡。

B4.3.8 手牌管理（Hand Management）

- 鼓勵組員以一定的次序或組合來出牌，以組員的輪次、遊戲版圖中的位置、手牌的現狀或對手的表現等來決定勝負；
- 於特定情況下，組員要從有價值的卡牌上獲得最高的回報；
- 不少遊戲中的卡牌包含多種用途，使組員難以判斷「最佳」的出牌次序；
- 組員可用手牌建立特定的圖案（pattern building），以獲取特定的點數，也可收集不同的元素（set collection），鼓勵組員收集一組物件；
- 以 **Bc08. 鐵道任務——歐洲版**為例，組員要用最少的手牌，有目標地建設鐵路，從而達到遊戲結局。

B4.3.9 放置（Placement）

放置板塊（Tile Placement）

- 按規則將一塊板塊放在戰略上有力的地點，用來擴展版圖或者得分；
- 如：在 **Bc01. 卡卡城**中，組員每回合隨機抽取一個板塊並在外圍放置，還可以放置棋子在這塊板塊上，以執行其他功能；

放置人物（Worker Placement）

- 要求組員放置有限數量的人物標誌到各種不同的區域，能激活該區域並從動作中獲益；
- 通常一個組員放置人物後，會限制其他人的選擇，如 **Bc03. 柯爾特快車**。

收取與遞送（Pick-up and Deliver）

- 組員在版圖上某處收取一件物品，再遞送到版圖的另一處，收取物品的位置可能是預先確定，又或是隨機決定的；
- 成功的遞送一般會為組員帶來金錢或點數，幫助進行更多行動。絕大多數情形下，物品遞送的目的地是由規則或者另一個機制來決定的。

B4.3.10 反應

- 遊戲通常有特定的規則或目標，組員要以最短時間完成才可獲勝，考驗組員眼手反應，包括傳統遊戲 Ba43. **停車**及 Ba40. **七級豬**；
- 組員可在過程中得到即時的競爭感覺，遊戲 Ba17. **快手疊杯**及 Ba30. **快手鬼鬼**都充滿濃烈的競爭味道；
- 遊戲過程迅速，氣氛通常不錯，多用作熱身遊戲，除了能促進組員投入小組，也可增加他們的專注力。

B4.3.11 記憶（Memory）

- 傳統的撲克遊戲要求組員記著特定的牌、花色、位置或配對才可獲勝；
- 考驗組員的「記憶力」，多數是遊戲的其中一個機制；
- 以 **Bb41. 拔毛運動會**為例，組員需要記著中央的板塊圖案，於每回合中翻開指定的圖案，使棋子前進。

總之，多數的桌遊都是配合多個機制同時運作，才能增加複雜性，提高遊戲的可變性及挑戰性。同樣是以「手牌管理」為主要機制，「三國殺」混合了「陣營」的機制，而 **Bc07. 卡坦島**則混合了「交易」的機制，兩者帶出截然不同的感覺。因此，設計時可嘗試混合不同的機制，令自己的桌遊變得獨一無二。

B4.4 結局

桌遊用不同的方式結束及得勝,可讓所有組員持續及同步地參與。

B4.4.1 結束模式

結束模式	功能	限制	例子
競賽模式: 通常在有多位組員的情況下使用,只要有一位組員達到某個分數、勝利條件或消滅所有敵人即獲勝	• 組員要主動觀察及留意其他組員的分數,增加互動 • 讓組員有明確的數字作結束目標 • 適當的壓力以提升組員的動機	• 難以用這類遊戲促進組員的合作 • 聯手攻擊弱者,落後或被淘汰者會等候很久而感到不是味兒	Bb29.石器部落、Bb07.熱氣球之旅
固定模式: 遊戲固定進行的情況下完結,例如:回合並結算分數	• 容易控制時間 • 組員可預計完結時間,在不同時期運用合適的策略	• 起始組員會有一定的優勢 • 組員為了得分而用更多時間思考 • 氣氛或因回合數目而變得不緊湊	Bc01.卡卡城、Bb27.推倒提基
可控完結模式: 規則上容許組員來控制完結的時間,例如:抽完牌庫,組員可以掌控牌庫的使用率,而非只考慮得分	• 組員可在不同時期因應自己的分數調整策略,加快或減慢完結時間 • 令氣氛緊湊	• 因遊戲長短取決於組員,令工作員更難掌握小組的時間	Bb34.嘿!我的魚
隨機模式: 遊戲的結束時間取決於一些隨機的元素,有機會便要提早結束	• 未能準確得知完結時間,組員有心理準備隨時完結,增加刺激性 • 減少思考時間	• 組員的計劃或策略可能因不知何時結束遊戲而受到影響	Bc05.我是大老闆

B4.4.2 勝利條件

鬥快達標

• 最快到達終點或完成目標的一位組員獲勝,並完結遊戲;
• 當達到勝出分數時,組員要自發性地公佈,所有組員要清楚自己的處境;
• 此類得勝方法的桌遊有 **Bb01.出包魔法師**、**Bb08.天生絕配**、**Bc09.璀璨寶石**,它們都是透過達到完成目標分數而宣告勝利。

推理解謎

• 組員透過邏輯推理,運用線索找出真相而獲勝;
• 答錯時,可能會被淘汰;
• 適合一些偵探類的遊戲,如:**Bb36.犯罪現場**為例,組員以找出真兇為目標,過程中更要作出推理。

金錢點數

- 組員可用不同的方式得到金錢，結算數額後獲勝，普遍的桌遊均以此作為勝利條件；
- 組員的目標清晰簡單，容易掌握及計算；
- 部份遊戲更會按主題以其他物件來代替金錢，例如 Bc06. 印加寶藏便是以收集最多的寶石取勝。

勝利點數

- 組員以不同的進路、動作及策略方式得到點數而獲勝，令組員可用多個方法來完成遊戲，例如 Bb39. 奶油還是派中透過獲取最多餅的數目或奶油的數目來得到點數以取勝；
- 在完成某個任務獲勝，又或在每個回合結算時才計分亦可；
- 容許組員在遊戲中犯錯而可補救，並有即時獎勵的感覺；
- 較複雜及抽象，不像金錢點數或佔領區域那麼直觀，也需要多點時間測試，以平衡策略的重要性。

佔領區域

- 組員運用不同的策略放置和移動物件或板塊，來佔領、控制（control）或包圍（enclose）其他人的區域，在遊戲完結時得到最多或價格最高的區域者獲勝；
- 多用於戰爭類遊戲，以「戰國風雲」為例，組員於遊戲中發動戰爭，並透過佔領他人區域獲勝；
- 目標明確及直接，但亦很易引發衝突和情緒。

B4.4.1 結束模式與勝利條件的結合及例子

不同的結束模式與勝利條件可混合使用，如下表：

勝利條件 ＼ 結束模式	競賽模式	固定模式	可控完結模式	隨機模式
鬥快達標	✔ Bc09. 璀璨寶石 Bc07. 卡坦島			
推理解謎	✔ Bb36. 犯罪現場	✔ Bb26. 抵抗組織： 阿瓦隆	✔	✔
金錢點數		✔ Bc06. 印加寶藏	✔ Ba26. 伐木達人	✔ Bc05. 我是大老闆
勝利點數		✔ Bb39. 奶油還是派	✔ Bc08. 鐵道任務——歐洲版	✔
佔領區域	✔ 戰國風雲	✔	✔ Bb42. 綿羊爭牧場	✔

✔：較有可能發生

桌遊規則千變萬化，本文未必能夠盡錄。讀者閱畢本文後，或會有感認識桌遊的結構，除了幫到工作員和組員一同設計一套獨特的桌遊外，更可幫助工作員在帶領小組時懂得因應組員需要或目標主題來變化桌遊的規則。至於具體如何運用這些結構去落實設計，〈B9.「我家舍‧我桌遊」——組織住宿青少年設計桌遊作倡議的小組經驗〉會詳細探討一個由青少年以家舍服務為主題而設計桌遊的小組。

參考資料

Mayer, B., & Harris, C. (2010). *Libraries got game: Aligned learning through modern board games*. ALA Editions.

Selinker, M. (2012). *Kobold guide to board game design*. Kirkland: Open Design LLC.

許瑞玲、黃家儀、張雅惠（2012）。《「遊台灣，Go around taiwan!」桌上型遊戲之研發》。台灣：台南應用科技大學幼兒保育系。

許榮哲、歐陽立中（2016）。《桌遊課：原來我玩的不只是桌遊，是人生》。台灣：遠流出版社。

楊劼諾（2013）。《遊戲機制與配件對桌遊之影響——以自製桌遊 Survive 為例》。台灣：稻江科技暨管理學院碩士論文。

實踐篇

Ba. 短時間桌遊（20 分鐘以內）

Bb. 中時間桌遊（20-40 分鐘）

Bc. 長時間桌遊（40 分鐘或以上）

Ba01.
水瓶座
Aquarius

撰文：吳偉林、盧春茹

⚠ 執行須知

- 👥 人數：2-5 人
- 🕐 需時：15-20 分鐘
- ◆◆ 物資：卡牌
- ✂ 設置：每人隨機獲發任務牌 1 張及手牌 3 張，其餘卡牌背面朝上作牌庫
- 📖 出版：Swan Panasia Games

📋 講解技巧

1. 講解任務牌功能：背面為綠色花，五種元素包括：火焰、天空、大地、宇宙及海洋；
2. 講解手牌中元素牌及其他行動牌的功能（圖 1）：
   a. 元素牌（背面有「Aquarius」）：與任務牌圖案相同；
   b. 百搭牌：可與任何元素組合；
   c. 交換手牌：與你指定的人交換手牌，不包括任務牌；
   d. 交換任務牌：與指定一人或未派發的任務牌交換；
   e. 重洗手牌：收回所有人的手牌，重新洗牌後再次分發；
   f. 大風吹：出牌者決定所有人的任務牌向左或右傳；
   g. 移動元素：在桌上選已打出的一張元素牌移至其他合規則的地方；
   h. 拿回元素：在桌上選已打出的一張元素牌加入自己的手牌。
3. 開始時，從牌庫抽 1 張卡，面朝上放在桌中央作起始牌；如抽到的是行動牌，則再抽牌；
4. 遊戲由每人輪流以順時針方向進行，在每回合內，組員要先從手牌中打出 1 張元素牌或行動牌，再從牌庫抽 1 張牌加入手牌；
5. 放置元素牌時有以下規則：
   a. 元素牌最少有一邊與相同元素相連，並放置在同一個方向（圖 2）；
   b. 若新打出的牌同時與多個元素相連，組員可從牌庫抽取相等於連結數量減一的手牌；
   c. 如有 3 對元素相連，則可抽取 3 張手牌。
6. 勝利條件：任何同款元素 7 張相連，手持該元素者獲勝（圖 3）。

🚩 帶領技巧：介入經驗

- **聲音介入**：組員通常只關心自己的元素，工作員可提醒他們多加留意全局，以免忽略其他人的進度而被人捷足先登；
- **間接介入**：組員進度較其他人慢時，容易感到氣餒，工作員可用問題引導他們思考不同行動牌的作用，提升投入度。

❓ 解說技巧：功能與主題

- **破冰熱身**：易於理解，節奏明快，適用於小組初期；
- **聆聽觀察**：專注自己的行動外，也要留意別人的行動及整體形勢，互相觀察學習（vicarious learning）；
- **目標設定**：組員除了盡力把自己的元素相連外，還要設立不同的目標，如：協助他人達標，再運用行動牌去對調別人手上的任務牌來爭勝，引申反思在設定人生目標時要更彈性及多元化。

⇄ 程序變化

- **人多處理**：同時用兩套卡牌，使組員有機會遇上手持同樣任務牌的伙伴，加強協作。

Ba02. 心心相引 Heart of Attraction

撰文：盧春茹

講解技巧

1. 組員輪流從磁石堆內取走 1 粒磁石作為子彈，再把子彈以拋、彈或丟的方法射進磁石堆內；
2. 得分方法如下：
   a. 如子彈射出後沒有吸到任何磁石，子彈須留在原地；
   b. 若子彈吸到磁石，則連同發出的子彈及所有吸到的磁石一併取回。
3. 遊戲繼續進行，組員可用之前取得的磁石作為子彈；若組員手上沒有磁石，可從磁石堆內取走 1 粒磁石作為子彈；
4. 勝利條件：一直玩至桌面上沒有磁石，獲得最多磁石者獲勝。

帶領技巧：介入經驗

- 示範練習：工作員可示範「拋」、「彈」及「丟」的動作，讓組員更易理解，並可在遊戲開始前嘗試練習；
- 營造氣氛：工作員可一同參與和歡呼，營造緊張刺激的氣氛。

解說技巧：功能與主題

- **破冰熱身**：適用於小組初期，在較少身體接觸下增加組員互動；
- **肌肉訓練**：透過拋擲的動作，訓練幼兒或初小組員手部的小肌肉。

程序變化

- 人多處理：可增加磁石的數量，或分 2 人一隊進行。

執行須知

- 人數：2-5 人
- 需時：5-10分鐘
- 物資：絨布袋、心形磁石
- 設置：心形磁石隨意置在桌面（圖1）
- 出版：Jeff Glickson, 栢龍玩具

1

Ba03.
心有鈴犀
Bellz

撰文：吳偉林

⚠ 執行須知

- ☺ 人數：2-4 人
- ⏱ 需時：10-15 分鐘
- 🔗 物資：遊戲包裝，磁力棒、鈴噹（4色）
- 🔧 設置：打開包裝後即成遊戲場區，輕搖場區，把所有鈴噹平均分佈（圖1）
- 📖 出版：Don Reid, 栢龍玩具

📋 講解技巧

1. 組員手持磁力棒，然後吸起場區內的鈴噹，吸起來的第一個鈴噹的顏色為那人的指定色；
2. 以後成功吸起自己指定色的鈴噹，可全數放在自己面前；
3. 若吸起超過一種顏色的鈴噹，須把該回合所有被吸起的鈴噹放回場區，並由左方的組員繼續；
4. 勝利條件：最先把所屬指定色的鈴噹吸起者獲勝。

👆 帶領技巧：介入經驗

- 調節角色：如有組員的能力稍遜，可指定為起始者，使他可以有較大彈性選擇自己的指定色，以收窄組員間的能力差異。

❓ 解說技巧：功能與主題

- **破冰熱身**：物資及規則都很簡單，組員能迅速掌握；
- **目標設定**：遊戲中的鈴噹雖然是隨機分佈，但組員仍然可以事先設定某種顏色的鈴噹作為目標，以及因應其他人的行動而改變自己鈴噹的分佈，逐漸吸起所需的鈴噹。
  - Facts：你選擇吸哪一種顏色？決定時你考慮了甚麼因素？
  - Feelings：在設定目標後，感覺和冇有目標時有何不同？
  - Findings：你在中途有改變目標或計劃嗎？如有，為甚麼？
  - Future：你在日常生活中會不會也為自己建立一些目標？有目標或沒有目標對你有甚麼不同的影響？

☰ 講解技巧

1. 每人獲發 10 張手牌，剩餘的放在中央作牌庫，組員看了手牌後，把水桶疊成金字塔（圖1）；
2. 由其中一人當起始者，先在面前打出 1-3 張同色卡牌，作為該回合的指定花色，並説出牌上數字總和；
3. 組員輪流「出牌」，下位要打出與上位同色卡牌，數字總和要比上位大（圖2）；不論出牌多寡，組員只可補回 1 張牌；
4. 若組員無法或不想出牌，則按該回合的顏色，用一隻手指推或彈掉自己金字塔上一個同色的水桶。但如果因這個動作而令其他水桶也倒下，則所有水桶須一併移離；又或令水桶之間未能相連，組員須決定移除其中一個；
5. 移除水桶者成為起始者，重複以上流程，直至有人失去所有水桶為止；
6. 勝利條件：最後擁有最多水桶者獲勝。

⬆ 帶領技巧：介入經驗

- 聲音介入：宜提示組員先觀察手牌的花色，才決定如何堆疊水桶金字塔，如：把較少牌的顏色桶置於較高層位置；
- 關顧感受：經常要拆掉水桶者會感到挫敗，宜多留意及適時介入；
- 暫停任務：可於遊戲中段暫停，與組員一同分析局面，促進組員思考應對的方法。

? 解說技巧：功能與主題

- **自我認識**：從堆疊金字塔的方式讓組員思考個人的處事習慣：
  - Facts：你以甚麼準則來堆疊金字塔？
  - Feelings：當你要拆掉水桶時，你有何感受？
  - Findings：剛才遇到計劃以外的事件時，你如何應對？
  - Future：現實中你面對突發的事又有何不同？今次對你有何啟示？
- **小組建立**：分兩隊進行，開始前讓組員商量策略，但過程中不可讓其他人觀看自己的手牌。兩隊輪流出牌，同隊者可於同回合中協助打出手牌，每隊最多出五張牌。透過隊制賽進行，促進組員之間的交流及合作：
  - Feelings：能合拍地打出手牌，你有何感覺？
  - Facts：剛才哪個時刻最能感到大家合作應對問題？
  - Findings：有甚麼因素能令你和隊員產生默契？
  - Future：你未來希望為團隊做些甚麼？

Ba04.
撞桶王 3D
Bucket King 3D

撰文：廖美梅、吳偉林

❗ 執行須知

- ☻ 人數：2-6 人
- 🕐 需時：15-20 分鐘
- ◆ 物資：動物卡牌、5 款顏色膠水桶
- ✗ 設置：按人數分發水桶，2-4 人的小組，每人獲發每款顏色的桶各 3 個；5-6 人的小組，每人獲發每款顏色的桶各 2 個
- 📖 出版：Stefan Dorra, Jolly thinkers

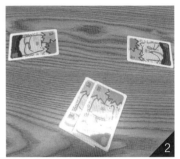

Ba05. 終極密碼 Davinci Code

撰文：梁林輝、張偉楠

⚠ 執行須知

- 👥 人數：2-4 人
- 🕐 需時：15-20 分鐘
- ◆◆ 物資：0-11 數字牌黑白各一、百搭牌黑白各一
- ✂ 設置：數字牌面朝下洗勻，每人抽 4 隻
- 📖 出版：Eiji Wakasugi, Swan Panasia Games

☰ 講解技巧

1. 先在自己面前，把手牌按「左細右大」排列，數字相同時即按「左黑右白」排列，例如：白 1 黑 3 白 3 黑 9（圖 1）；
2. 若抽到百搭牌，則可隨意放任何位置，只有自己看到數字；
3. 其中一人當起始者，每回合要進行以下行動：
   - a. 從牌庫中抽取一隻數字牌，按序放入自己手牌中；
   - b. 再選擇任何一人的其中一隻數字牌並推測其數字；
   - c. 推測正確，則把該數字牌翻開面朝上（圖 2），而組員可以選擇再推測場內任何一隻數字牌，或選擇輪到下位組員行動；
   - d. 推測錯誤，把剛抽回來的數字牌翻開，並輪到下位組員行動；
   - e. 若推測的是百搭牌，須說出該牌為百搭牌才算推測正確。
4. 輪流重複以上行動；
5. 勝利條件：最後手上仍剩下未翻開數字牌的人獲勝。

> **一「棋」一會：桌遊小組故事** 🎲🎲🎲🎲🎲🎲
>
> 有組員發現牌背有個「＞」符號，聯想到可能是數學中比較大小的意思，若按說明書以「左細右大」排序，其他組員看到符號所代表的次序就會倒轉了。工作員十分欣賞並順應組員的意見，改用「左大右細」來排序。工作員帶組時可讓組員主導，不必默守成規。

⬆ 帶領技巧：介入經驗

- **聲音介入**：宜從旁重複提醒「左黑右白」、「左細右大」；
- **間接介入**：組員很易重複犯錯，如：推測一個曾被前人推測錯誤的數字，工作員可暫停任務，引導他們回憶前人的推測。

❓ 解說技巧：功能與主題

- **破冰熱身**：簡單易學，組員會專注記憶及推測數字牌；
- **聆聽觀察**：聆聽別人的推測，以知道不同數字的位置（如：小明推測小英的某牌是「黑 0」，即小明沒有「黑 0」）：
  - Facts：有沒有人曾重複錯誤推測你擁有某一個數字牌？
  - Future：在生活中有何類似情況？你會如何避免再犯？
  - Findings：專心聆聽別人的說話為何重要？
- **自我認識**：組員很易會在未完全掌握全場數字的時候，便衝口而出去推測數字，結果推測錯誤，無法勝出遊戲：
  - Facts：過程中有否因為急於作決定而推測錯誤？
  - Feelings：當時你有甚麼感受？
  - Future：你平日習慣用甚麼方式來作決策和行動？
  - Findings：在作任何決定前，應先仔細了解情況？

⇄ 程序變化

- **人多處理**：若有 5-8 人，可合併兩套牌，但難度也會相應提高；
- **減低難度**：抽起百搭牌，會令年幼的組員更易理解（圖 3）。

Ba06.
髒小豬
Drecksau

撰文：葉文俊

📋 講解技巧

1. 洗勻所有卡牌，每人獲發 3 張手牌；
2. 每人輪流從自己的手牌中打出 1 張，然後補回 1 張手牌；
3. 按以下次序，講解其他卡牌的功能：
   a. 髒小豬：讓自己的一隻小豬變成髒小豬；
   b. 洗小豬：選擇其他人的一隻髒小豬洗乾淨；
   c. 農舍：加在自己的一隻小豬卡上，可避免下雨時把小豬洗乾淨；
   d. 下雨：洗乾淨所有無農舍保護的髒小豬（包括自己的）；
   e. 閃電：可選擇炸毀其他人的一個農舍；
   f. 避雷針：可防止自己的農舍被閃電破壞；
   g. 鎖門：鎖上自己的農舍，其他人不可把農舍內的小豬洗乾淨。
4. 勝利條件：最快把自己所有的小豬變髒者獲勝。

🚩 帶領技巧：介入經驗

- **聲音介入**：組員未熟習遊戲時，可重複說明卡牌的功能；
- **間接介入**：匯報各人已洗乾淨的小豬數目，促進調整策略；
- **關顧感受**：組員可能因自己的「小豬卡」被洗乾淨而產生情緒，甚至與人發生衝突，工作員要加以留意及適時處理。

❓ 解說技巧：功能與主題

- **同感共情**：適用於小組初期，組員要觀察身邊事態來調整策略。當有組員被人用功能卡來阻止勝出時，或會有情緒；

一「棋」一會：桌遊小組故事

筆者曾在小組中期玩此遊戲，當時組員間已有初步的認識。有人曾因小豬屢次被洗乾淨而感到氣餒，隨後組員之間互相報復，甚至針對及欺凌其中一人，爆發衝突。工作員乘機引導組員間坦白分享，宣洩自己的情緒，並討論日後如何相處才能照顧雙方的感受。

- **生命覺察**：手牌增至 4 張，嘗試用有限的資源來實踐計劃。組員要裝備自己，如：建農舍、門鎖等去保護已變髒的小豬。事後與組員檢視生活中如何為自己作最好的準備或選擇。
  - Feelings：接近勝出時小豬卻被人洗淨，你有何感受？
  - Facts：你嘗試過用甚麼方法去保護你的小豬？
  - Findings：農舍、避雷針、門鎖，對你的生命來說代表甚麼？下雨及閃電又代表甚麼？
  - Future：在你的生活中，有何事情需要作更好的準備？

⇄ 程序變化

- **人多處理**：若小組人數多於 4 人，可按人數減少每人所持有的小豬卡，如 6 人小組中，每人只能獲發 2 張小豬卡。

⚠ 執行須知

- 👥 人數：2-4 人
- 🕐 需時：15-20 分鐘
- ◆ 物資：小豬卡、功能牌
- ✂ 設置：派發小豬卡，2 人時每人派 5 張、3 人時每人派 4 張或 4 人時每人派 3 張；乾淨小豬卡面朝上，剩餘的卡放在旁邊（圖 1）
- 📖 出版：Von Frank Bebenroth, Kosmos

Ba07.
指定動作
Finger
Twist

撰文：梁林輝

⚠ 執行須知

- ☻ 人數：2-6 人
- 🕐 需時：15-20 分鐘
- ⬥ 物資：指示卡，髮圈，響鈴
- ✖ 設置：響鈴放在桌中央，洗勻卡後成牌庫（圖 1）
- 📖 出版：Haim Shafir, 栢龍玩具

☰ 講解技巧

1. 工作員翻開 1 張指示卡；
2. 各人即時根據指示卡的圖案，把適當顏色的髮圈套在相應的手指位置；
3. 最快完成者，立即拍響鈴；
4. 工作員檢查，如正確，則得到該指示卡作分數；
5. 如髮圈顏色或位置不正確，要扣除之前所得到的指示卡；
6. 勝利條件：完成 36 張指示卡後得到最多卡者獲勝。

⬆ 帶領技巧：介入經驗

- **示範練習**：開始時抽 1 張卡與組員一同嘗試，可令隨後的遊戲更順暢；
- **關顧感受**：有些組員的手部肌肉控制稍遜，工作員只需鼓勵他們完成遊戲便可了，甚至可取消計分制度，以避免競爭，營造愉快開心的氣氛；
- **適可而止**：因應小組氣氛，遊戲可隨時完結，無需玩畢所有指令卡。

❓ 解說技巧：功能與主題

- **聆聽觀察**：需要細心專注卡上髮圈的顏色及位置；
- **肌肉訓練**：訓練長者及小朋友的手部小肌肉；
- **自我管理**：因與時間競賽，組員有時會急於拍響鈴，而在未有檢查下套錯髮圈，可引申討論生活當中有哪些事（如：考試、執拾書包）是需要作最後檢查的，並分享有否最後檢查的經驗；
- **表達技巧**：2 人一隊，一位戴眼罩，一位做表達。表達者形容卡中圖像，戴眼罩者把合適的髮圈套在自己手上，完成後拍響鈴；這個方式會有身體接觸，尤其適合親子或伴侶溝通小組，至於不太相熟的組員則宜自行分組。

1

📋 講解技巧

1. 組員按順時針方向輪流把手牌最頂的一張翻開並放到桌中央（圖1），所有翻開的牌不能重疊；

2. 若桌上有 5 種不同色的烏蠅牌時（圖 2），各人要用手按在最多數目的同色牌上；
   a. 最快者可得到該牌，放在自己前方得分牌庫的最頂；
   b. 若拍錯，要把得分牌庫最頂的一張卡退回工作員作懲罰。

3. 若組員翻開的是「烏蠅拍」（圖 3），各人要用手按桌面上最多同色的烏蠅牌上，然後按上述機制處理；

4. 勝利條件：只要任何一人玩畢手牌，而各人面前牌庫總分最高者獲勝。

👆 帶領技巧：介入經驗

- 留意安全：開始前，提醒組員脫下戒指、手錶或手鏈等飾物，以免拍打桌面時受傷，或有財物損失；

- 循序漸進：對初學者，首輪可降低拍烏蠅牌的門檻（如：同色烏蠅牌達到 3 張即可拍打），亦可先抽起「烏蠅拍」，或只計算所得牌數，待熟習後才把門檻逐步提高並加入拍烏蠅牌；

- 營造氣氛：工作員一同參與和歡呼，營造緊張刺激的氣氛；

- 公正裁決：遊戲中途不時會出現數位組員按在同一張烏蠅牌上的情況，有時甚至會為按牌先後而出現爭執，工作員在帶領遊戲時宜加倍留意組員的動作，必要時可充當裁判。

❓ 解說技巧：功能與主題

- **破冰熱身**：可作為派對遊戲，物資及規則都十分簡單，組員可快速掌握，十分適合在熱身階段讓人集中注意力；

- **自我管理**：組員要一邊留意自己及其他人的卡牌，一邊留意桌上其他卡牌的分佈，使自己能快而準地拍卡牌。在現實生活中，事前充足的準備，留意細節和搜集資訊，都能令人迅速應對突發情況。
  - Facts：你如何令自己快而準地拍到想要的卡牌？
  - Findings：有甚麼可提早準備而令自己快些拍到想要的卡牌？
  - Future：生活中有何需要預先準備以應付的突發情況？提早作準備可以怎樣幫助你面對生活上的突發情況？

- **自我認識**：組員要不斷面對烏蠅牌的轉變而打亂原有計劃，可進行兩輪遊戲，第一輪節奏較快地緊接出牌，第二輪則等五秒才出牌，組員可由此遊戲體驗應付壓力的方法。
  - Feelings：兩輪分別有何感受？壓力的程度有何分別？
  - Findings：兩輪最大的分別是甚麼？你做了甚麼來減壓？
  - Future：生活中有何類似情境？你會如何應付這些壓力？

Ba08.
打蒼蠅
Fliegen
Klatschen

撰文：吳偉林

❗ 執行須知

- 👥 人數：2-8 人
- 🕐 需時：15-20 分鐘
- ◆◆ 物資：卡牌（烏蠅及烏蠅拍）
- ✂ 設置：各人能用手拍到桌中央；洗勻卡牌，面朝下平分給所有人，不可看手牌內容
- 📖 出版：Christian Heuser, Swan Panasia Games

Ba09.
鯊口餘生
Get Bit!

撰文：葉文俊

⚠ 執行須知

- 👥 人數：4-6 人
- 🕐 需時：15-20 分鐘
- ◆◆ 物資：泳手公仔、鯊魚公仔、數字卡牌
- ✕ 設置：桌面中央放置鯊魚公仔
- 📖 出版：Dave Chalker, Swan Panasia Games

📋 講解技巧

1. 每人取一款泳手公仔及同色卡牌（圖1），以猜包剪揼方式決定公仔的次序；
2. 把公仔排成一直線，排在最後者最接近鯊魚，最前者離鯊魚最遠（圖2）；
3. 每回合全組在手牌中選一數字卡作行動牌，面朝下放到自己面前；
4. 全體數三聲後，翻開卡牌並按出牌結果排列游泳次序：
   a. 數字最小的先游，把公仔移到最前；再到第二小的，如此類推；
   b. 相同數字出現時，該回合的行動取消，公仔留在原地。
5. 排列游泳次序後，隊尾的公仔將被鯊魚咬掉其中一肢（由擁有該公仔的組員選擇），然後移到隊伍的最前方；
6. 已打出的手牌不可放回，除非被鯊魚咬了或只剩下一張手牌；
7. 其中一個公仔的四肢及頭部都被鯊魚咬了，遊戲結束。

🔱 帶領技巧：介入經驗

- **營造氣氛**：這個遊戲很「殘忍」，組員看到其他泳手公仔被咬斷四肢時會感到緊張，工作員可以聲音介入來促使組員間互相猜測，以增加投入感；
- **保持神秘**：由於組員出牌前，能計算到數字卡的數量，所以在每一回合中讓各人的卡牌覆蓋上一回合的牌，使組員不會看到其他人上一回合打出的卡牌，有助組員開牌後更易辨認各人的數字；
- **間接介入**：工作員可多觀察組員的行動，並分享遊戲進展的資訊，如：誰人的公仔較健全等，使組員制訂策略時能多留意其他人，以增加組員之間的互動。

❓ 解說技巧：功能與主題

- **破冰熱身**：遊戲簡單而易明，適用於小組初期來促進互動；
- **小組建立**：若要讓其他組員停止前進，須打出與對方同數字的卡牌。除了計算及推測對方所剩下的手牌外，還可靠雙方的默契，可引導分享出現相同卡牌的感受，並留意大家的默契；
- **目標設定**：不時觀察其他人出牌的情況而調整策略，同時也受少量的運氣影響，像中六生在聯招（JUPAS）選科時一樣：
   - Facts：大家的公仔剩下多少肢體？
   - Feelings：你滿意這個成績嗎？有否感到徒勞無功？
   - Findings：你用了甚麼策略？如何令自己不跌到隊尾？打出細號碼卡牌有何作用？你會選擇排在隊伍的甚麼位置？
   - Future：是否試過在沒有資訊下作抉擇？被鯊魚咬後會回到隊頭，跟現實生活中遇到挫折時有何相似？你會如何面對或重新部署？

⇨ 程序變化

- **體會「公平」**：公仔被鯊魚咬後，不可取回打出的手牌，並要留在最後。反思整個遊戲時，可討論此規則是否不公平，並可聯想現實生活中有何表面公平但內裏卻是對某些群體不公平的制度，如：教育制度、校規等；
- **體會「平等」**：公仔被鯊魚咬後，可取回打出的手牌，並要留在最後。反思整個遊戲時，可討論現實生活中「平等」的概念，如：是否需要給予弱勢社群更多的資源（如有特殊需要學生的考試調適）等。

📋 講解技巧

1. 講解前先了解組員是否認識「井字過三關」的玩法，若組員大多對此耳熟能詳，可省略講解，因為該玩法為這個遊戲的變奏；
2. 兩人一對一對戰，在行動時有三個選擇：
   a. 在手上選一棋放入九宮格內任何一個空格；
   b. 在手上選一棋套上九宮格內一隻較細的棋，該格屬較大者所有；
   c. 在九宮格內把自己的一隻棋移往另一空格，或套著場上另外一隻較細的棋（圖2）。只可移動格內最大的棋子，但移動前不可翻開大棋子察看內裏是否已套住其他棋子。
3. 勝利條件：最先在棋盤上把三隻同色棋以橫、直或斜的形式連成一線者獲勝。

🚩 帶領技巧：介入經驗

- **循序漸進**：首輪先進行傳統的井字過三關，不用理會棋子的大小；
- **聲音介入**：組員通常只會注意自己的部署，對於他人的進度卻掉以輕心，最終被捷足先登，工作員可多提醒組員多加留意全局。

❓ 解說技巧：功能與主題

- **破冰熱身**：家喻戶曉的遊戲，適合等待其他遲到組員時使用；
- **常規建立**：留意組員有否套用了傳統「井字過三關」的玩法在此遊戲中，組員或會因本遊戲出現的新規則而處於劣勢，在之後的討論中，可引導組員嘗試以全新的心態（do something new）去面對和經驗隨後的小組過程；
- **自我管理**：進行此遊戲時，若組員因為套用了「井字過三關」的經驗而敗陣，工作員可以此鼓勵組員反思只憑過往經驗，那麼在處理時刻轉變的問題時，會否失去彈性及要如何應變？

> **一「棋」一會：桌遊小組故事** 🔘🔘🔘🔘🔘🔘
>
> 筆者較多在小組初期使用此遊戲，因為這個遊戲簡單而易明。由於遊戲限制了兩人對賽，所以在人數較多的小組，工作員會把組員分兩隊輪流對賽，然後鼓勵組員透過觀察別人而反思自己的應變能力和處事時有多大的彈性。

Ba10.
奇雞連連
Gobblet
Gobblers

撰文：吳偉林

⚠️ 執行須知

- 👥 人數：2人
- 🕐 需時：5-10分鐘
- ◆◆ 物資：大、中、小型藍色及橙色棋子各2隻
- ✂ 設置：每人各取大、中、小型同色棋子共6隻，另以4條顏色木條組合成井字型作為棋盤（圖1）
- 📖 出版：Thierry Denoual, Swan Panasia Games

Ba11.
動手
不動口
Hands Up

撰文：梁林輝

⚠ 執行須知

- ☺ 人數：2 人以上
- 🕐 需時：10-15 分鐘
- ◆ 物資：手勢指令卡（圖 1）
- ⚒ 設置：洗勻 58 張指令卡交予主持
- 📖 出版：Jacques Zeimet, Swan Panasia Games

📋 講解技巧

1. 工作員翻開 1 張指令卡，並放在中間，組員立即按卡上圖片做出相應手勢（圖 2）；
2. 做得最慢者為輸，會得到該張指令卡；
3. 有些指令卡的手勢是不能做到的（圖 3），此時便要拍枱，最慢者為輸，但若手勢是能做到的，組員拍了枱也當輸；
4. 勝利條件：翻畢所有指令卡後，指令卡最少者獲勝。

↑ 帶領技巧：介入經驗

- 示範練習：先抽出 2 張指令卡，1 張是能做到的，1 張是不能做到的，鼓勵全組做一次動作，遊戲會更順暢；
- 前置引導：開始前可提醒組員細心觀察指令卡，三思而後行；
- 關顧感受：有些組員的手部肌肉控制能力稍遜，工作員可鼓勵他們只需完成遊戲便可了。如欲小組有歡愉的氣氛，可取消計分制度，避免競爭；
- 適可而止：因應小組氣氛，隨時終止遊戲，無需翻畢所有指令卡。

❓ 解說技巧：功能與主題

- **破冰熱身**：專注觀察指令卡中的手勢圖案，有助投入小組；
- **肌肉訓練**：6 歲以上的兒童或年老的長者一般都能做到卡上的手勢，至於一些複雜的手勢，在工作員協助下也能完成；
- **聆聽觀察**：某些指令卡標示的手勢圖案其實是能夠做到的，但仍有組員很快也誤以為不能做到而拍枱，工作員可引申以下討論：
  - Facts：剛才哪張卡的手勢圖案被誤以為做不到？
  - Findings：是甚麼限制了我們的想法？
  - Future：現實生活中有沒有類似的情況？如再遇上時間急迫的情況，你會如何做出正確的決定？

⇄ 程序變化

- 促進交流：2 人一隊，能促進組員間的交流，而且會有手部的接觸，可以成為親子遊戲；
- 人多處理：把這些手勢圖案變成 PowerPoint，用投影機投射；不能做到的動作以拍椅子表示，尤其適合在大型活動或講座進行。

講解技巧

1. 工作員把 64 張昆蟲牌平均分給所有人，剩餘的卡牌放在一旁；
2. 所有人先觀看自己的手牌，並認清卡牌上的昆蟲；
3. 由其中一人先當起始者，把 1 張手牌面朝下傳到任何一人面前以示挑戰，並說出陳述句，例如：如手牌是蟑螂，可選擇以真話說：「這是蟑螂」，或謊話說：「這是蝙蝠」；
4. 接受挑戰的組員要在下方三個行動中選其一：
   a. 「相信」：在眾人前翻開該卡牌，如卡牌昆蟲與陳述內容相同，即猜對了，同時表示起始者失敗；如卡牌昆蟲與陳述內容不同，即猜錯了，同時表示自己失敗。失敗者需接收該張卡牌並把卡面朝上放在自己面前，然後開始新一個回合；
   b. 「不相信」：在眾人前翻開該牌，失敗方式同上；
   c. 「不猜測」：組員私下翻開並觀看該牌，再繼續把卡牌面朝下傳給另一人，並說出陳述句，下手再在上述三個行動中選其一；
5. 傳到最後一人，則只可選擇「相信」或「不相信」；
6. 新回合由上一回合接收卡牌的組員開始，重複以上步驟；
7. 當有組員接收了 4 隻同款的昆蟲牌或每種昆蟲牌各 1 張時（圖 2），遊戲結束，而該名組員算輸。又如有組員玩畢所有手牌，而上述情況未有出現，則接收最多昆蟲者算輸。

帶領技巧：介入經驗

- **關顧感受**：工作員須於開始時了解各人對昆蟲的感覺，如有組員出現很大的抗拒或恐懼，則未必適宜進行此遊戲；
- **連結組員**：可鼓勵組員之間互相挑戰，以增加各人的投入感；亦可鼓勵未曾受挑戰的組員，多觀察遊戲的進行，以獲取更多資訊；
- **營造氣氛**：遊戲早段，組員未必能掌握遊戲的節奏和精髓，工作員可一同參與，帶動氣氛。

解說技巧：功能與主題

- **聆聽觀察**：細心觀察其他人的策略，如：留意不同人選擇行動的傾向等。部份組員面前可能已累積了較多的昆蟲牌，其他組員要留意形勢，以決定是否挑戰處於劣勢的組員；
- **自我管理**：反思現實生活中面對的事情，如：時間管理、學業壓力、轉變等：
  - Facts：誰較多選擇相信或不相信？誰較多選擇不知道？
  - Findings：你認為自己的處事風格是傾向冒險還是審慎？這方式對你有甚麼好處？
  - Future：你會如何運用此方式來幫助你應對生活中的困難？
- **同感共情**：如何與人建立信任的關係：
  - Feelings：當你被他人信任時，你有甚麼感受？
  - Facts：你在剛才的遊戲中如何取得其他人的信任？
  - Findings：信任對你有何幫助？
  - Future：轉化到日常生活中，你又可以怎樣取得別人對你的信任？
- **生命覺察**：Kohlberg 的道德發展論指出青少年會較相信權威人物

Ba12. 德國蟑螂 Kakerlaken Poker

撰文：張偉楠

執行須知

- 👥 人數：2-6 人
- 🕐 需時：15-20 分鐘
- ◆ 物資：昆蟲牌
- ✕ 設置：昆蟲牌 64 張，包括 8 種昆蟲，每種 8 張卡牌（圖 1），洗勻備用
- 📖 出版：Jacques Zeimet, Swan Panasia Games

的教導，長大後會因應普世價值而調整自己的道德觀：

- Feelings：你在說真話和謊話時，分別有何感受？
- Facts：你在遊戲中說真話和謊話的比例是多少？這比例有隨著遊戲的進行而改變嗎？當中發生了甚麼事情？
- Findings：在你的成長經驗中，何時說第一個謊話？當時有何掙扎？你曾因為甚麼而改變你對說真話和謊話的看法？
- Future：在日常生活中，你會怎樣判斷事情或做法的對錯？這個認知如何形成並繼而成為你的價值觀？

> **一「棋」一會：桌遊小組故事**
>
> 筆者曾與高小學生進行此遊戲，過程中有個別組員針鋒相對，令其他組員難以參與及感到無奈，也有組員隔岸觀火並坐享其成。工作員於是以旁觀者的身份介入，並引導雙方回想剛才爭執的經過，思考現時情況對雙方、其他組員的形勢有甚麼好處。剛才針鋒相對的兩人頓時如夢初醒，並把著眼點由個別組員擴展至所有組員，既改變了遊戲的形勢，亦增加了組員間的互動。在遊戲後的解說時，筆者再引導他們思考在當局者迷的情況下，如何理性且冷靜地去分析，然後離開困局。慎重而行，才算是棋高一著。

⇄ 程序變化

- 減低難度：取消「不猜測」的選擇，讓組員可更快出牌；
- 年齡調節：若組員年紀較小或對昆蟲感到害怕，工作員可改用撲克，或以其他主題自製卡牌內容，如：義工訓練小組，可以義工助人的態度作內容。

講解技巧

1. 把組員分成不同的隊伍;
2. 工作員抽取 1 張問題卡,並讀出卡上四條問題(圖 2),組員要從四條問題的答案思考當中的共通點,如圖 2 的共通點是「周星馳」;
3. 問題卡上會有提示字眼,當組員過了 1 分鐘仍猜不出答案的共通點時,工作員可以讀出提示;
4. 勝利條件:組員鬥快舉手作答,猜對共通點之隊伍可獲得問題卡作分數。

帶領技巧:介入經驗

- 公正裁決:組員搶答時,工作員要判斷他們舉手的先後次序,或由一名中立的組員專職作裁決。

解說技巧:功能與主題

- **小組建立**:組員須記下四個答案來猜共通點,由一個人去記四個答案有點吃力,分工合作記下答案,才能增加勝算;
- **互相認識**:問題卡能反映不同組員專長於某個知識領域,宜細心留意組員的常態(pattern),並先作一句簡單的表揚。隨後在解說中,可邀請組員總結觀察到不同人有何專長及對生活有何幫助;
- **聆聽觀察**:組員要專注聆聽,才能正確地接收工作員的提問。過程中,有些組員可能會表示聽不清楚或不明白題目的意思。因此,工作員可藉此與組員討論接收資訊時應有的技巧:
  - Facts:遊戲中你有錯過了提問嗎?
  - Feelings:當你錯過了提問時會有甚麼感受?
  - Findings:是甚麼阻礙了你去專注接收訊息?你受到甚麼干擾?
  - Future:生活中你會如何有效地接收其他人的訊息?
- **任何主題**:按小組目標設計相關的題目,並帶出當日的主題。

程序變化

- 促進交流:邀請猜對共通點的小組讀出下一條問題,但該組不能回答;
- 計時獎勵:若想增加組員回答頭 4 條問題的意欲,每答中一條問題的隊伍可獲發一個指示物,得知 4 條問題的答案後開始計時 20 秒,得到指示物者可優先在 20 秒內舉手回答最終答案;
- 一同設計:邀請每隊各自設計問題卡,收集約 20 題後,即時進行問答比賽。完結後,可投票選出最有創意的主題卡,讓組員參與更多,也能使題目更貼近他們的生活。

Ba13. 靈犀一點 Linkee

撰文:梁林輝

執行須知

- 人數:3-16 人
- 需時:15-20 分鐘
- 物資:問題卡(圖 1)、計時器或沙漏
- 設置:洗勻問題卡
- 出版:栢龍玩具

Ba14.
豬朋狗友
Pick-a-Pig/Dog

撰文：梁林輝

⚠ 執行須知

- 👥 人數：2-12 人
- 🕐 需時：15-20 分鐘
- ◆◆ 物資：圖卡
- ✂ 設置：洗勻圖卡後（每張有一個公仔，特徵各有不同），抽出 36 張，面朝上並以 6x6 方式排成正方形牌庫，放在桌子中央（圖1）
- 📖 出版：Torsten Landsvogt, Jolly Thinkers

📋 講解技巧

1. 每人獲發 1 張面朝下的圖卡，稱為「隊長卡」（圖2）；
2. 工作員數三聲後，組員翻開自己的「隊長卡」；
3. 組員要從中央牌庫中尋找隊長的朋友——與隊長具加一項或減一項的特徵，如：變大、多一副眼鏡、少一隻手、變黑了等；
4. 找到朋友後，要鬥快拿取該圖卡面朝上，覆蓋著「隊長卡」；
5. 組員要為新的圖卡再找朋友，步驟同上，但不可檢查自己的圖卡數目，直至找出 7 個朋友後立即叫「停」；
6. 邀請最先叫停者逐張描述他的圖卡中加一或減一的特徵（圖3），正確無誤即獲得兩張圖卡作分數，但以下情況不會得分：
   a. 找來的朋友（圖卡）數量不是 7 張；
   b. 找來的朋友（圖卡）之間的特徵不是加一或減一；
7. 找出第 2 名搜集較多朋友者描述，正確者可獲得 1 張圖卡；
8. 勝利條件：遊戲進行 6 輪，最多圖卡者獲勝。

🚩 帶領技巧：介入經驗

- **公正裁決**：如誰最快叫停或兩人之中誰最快拿取 1 張圖卡；
- **暫停任務**：組員鬥快取卡時，或有肢體碰撞，工作員可在遊戲前提醒組員先觀察後出手並討論每個人的處事風格，又或如有人出手阻止其他人，工作員可暫停遊戲，討論如何看待勝負；
- **關顧感受**：有組員因反應或專注力稍遜而無法得分，工作員可找個組員鼓勵他，或與他合組一起再進行遊戲。

❓ 解說技巧：功能與主題

- **破冰熱身**：節奏緊湊，由於要動手去找朋友，所以適用於小組初期；
- **互相認識**：工作員可把 6 x 6 的牌庫比喻為社會環境，組員玩遊戲代表現在要出外找對的朋友，使組員更易投入。遊戲後引申討論生活中如何交友，加深互相了解：
   - Future：這個遊戲與你現實生活中交友的情況有何共通點？
   - Facts：大家會找有甚麼共同特徵或喜好的朋友？
   - Feelings：你與志同道合的朋友相處時有何感受？
   - Findings：經過分享後，你對哪位組員有一些新的發現？
- **聆聽觀察**：專注觀察每張卡的公仔，找出加一或減一的特徵。

⇄ 程序變化

- **計分處理**：如有反應稍遜的組員，可沿用計分制，成功找來最少兩個正確的朋友有 1 分，讓更多人得分，增加參與動機；
- **增加難度**：所有人先觀看隊長卡後再把面朝下覆蓋，才開始找朋友，全程不能再看，直至有人叫停後，才可翻開所有卡牌。

📋 講解技巧

1. 組員先輪流從牌庫中取 1 張卡向外翻開並展示出來（圖 1）；
2. 若該卡在桌上從未出現，組員要為該卡命名；
3. 若該卡在桌上再次出現，組員鬥快講出該卡的名字，最快者可獲得該卡；
4. 勝利條件：牌庫用畢時，手持最多卡者獲勝；
5. 可進行第二回合，組員可為圖卡重新命名。

🔝 帶領技巧：介入經驗

- **暫停任務**：留意組員改名時會否令人反感，有需要時可暫停任務並作討論；若工作員預計改名時會對某些組員造成人身攻擊，在開始前要設立一些改名的原則；
- **公正判決**：為使組員進行公平的遊戲，建議工作員擔任裁判。

❓ 解說技巧：功能與主題

- **互相認識**：改名時，要求組員互相商量各張卡代表哪一組員或某些特徵，並以此組員來命名。過程中不停重複這個名字，幫助組員記得大家的稱呼；
- **自我管理（學習）**：分享一些獨特的記憶方法，如：聯想法；
- **批判思考**：進行兩個回合，為每張牌重新命名，有些組員會講出第一回合圖案的名字，這可帶出刻版印象是如何形成的：
  - Feelings：轉至第二回合叫名時有何感受？
  - Facts：這些困難從何而來？
  - Findings：生活中有何既有的想法？印象從何而來？
  - Future：如何可更全面地理解人和事，而不受既有想法的限制？（可根據小組的主題和處境來舉出相關例子，如：瘦是否等於美？人老就沒用？）

一「棋」一會：桌遊小組故事 🎲🎲🎲🎲🎲🎲🎲🎲

筆者曾在入校的小組中帶領此遊戲，組員趁老師不在場，以老師名字命名圖案，工作員即時詢問為何改用老師來命名，當時組員有點猶豫，擔心工作員會否向老師告發。工作員再細心了解圖案與老師名字是否有相似特徵，這個討論過程令工作員和組員迅速建立信任的關係。假如工作員評估名字為取笑或深化人身攻擊時，則應對組員加以提醒。

➡️ 程序變化

- **減低難度**：對年幼或長者來說，12 款圖卡似乎太多，可抽起一部份；
- **自行設計**：工作員可以自行用紙筆或電腦設計公仔或其他物件來取代現成的圖卡。

Ba15.
Toddles
Bobbles

撰文：梁林輝、張偉楠

Ba. 短時間桌遊

⚠️ 執行須知

- 👥 人數：2-12 人
- 🕐 需時：15-20 分鐘
- ◆ 物資：圖卡 96 張
- ✖ 設置：覆蓋並洗勻所有圖卡（12 款圖案，各有 8 張）成為牌庫
- 📖 出版：SIMPLE RULES

1

Ba16.
睡皇后
Sleeping Queens

撰文：葉文俊、盧春茹

❗ 執行須知

- 👥 人數：2-5 人
- 🕐 需時：20-30 分鐘
- ◆ 物資：卡牌
- ✖ 設置：12 張皇后牌，面朝下放在中央
- 📖 出版：Miranda Evarts, Kanga Games

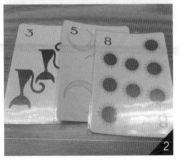

📋 講解技巧

1. 除皇后牌外，開始時先洗勻其他卡牌，每人獲發 5 張手牌，餘下卡牌成為牌庫；
2. 工作員講述每款卡牌的功能：
   a. 皇帝：喚醒任何 1 張皇后牌，揭開並放在自己面前；
   b. 騎士：偷取任何人面前的皇后牌；
   c. 巨龍：阻止其他人使用騎士牌來偷取自己的皇后；
   d. 安眠藥：令其中一人面前的皇后牌休眠（面朝下）並放回中央；
   e. 神仙棒：阻止其他人對自己的皇后使用安眠藥；
   f. 小丑：打開牌庫第 1 張牌，若是數字牌，由自己開始向左報數。如：A 打出小丑，並且在牌庫抽到數字牌 3，由 A 開始數，向左 B、第 3 位是 C，所以 C 能抽 1 張皇后牌；若是功能牌，則收回手中並再多進行一回合。
3. 每回合，組員可打出：
   a. 1 張功能牌、1 張數字牌或 2 張相同的數字牌（圖 1）；
   b. 用加數算式出牌（例：3+5=8，共 3 張）（圖 2）；
4. 出牌後，從牌庫抽回相應數目的牌，保持手牌數目為 5 張；
5. 勝利條件：最快獲得 4 張皇后牌或牌上標示分數達 40 分者獲勝。

🚦 帶領技巧：介入經驗

- 聲音介入：卡牌沒有文字提示，容易令人產生混淆。可用生動的描述提醒，如：「持劍的騎士救皇后」、「巨龍看守城堡」；
- 間接介入：留意長時間未能抽到功能牌去救皇后的組員會否感到氣餒，並以提問來給予提示，如：「打出數字牌對你來說有何幫助？」，引導他想到有補牌的機會。

❓ 解說技巧：功能與主題

- 生命覺察：分享此遊戲由一位 6 歲女孩設計的故事，透過遊戲帶出「Nothing is impossible」，啟發尋夢中的組員；
- 面對衝突：有助評估小組的互動及個別組員如何處理衝突。如：受到其他組員攻擊或搶走皇后牌，因而產生情緒：
  - Facts：誰人試過救了皇后之後又被人搶走？
  - Feelings：你們猜他在皇后被搶之後有何感受？
  - Findings：你在現實生活中有相似的經歷／情緒變化嗎？
  - Future：若將來再有類似情況，你們提議他要怎樣回應？

一「棋」一會：桌遊小組故事
筆者較多在第一節小組中玩此遊戲，除了因為簡單易學外，還很容易透過遊戲的搶奪機制，看到組員的特性，如：有人會因對方偷過自己的皇后而不停還擊，從而評估組員如何處理衝突和情緒。

🔄 程序變化

- 人多處理：改為最快獲 3 張牌或牌上標示分數達 30 分者獲勝，並容納 6 人參與；
- 減低難度：若對象為幼兒，可移除小丑牌。

講解技巧

1. 主持人洗勻圖卡後，翻開其中 1 張卡，顯示 5 隻色的物品或人物；
2. 組員鬥快按卡上的顏色位置把杯子疊好（圖 2 及圖 3），完成後拍響鈴；
3. 最快者獲確認無誤後，可得到該張圖卡作獎勵；
4. 重複以上的步驟；
5. 勝利條件：翻畢所有圖卡後，得到最多圖卡者獲勝。

帶領技巧：介入經驗

- 建立關係：組員熟習這遊戲後，可以進入挑戰模式，與場中某一屆次勝出的組員進行比賽；
- 適可而止：隨時評估組員的反應及投入度，見好即收，在完結前宣佈「現在是最後的三局」，讓他們有心理準備何時完結。

解說技巧：功能與主題

- **破冰熱身**：節奏緊湊，是帶動小組氣氛的絕佳熱身遊戲，能製造緊張而興奮的情緒，使組員集中精神投入到小組中；
- **自我認識**：有組員或因不喜歡這遊戲帶來的壓力而不願參與，可討論：
  - Feelings：你剛才有何感受？壓力下有何心理 / 生理反應？
  - Facts：你剛才的壓力來自甚麼事情？
  - Findings：壓力會為你的生活帶來好處或壞處？
  - Future：生活中有何場景會為你帶來壓力？你會如何面對？
- **自我管理**：訓練組員專注、排序及組織的技巧，加強執行功能；
- **表達技巧**：2 人一隊，在限時內，一人負責看圖卡、描述及指揮，另一人戴上眼罩負責疊杯。

> **一「棋」一會：桌遊小組故事**
> 筆者在大型桌遊推廣活動中，曾以水桶取代水杯，變成一項歷奇活動。把物資放大可令遊戲更觸目，尤其在社區中能吸引街坊圍觀及試玩。筆者亦試過以家庭為單位玩此遊戲，疊杯成為親子之間溝通合作的一大挑戰，而他們認識這遊戲後，更可把桌上版帶回家作日常的親子活動。

程序變化

- 改變規則：為鼓勵所有人都完成疊杯的過程，可要求每人完成疊杯後都要拍響鈴，最後拍響鈴者獲得圖卡，遊戲結束後得圖卡最少者獲勝；
- 參與設計：可邀請組員自行設計及繪畫圖卡，以增加趣味性；
- 人多處理：坊間有擴充版，可讓 6 人參與，並有更多的圖卡。

Ba17.
快手疊杯
Speed
Cups

撰文：梁林輝

執行須知

- 人數：2-4 人
- 需時：15-20 分鐘
- 物資：5 色杯（黑 / 紅 / 藍 / 黃 / 綠）、圖卡、響鈴
- 設置：每人獲發一套 5 色杯，響鈴放桌中央（圖 1）
- 出版：Haim Shafir, 栢龍玩具

Ba18. 毛塵寶寶 Sticky Stickz

撰文：廖美梅

! 執行須知

- 👥 人數：1-4 人
- 🕐 需時：10-20 分鐘
- ♠ 物資：板塊卡（毛塵寶寶）、吸盤棒、遊戲盒
- ✄ 設置：把所有板塊卡隨機放進遊戲盒的 13 格空格盒內，每一格約有 4 至 5 塊板塊卡，每人獲發 1 枝吸盤棒
- 📖 出版：Dave Choi, Swan Panasia Games

☰ 講解技巧

1. 每回合一位組員先擲三顆骰子到遊戲盒的中央，所有人即時按骰子結果，用吸盤棒吸走符合條件的板塊卡。三顆骰的內容如下（圖1）：
   - a. 數字骰：板塊上毛塵寶寶的數目；
   - b. 顏色骰：板塊上毛塵寶寶的顏色；
   - c. 表情骰：板塊上毛塵寶寶的表情。
2. 吸盤兩端都可使用，吸走的板塊可先拿走後再繼續吸其他板塊。當盒中已無符合條件的板塊卡，便由下位組員再擲骰進行下一回合，如此類推，直至遊戲盒中出現 5 個空格為止；
3. 勝利條件：取得最多板塊者獲勝。

⬆ 帶領技巧：介入經驗

- **聲音介入**：開始時，組員很難記得三顆骰子的要求，也很易混淆顏色、表情等，工作員可在擲骰後讀出三顆骰的要求；
- **暫停任務**：擲骰前，可先給 15 秒各人觀察場內板塊卡的狀況。

? 解說技巧：功能與主題

- **破冰熱身**：遊戲玩法簡單，組員只需專注地記著數字、顏色及表情，適用於小組初期；
- **生命覺察**：每回合中，三顆骰子的要求都不一樣，隱喻現實社會中對人有不同的要求，可引導組員反思如何自處：
  - Feelings：各人同時在吸板塊卡時，你有何感覺？
  - Future：生活中可有類似的感覺？骰子和板塊代表你生命中的甚麼？
  - Facts：你吸到多少塊板塊卡？你如何形容自己在遊戲中的反應？
  - Findings：你能否同時間滿足社會的眾多要求？未能滿足時，是否就代表組員沒有價值？平日未能滿足這些要求時，你多數如何反應或處理？

⇄ 程序變化

- **促進交流**：分 2 人一隊，一人蒙眼負責吸取毛塵寶寶，一人開眼負責表達指示，令遊戲最多容納 8 人參與；
- **減低難度**：若對象為幼兒，只需使用顏色骰子及數字骰子（圖2）。

講解技巧

1. 一同設定一個故事的方向，如：喜劇、悲劇、愛情、科幻等；
2. 由其中一人開始，在 9 顆骰子中選取其中 1 顆；
3. 該組員擲骰，用面朝上的圖案來開始創作及表達故事；
4. 然後，下一位組員選出第 2 顆骰子並擲骰，按上一句繼續接上故事，如此類推；
5. 直至所有骰子選畢，遊戲完結。

帶領技巧：介入經驗

- 引導討論：須先與組員一起商討一個「方向」，例如：主題或情境，作為創作故事的主線，例如：情節須在校園內發生，讓組員更容易創作，故事也較聚焦有序；
- 營造氣氛：部份人在表達長句子時會感到困難，工作員可訂立規則，如：每人每次最少必須說五句等，讓組員多點參與這集體創作。

解說技巧：功能與主題

- **創意思維**：透過 9 個不同形象的圖案，串連起來創作成為一個有「劇情」的故事，考驗組員的創意是否豐富；
- **聆聽觀察**：組員的創意有時會「天馬行空」，愈脫離現實，其他組員就愈難接上，因此需要聆聽及觀察其他組員的適應能力；
- **互相認識**：小組初期，邀請每人選取骰子 2 至 3 面的圖案，介紹自己不同的特質或興趣。骰子的圖案有助組員表達，讓首節小組更有趣味；

> **一「棋」一會：桌遊小組故事**
> 筆者曾在中學開組時玩此遊戲，組員天馬行空地構思故事，主要圍繞校園生活，並加入不同的人物作為故事的主角，曲折離奇，引得大家哄堂大笑。這遊戲尤其適合組員之間已有基本的認識，能根據相同的生活背景進行集體創作，大家迅速凝聚和互相連結。

- **經驗反思**：骰子多種多樣的圖案，能有助組員把深刻的經驗或感受整理成引人入勝的故事。

程序變化

- 電子版本：除了實體的桌遊外，這個遊戲還有 iPhone 及 iPad 版本。如果把骰子投射在大型螢幕上，工作員可與更多的組員互動，尤其適合在課室、禮堂或講室等有較大限制的環境中使用，能促進更多組員集體創作及交流，人數更不設上限；
- 改變次序：一開始全組一同擲骰，隨意開始及接上，不用順座位次序輪流接上，最後一位組員負責說畢整個故事。

Ba19. 故事骰 Rory's Story Cubes

撰文：葉文俊

執行須知

- 人數：2-9 人
- 需時：10-15 分鐘
- 物資：骰子
- 設置：所有骰子放於桌中央（圖 1）
- 出版：Rory O'Connor, Gamewright

Ba20.
數字火車
Streams

撰文：吳偉林、盧春茹

! 執行須知

- 👥 人數：不限
- 🕐 需時：15-20 分鐘
- ◆◆ 物資：數字牌、布袋、排列框、遊戲紙、筆
- ✂ 設置：數字牌放入布袋，每人獲發遊戲紙及筆
- 📖 出版：Yoshihisa Itsubaki, 栢龍玩具

☰ 講解技巧

1. 工作員從布袋中抽出一塊數字牌，並放在排列框內（圖 1）；
2. 組員把牌上的數字填在遊戲紙上的 20 格火車廂中任何一格（圖 2）；
3. 重複以上流程，直至填滿 20 格，以形成一個數字的序列；
4. 得分方法：數字由火車頭開始由小至大排列，直至中間有數字斷開，車廂連續長度愈長得分就愈高，分數詳見遊戲紙；
5. 勝利條件：結算所有火車分數的總和，得分最高者獲勝。

⊤ 帶領技巧：介入經驗

- **聲音介入**：遊戲開始時，工作員可考慮透露數字牌的數量，數值 1 至 10 牌、20 至 30 牌各 1 個，而數值 11 至 19 牌各 2 個；
- **調整節奏**：工作員先確認全組填妥數字後，才抽出新的數字。

? 解說技巧：功能與主題

- **自我管理（時間）**：每次打開數字後，組員除了要決定應填寫的位置外，還要不斷預測將被抽出數字的數值大小外，更要有意識地掌握和分析不同資訊，作最好的規劃：
  - Facts：你怎樣決定數字抽出來後要填在甚麼地方？
  - Feelings：當發現火車斷了時你有甚麼感覺？
  - Findings：這像現實生活中的甚麼事件？有甚麼時候你未能完全兼顧所有事情？你平日做計劃時會否留下空間，好讓自己最重要的事務不被打斷？
  - Future：若將來再發生類似的情況，你會怎樣規劃自己的時間？

⇄ 程序變化

- **增加難度**：使用最原本的玩法，若組員最終的數字序列長度為 6、12 或 17 項時則會扣分，令他們計劃時要更加縝密。

☰ 講解技巧

1. 遊戲開始，每人從自己手牌中選 1 張卡牌，面朝下放在前方；
2. 待所有人完成後，一同翻開卡牌，並把手上剩餘的所有手牌向左傳；
3. 重複以上過程，直至所有手牌放到桌上為止：
   a. 壽司：按卡牌上的數字計分；
   b. 卷物：收集最多者獲 6 分，第二位獲 3 分；
   c. 天婦羅：集齊 2 張可獲 5 分；
   d. 魚生：集齊 3 張可獲 10 分；
   e. 餃子：按卡上所示的收集張數計算得分；
   f. 芥末：下 1 張壽司卡的 3 倍分數（圖 1）；
   g. 筷子：下一回合可取 2 張卡牌；
   h. 布丁：收集最多者獲 6 分，最少者減 6 分。
4. 勝利條件：分數最高者獲勝（圖 2）。

⬆ 帶領技巧：介入經驗

- 聲音介入：可提醒組員時刻留意其他人在各回合中所收集及翻開的卡牌，避免與其他人收集同款的卡牌，才能在遊戲中得分。

? 解說技巧：功能與主題

- **聆聽觀察**：適用於小組初期，組員之間無需太緊密的溝通及合作。不過，遊戲要求組員不時觀察身邊發生的事情，如：其他人是否在收集與自己同款的卡牌，並隨機應變：
  - Facts：你如何勝出遊戲？有何秘訣？
  - Feelings：當發現其他人與你收集同款卡牌時，你有何感覺？
  - Findings：為何留意其他人的行動比專注於自己的卡牌更重要？
  - Future：平日與人相處時，你會在甚麼時候留意其他人的行動？

⇄ 程序變化

- 人多處理：多於 5 人時，只須派發與人數相同數目的手牌作開始（最多可容納 7 人）；
- 增加難度：可進行多個回合，待組員熟習遊戲後，按能力漸漸加入「芥末」、「筷子」及「布丁」卡，以增加趣味性及投入感。

Ba21.
迴轉壽司
Sushi Go

撰文：葉文俊、盧春茹

❗ 執行須知

- ☺ 人數：2-5 人
- 🕐 需時：15-20 分鐘
- ◆ 物資：卡牌
- ✘ 設置：洗勻所有卡牌，按人數派卡牌作手牌：2 人派 10 張、3 人派 9 張、4 人派 8 張、5 人派 7 張
- 📖 出版：Phil Walker-Harding, Gamewright

Ba22.
時間線
Timeline

撰文：葉文俊

⚠ 執行須知

- 👥 人數：2-8 人
- 🕐 需時：15-20 分鐘
- ♦♦ 物資：卡牌
- ✂ 設置：所有卡牌面朝下洗勻成為牌庫（印有日期一面朝下）
- 📖 出版：Frédéric Henry, Asmodee

📋 講解技巧

1. 卡牌上印有歷史事件，另一面為發生事件的年份和日期；
2. 按組員人數派發卡牌，組員收到手牌後須放置在自己的前方及不可翻閱（圖1）：
   - a. 2-3 人：6 張
   - b. 4-5 人：5 張
   - c. 6-8 人：4 張
3. 從牌庫抽 1 張卡翻開，印有日期的一面朝上；
4. 組員輪流打出手牌，並猜想牌上事件發生日期的先後，放在已翻開的卡牌前方或後方；
5. 打出手牌確認位置後，把卡牌印有年份的一面翻開（圖2）：
   - a. 若排列時序正確，由下一位組員繼續遊戲；
   - b. 若排列時序錯誤，該人須從牌庫補 1 張牌，並把錯誤的卡牌棄掉。
6. 遊戲繼續，由下一位組員選出合作者，當所有人都合作過後完結遊戲；
7. 勝利條件：最快打出所有手牌者獲勝。

☝ 帶領技巧：介入經驗

- **座位位置**：卡牌上的文字只朝一個方向，可留意各人是否清楚看到所有卡牌的時序。若組員很難看到，應盡量協助或適時調位；
- **適當提示**：由於這是譯自外國的遊戲，組員對某些事件會感到陌生，工作員可與其他組員一起協助解難。

❓ 解說技巧：功能與主題

- **破冰熱身**：這個遊戲的設計十分簡單，不用思考甚麼策略。至於組員因為不熟悉事件，所以很易與其他人打開話題。這個遊戲適用於小組初期；

> **一「棋」一會：桌遊小組故事** 🎲🎲🎲🎲🎲🎲
> 筆者常於第一節小組玩此遊戲。組員間雖然互不相識，但這遊戲提供了合適的平台讓他們互動、互相交換訊息，令小組過程充滿歡笑聲，不單拉近組員之間的關係，還讓組員透過卡牌學習了很多冷知識及英文生字。

- **經驗反思**：在長期小組中，收集不同階段或活動的相片來取代卡牌，並安排小組最後一節，用以上的遊戲規則與全組一起重組時序，讓組員可以整理及反思在小組中的經歷和學習。

Ba23.
香蕉猴王
Top
Banana

撰文：廖美梅

📋 講解技巧

1. 開始時，每人選一隻顏色的猴子及同色手牌（數字 1 至 5）（圖 1）；
2. 每回合，組員輪流打出 1 張牌，並按數字移動所屬猴子：
   a. 卡牌打出的數字不可與上一位組員的數字相同；
   b. 只可選上行或下行其中一個方向，若所選方向未能完成應行的步數，只可選擇另一方向；
3. 若前一格已有其他猴子，可跨越該格，而該格不計算步數；
4. 所有人用畢手牌，該回合結束；
5. 勝利條件：爬到最高的猴子可獲 2 個香蕉指示物，第二高的可獲 1 個，最快取得 5 個指示物者獲勝。（圖 2）

🔨 帶領技巧：介入經驗

- 聲音介入：工作員可說出上一位組員打出的牌的數字，協助組員出牌時思考，並提醒他們不能打出與上一位組員相同數字的牌；
- 間接介入：工作員可用提問的方式去促進組員互相了解，如問是否留意到某位組員出了甚麼牌，從而猜測其手上還有甚麼牌。

❓ 解說技巧：功能與主題

- **目標設定**：組員要觀察其他人打出的牌，並調整應對策略才能勝出。因此，可聚焦於分享組員成功運用策略背後的原因：
  - Feelings：當你成為香蕉猴王時，你有何感受？
  - Facts：遊戲中運用了甚麼策略？你在何時選擇後退？
  - Findings：在現實生活中你有過相似的經歷嗎？你認為甚麼時候退下來比前進有更利？
  - Future：高峰和香蕉對你的生命來說分別代表甚麼？你如何走向自己的目標？
- **自我認識**：促進組員體驗如何了解內在及外在因素來評估風險。
  a. 內在評估自己擁有的能力（strength）及限制（weakness）：
    - Future：遊戲中我們有相同的手牌，但現實生活中我們的起跑線也一樣嗎？
    - Findings：你認為在目前的生活中有甚麼與別不同的能力？
  b. 外在評估機遇（opportunity，如：資源、人）及挑戰（threats）：
    - Facts：遊戲中上一位組員的行動如何影響你？
    - Findings：你是否曾因朋友的舉動而影響了自己的行動或想法？
    - Future：你會怎樣做去使身邊的人由阻力變成你的助力？
- **生命覺察**：所有手牌面朝下，每回合組員只可隨機打出手牌，讓他們體會生命中不受掌控的因素乃隨機安排，以及自己不能規劃前路的無奈感。

❗ 執行須知

- 👥 人數：2-4 人
- 🕐 需時：20 分鐘
- ◆ 物資：手牌、猴子棋、香蕉指示物、底板
- ✂ 設置：底板放在桌中央
- 📖 出版：Jin Winslow, 栢龍玩具

Ba24.
通緝令
Wanted

撰文：黃幹知

! 執行須知

- 👥 人數：3-14 人
- 🕐 需時：10-15 分鐘
- 🃏 物資：人物卡、警章卡
- ✂ 設置：警章卡比人數卡少1 張（放在人與人之間）
- 📖 出版：Ravensburger, The Toy Company Argentina

📋 講解技巧

1. 開始時先洗牌，每人獲發同等數量的卡，須把手牌面朝下；
2. 講述其中四款卡是符合「對的人物」、「對的地點」，及組員需要作出的動作（圖1）：
   - a. 警察在街上：鬥快搶一張警章卡（圖2）；
   - b. 罪犯在住宅：所有人高舉雙手；
   - c. 法官在法庭：用拳敲打桌面並大叫「你有罪」；
   - d. 出納在銀行：以手掌拍打棄牌堆。
3. 組員順時針輪流向外翻牌並放在中央。如有對的卡時須做出上述指定動作，至於其他牌（圖3）就不用做任何動作；
4. 做錯或反應最慢者要立即拿取桌面中央的卡放在手牌最底；
5. 勝利條件：最先耗盡自己的手牌者獲勝。

🔨 帶領技巧：介入經驗

- 營造氣氛：工作員投入參與或大叫，做似是而非的表情；
- 公平處理：如組員重視勝負，可規定不用翻牌者雙手須放桌上；
- 引導討論：多於一人做錯動作或分不清誰人最慢時，主持可不急於介入仲裁，而是觀察小組如何處理評估小組的決策方式（如何處理）、各人的角色（誰人帶領）、各人的關係（是否獲得公平對待、有沒有人受到優待或被針對），以及各人的風格和需要（是否渴望勝出多於重視關係）；
- 適可而止：最快耗盡手牌的三位組員獲勝，同時可稍為延長遊戲的時間。

❓ 解說技巧：功能與主題

- **自我管理（學習）**：這是考驗反應、專注力及判斷力的遊戲；
- **破冰熱身**：等待遲到的組員，或在會議前作熱身，有助帶動氣氛及製造惹笑場面；
- **聆聽觀察**：帶出細心觀察的重要性；
- **生命覺察**：引發討論某些職業有何職責以及給人帶來甚麼印象。

⇄ 程序變化

- 改變動作：如想帶動氣氛，可把出納的動作改為站起身大叫「我有錢」，又或由組員一同決定及構思動作；
- 增加難度：部份卡也可改用來指定組員做動作，如警察在所有場景都要有動作，在銀行時大叫：「我是解款員！」、在法庭時：「我做證！」、在住宅時大叫：「勿動！」。

講解技巧

1. 每人派發一張「手勢卡」，翻開及放在自己面前（圖 1）；
2. 各人輪流按自己「手勢卡」做一次動作，成為自己在遊戲中的手勢，工作員可提示組員留心其他人的動作；
3. 開始時，一人帶領各人拍「碰碰，啪，碰碰，啪」的節奏；
4. 起始組員在第一次「啪」時，做出自己的手勢；然後在第二次「啪」時，隨意做另一人的手勢；
5. 該手勢的所屬者要緊接重複步驟 4 進行，如此類推；
6. 過程中，未能跟上音樂節奏或接不到手勢者為輸，並把自己的手勢卡送予上一位組員，並抽一張新的手勢卡代表自己；
7. 勝利條件：成功取得 4 張手勢卡者獲勝。

帶領技巧：介入經驗

- **聲音介入**：工作員帶領遊戲時，最重要是讓所有人都能清楚看到其他人的「手勢」，特別是部份「手勢卡」的手勢十分相似，工作員須多次作出澄清並讓所有人清楚自己和其他人的動作；
- **間接介入**：組員在遊戲的過程中要觀察其他人，因為隨時都要接上其他人的手勢。工作員可在過程中，以提問來暗示組員時刻保持警覺、留心身邊所發生的狀況。

解說技巧：功能與主題

- **破冰熱身**：適用於小組初期，容易令組員之間有少量的自然對話和眼神交流，也能營造小組的氣氛；
- **互相認識**：遊戲需時很短，很快就會有組員接不上「手勢」而輸掉。工作員可從中加入後果，如：自我介紹、答組員一條問題或說出小組的期望等，讓組員間建立關係；
- **自我認識**：手勢卡愈加增多，愈難兼顧，組員也會很容易記錯手勢，弄亂了自己及其他人的手勢卡：
  - Facts：你做對了多少次手勢？你有做錯過手勢嗎？
  - Feelings：手勢卡增多時，你有何感受？受壓時有何感受？
  - Findings：當有愈來愈多手勢卡時你會如何應付？日常生活中有甚麼時候可以 / 不可以一心多用？有沒有試過一心多用而出現類似這個遊戲發生過的情況？
  - Future：如你不能一心多用，會如何安排去應付不同的事情？

程序變化

- **自行創作**：除可用「手勢卡」外，工作員也可以不用任何卡牌來帶領此遊戲。由組員自創一個與別不同的手勢或動作，並要與自己的名字或特質相關的。這要求組員有一定的創作力，否則介紹手勢時會感到困難及尷尬。

Ba25.
搖滾節奏
We Will Rock You

撰文：葉文俊

執行須知

- 👥 人數：3-20 人
- 🕐 需時：10-15 分鐘
- ◆ 物資：手勢卡
- 🔧 設置：/
- 📖 出版：Gabriel Ecowtin, Kanga Games

Ba26.
伐木達人
TocToc
WoodMan

撰文：梁林輝、張偉楠

⚠ 執行須知

- 👥 人數：2-8 人
- 🕐 需時：15-20 分鐘
- 🪓 物資：樹心、樹皮、斧頭、樹根基座
- 🔧 設置：每塊樹心裝上 4 塊樹皮合成（圖 1），疊成一棟放在樹根基座上（圖 2）
- 📖 出版：Justin Oh, Swan Panasia Games

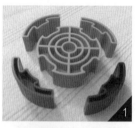

📋 講解技巧

1. 由其中一人開始，依順時針方向輪流進行；
2. 每人在自己的回合中，先拿起斧頭向樹皮或樹心敲兩下；
3. 如有樹皮或樹心掉落桌上（圖 3），可以收集起來；
4. 重複以上程序，直至所有樹皮從樹上掉下來；
5. 結算分數：每塊樹皮加 1 分、每塊樹心扣 5 分；
6. 勝利條件：最高分數者獲勝。

🔨 帶領技巧：介入經驗

- **間接介入**：以提問來暗示：「如掉下了 1 塊附有 4 塊樹皮的樹心，可得到多少分？」，讓組員知道亂敲可能會失分；
- **聲音介入**：初次敲打樹皮的組員未必能掌握力度，所以要提醒組員先以輕力測試。另外，工作員可提示一些敲打心得，如：「膽大心細」。

❓ 解說技巧：功能與主題

- **破冰熱身**：簡單易學，而且每次敲打樹皮時都會使組員有緊張的感覺；
- **小組建立**：所有組員合成一組，在 20 個回合內合作避免在敲落樹心的情況下敲落全部樹皮（回合數目可因應組員能力及小組發展階段而調整）；
  - Facts：過程中你最欣賞誰？你欣賞他的甚麼特質？
  - Findings：這種特質對團隊有甚麼幫助？
  - Future：對於團隊的建立，你可以發揮甚麼特質？
- **人際溝通**：在與人相處或合作時，先了解對方的性格 / 做事方式 / 喜好，可以使運作過程更順利，工作員可與組員作以下討論：
  - Facts：在初次敲打樹皮時用了甚麼策略？有效嗎？
  - Findings：在學校 / 職場上與人相處曾否出現類似的情況？斧頭 / 樹皮 / 樹心分別代表甚麼？
  - Future：這經驗對你在學校 / 職場上與人相處有甚麼啟示？

🔁 程序變化

- **計分處理**：設置方面，每塊樹心裝上平均包括三種顏色的樹皮，組員每收集到一套三色的樹皮而又沒有得到樹心，可額外加 1 分；
- **增加難度**：每一回合中，各人如都沒有敲落樹皮，就要把自己的一塊樹皮放到場中間累積起來，直至有人敲落樹皮為止，該人可額外得到場中間所有樹皮。

📋 講解技巧

1. 開始時，把一張木筏板放桌上，並抽出 10 張卡翻開（圖 1）；
2. 把對應的動物棋放在翻開的動物卡上，組員須判斷十隻動物棋能否平放入木筏板的空心框內（不可直立或重疊）；
3. 組員並選擇對應的投票牌（支持為綠色、否決為紅色）（圖 2）；
4. 各人同時翻開投票牌，如果：
   a. 全數支持：再抽 1 張動物卡翻開並放上對應的棋，重複步驟 3；
   b. 全數否決：隨機抽走 1 張動物卡及對應的棋，重複步驟 3；
   c. 部份支持：支持者倒放沙漏，並嘗試合力把卡上的動物棋放入木筏板的空心框內（圖 3）：
      - 若在限時內完成，支持者每人得 1 分；
      - 若在限時內未能完成，則投否決者每人得 1 分，此回合完結。
5. 勝利條件：六個回合後最高分數者獲勝。

🔧 帶領技巧：介入經驗

- 間接介入：留意組員在決策時有否受人影響，除了以提問鼓勵組員互相提出理據去說服其他人外，亦可提醒組員在聽到別人的想法時保持獨立思考，不要輕易受影響；
- 暫停任務：觀察組員如何決策、處理衝突、誰人主導擺放的方式、溝通模式能否兼容所有人的意見等。如因以上的互動而引發關鍵事件，可在回合間暫停遊戲並即時解說，同時留意組員在解說前後互動上的變化，並於最後的解說中再次引用。

❓ 解說技巧：功能與主題

- **破冰熱身**：節奏緊湊，結合了個人策略；
- **合作解難**：如何在短時間內協調及分工，並各司其職地完成：
   - Facts：剛才是甚麼令我們把所有棋放入框內？
   - Findings：合力堆砌前用少許時間商量有何作用？
   - Future：在未來再合作時，分工有何重要性？
- **生命覺察**：留意自己為生活作抉擇時會受甚麼因素影響：
   - Facts：你如何決定動物棋能否放入木筏板內？這決定受甚麼經驗影響？
   - Future：你平常做的決定有多少是受過往的經驗所影響？
   - Findings：過去的經驗是否必然能應對所有的突變？如果不可以，你會怎樣面對目前的挑戰而又能承受當中的風險？
- **自我認識**：在作決定時會有多少是受自己或其他人的影響：
   - Facts：你是否有被其他組員的說話影響判斷？
   - Findings：別人的意見對你是幫助還是阻礙？為甚麼？
   - Future：你平日有多容易被人影響？誰最能影響你的決定？為甚麼？你之後會如何選擇？

Ba27.
動物泛舟
Zoowaboo

撰文：吳偉林

⚠️ 執行須知

- 👥 人數：2-7 人
- 🕐 需時：15-20 分鐘
- ◆ 物資：動物卡、動物棋、木筏板、沙漏、投票牌
- ✂ 設置：每人獲發支持及否決投票牌各一，動物卡面朝下洗勻成牌庫，木筏板及動物棋疊起備用
- 📖 出版：Carlo A. Rossi, Two Plus

Ba28.
籤籤入扣
Stick
Stack

撰文：梁林輝、張偉楠

⚠ 執行須知

- 👥 人數：2-8 人
- 🕐 需時：10-20 分鐘
- 🔗 物資：黑色袋、籤、托盤連底座
- 🔧 設置：安裝妥當托盤底座；所有籤放進黑色袋內
- 📖 出版：栢龍玩具

📋 講解技巧

1. 每人輪流從黑色袋內抽取 1 枝籤擺放到托盤上，須留意籤上的顏色，擺放時須與同色的托盤或籤接觸（圖1）；
2. 若放籤時令其他籤倒下，該人要接收倒下的籤，每枝計 1 分，在下一回合，該人可用上一回合收到的籤，而不用再從黑色袋內抽取，並放在托盤上；
3. 若放籤時令全部的籤倒下，該人會得到 5 分，同時把所有籤放進黑色袋內，遊戲重新開始；
4. 直至有人得到 11 分，遊戲便完結，同時結算所有人的得分；
5. 勝利條件：最低分數者獲勝。

🔨 帶領技巧：介入經驗

- **示範練習**：由於托盤底部裝有彈弓，所以很難平衡，工作員可先讓每人輪流擺放 2 枝籤，並同時講述計分方法後才正式開始遊戲；
- **連結組員**：組員思考擺籤位置時，工作員可以邀請其他人給予意見。

❓ 解說技巧：功能與主題

- **破冰熱身**：簡單易學，放籤時搖搖欲墜，組員會感到緊張和興奮；
- **創意策略**：過程中組員或會想出很多巧妙的擺放方法，利用力學把籤放在特別的位置，工作員可多些引導組員互相欣賞，並了解創意的來源；
- **合作解難**：工作員要求組員合力把 20 枝籤放上托盤，再詢問組員認為托盤可承受多少枝籤，讓他們設立挑戰的目標：
  - Feelings：在商討方法的過程中，你有甚麼感受？
  - Facts：不同人為小組付出了甚麼？你又扮演了甚麼角色？
  - Findings：你的角色對於團隊有甚麼幫助和限制？
  - Future：每人各司其職貢獻自己的專長，對你未來建立團隊有何啟示？

一「棋」一會：桌遊小組故事 🎲🎲🎲🎲🎲🎲🎲

筆者曾目睹一位組員，因不小心觸碰到托盤而令全部的籤倒下，其時當事人感到很不開心。工作員立即詢問其他組員，當事人把籤推倒的行為是否故意，其他組員表示不是後，再詢問他們建議如何處理，最後組員們都同意當事人不用接收全部的籤，只用接收兩枝就可以了。遊戲後的分享環節中，當事人主動分享此事並感謝各人，工作員詢問大家是否喜歡這種關顧別人感受和為人設想的氣氛，並以此來設定小組的常規。

Ba29.
說謊小八
The Liar

撰文：梁林輝、張偉楠

講解技巧

1. 由一人開始抽任何數量的手牌，面朝下（圖 3）並説「這是 8」；
2. 各人均可質疑出牌者，若所有人都信任即跳過以下階段，若有人表示不信任，可直接打開所出的牌：
   a. 如牌的數字總和等於 8，開牌者要拿走桌上所有的牌作手牌；
   b. 如牌的數字總和不是 8，出牌者要拿走桌上所有的牌作手牌，而質疑者可把自己的一個標記送予對方。
3. 以順時針方向，由下位組員出牌並説「這是 8」，重複以上流程；
4. 當所有人都出過牌後，清空桌面，再由另一人開始；
5. 勝利條件：最快令身上沒有標記及打出所有手牌者獲勝。

帶領技巧：介入經驗

- 循序漸進：與初學者玩此遊戲，首輪時可先選擇不使用標記；
- 暫停任務：派牌後，給予 1 分鐘讓組員整理手牌並作適當部署；
- 連結組員：若有組員想及早出完手上的牌而打出數量頗多的手牌時，工作員可描述出牌組員的表情，以引發其他組員的質疑；
- 間接介入：若發現組員出牌風格較保守，工作員可加入遊戲並嘗試在出牌時説謊，帶動組員鼓起勇氣並嘗試出牌；
- 營造氣氛：每次清場後，工作員可嘗試引導組員描述這一局的出牌情況，當發現原來各人都在説謊時，會令大家哄堂大笑。

解說技巧：功能與主題

- **破冰熱身**：揭破謊言時，組員可自然地交流，適用於小組初期；
- **自我認識**：在質疑階段，組員受人左右而打開出牌者的手牌，可討論平日自己有多容易受朋輩影響，提問見 Ba27. **動物泛舟**；
- **同感共情**：組員出牌時説謊，會受不安的感覺影響而出現不自然的表情和動作，可邀請分享生活中説謊的經驗；
- **生命覺察**：
  - Facts：各人在遊戲中有何策略？先送標記、先打完手牌，還是兩者同時進行？有誰安排最後一次出牌的總和是 8？
  - Findings：你自己的人生是會預先安排還是隨遇而安？
  - Feelings：你較喜歡預先安排還是隨遇而安？
  - Future：這個經驗對於你的人生有甚麼啟示？

程序變化

- 替代物資：可合併兩副撲克進行，並改變以下規則：
  - 出牌總和值以 21 取代 8；
  - 成功捉到他人説謊，可以取 1 張手牌來取代標記；
  - J、Q、K 作數字 0，紅黑 Joker 為數字 21，其他規則不變。

執行須知

- 人數：2-8 人
- 需時：10-20 分鐘
- 物資：數字牌（圖 1）、玩家牌、標記
- 設置：洗勻 72 張數字牌後平均派發給各人；另發每人 1 張玩家牌及相應顏色標記 3 個（圖 2）
- 出版：Odd Hackwelder, Swan Panasia Games

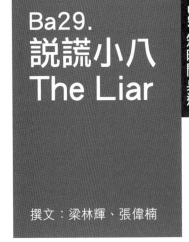

Ba30.
快手鬼鬼
Geistesblitz

撰文：梁林輝

！執行須知

- 👥 人數：2-8 人
- 🕐 需時：10-20 分鐘
- ◆ 物資：圖卡、木製玩偶
- ✕ 設置：放置 5 隻玩偶到中間；60 張圖卡面朝下洗勻成牌庫
- 📖 出版：Jacques Zeimet, Swan Panasia Games

☰ 講解技巧

1. 開始時，工作員從牌庫翻出 1 張圖卡，組員根據圖卡上的物品指示，並按以下條件鬥快拿取指定玩偶：
   - a. 圖卡中的顏色和公仔吻合（圖 1），如：白－鬼、紅－沙發、綠－樽、藍－書、灰－老鼠，立即鬥快拿取該玩偶；
   - b. 如沒有物品吻合，拿取卡中沒有出現的顏色及玩偶（如：圖 2 顯示灰色沙發及白色書，組員即要拿取「綠－老鼠」玩偶）；
2. 準確拿取指定玩偶者，就能獲得該張卡；拿錯玩偶，即要扣 1 張之前獲得的卡（本身沒有，則不用扣）；
3. 勝利條件：翻畢所有圖卡後，得到最多卡者獲勝。

⊤ 帶領技巧：介入經驗

- 示範練習：講解時，可全組一起朗讀一次，以助記憶不同顏色的玩偶；講解後，工作員可先從牌庫抽出數張圖卡作示範，讓組員有機會更理解規則；
- 公平處理：鬥快拿玩偶時，容易發生肢體碰撞，對於年紀較小的組員，工作員可預先設立規則，如：雙手放在大腿上。
- 適可而止：因應小組氣氛，隨時完結而不用翻畢所有指令卡。

？解說技巧：功能與主題

- 破冰熱身：鬥快拿玩偶時氣氛激烈，有助專注投入之後的小組；
- 聆聽觀察：進行兩輪，第二輪由每人輪流挑戰，在工作員翻開圖卡十秒內，如能拿取正確的玩偶即可獲得該卡，拿錯或十秒後才拿到的，可由其他人補答。有組員或會鬥快而拿錯，工作員可與組員討論壓力如何影響自己的判斷：
  - Facts：比較兩輪的遊戲，哪一輪較易取得正確的玩偶？
  - Findings：甚麼因素使你更易取得正確的玩偶？
  - Future：這個經驗對你在行動之前有甚麼啟發？

一「棋」一會：桌遊小組故事

筆者的經驗中，小學生很易在未看圖時就急於搶玩偶。因此，筆者要他們合成一個團隊，一起訂立目標，如：連續 5 局都要拿對，而在他們真的做到後，再訂更難的目標，如：連續 10 局都要拿對，成功達標後，再把這個目標轉為比賽形式，小組的過程會更為順暢。

⇄ 程序變化

- 增加難度：若圖卡中有對的顏色和玩偶，由拿取玩偶改為叫答題目，若該組員拿取了該玩偶，則扣 1 張牌，其他規則不變。

📋 講解技巧

1. 開始時，翻開牌庫的 1 張目標牌（圖 1）並放於場中央；
2. 每人輪流從手牌中打出並向外翻開 1 張動物牌到前方；
3. 組員再次打出動物牌時，須覆蓋上一回合所出的牌；
4. 當翻開的動物牌圖案符合目標牌的條件時，各人鬥快按著目標牌；
5. 工作員核實後，最快按牌者可得到目標牌（圖 2）；
6. 桌上的動物牌暫時放在一旁，待眾人手牌打畢後一併洗勻再分發；
7. 完成後，從牌庫翻開新的目標牌，然後繼續上述程序；
8. 勝利條件：用畢所有目標牌為止，最多目標牌者獲勝。

🔝 帶領技巧：介入經驗

- **公正裁決**：各人要鬥快按住目標牌，工作員可根據各人按牌的先後次序及手部佔牌的面積比例，來決定誰能得到目標牌；
- **聲音介入**：初次玩這遊戲時，組員可能對目標牌較陌生，工作員可於每次打開新的目標牌時，講解新的目標內容；
- **保護卡牌**：為免目標牌因長期使用而耗損，可以拍打響鈴或按自己的鼻子代替；
- **適可而止**：因應小組氣氛，遊戲可隨時完結，而不需要用畢所有指令卡。

❓ 解說技巧：功能與主題

- **破冰熱身**：由於目標牌會經常轉換，所以能提升組員的專注力，而且節奏明快，可營造小組的氣氛；
- **聆聽觀察**：組員須仔細觀察其他人所翻開的動物牌的點數，才能增加勝出的機會；
  - Facts：剛才大家感到最寧靜的一刻是甚麼時候？
  - Findings：如何才能做到專注地聆聽和觀察？
  - Future：靜下來觀察對你的人際關係有何幫助？

Ba31. Hurri Count

撰文：梁林輝、張偉楠

❗ 執行須知

- 👥 人數：2-6 人
- 🕐 需時：10-20 分鐘
- ◆ 物資：目標牌、動物牌
- ✂ 設置：54 張動物牌面朝下洗勻，然後平均分予組員作手牌，期間組員不能看牌的內容；另外，目標牌面朝下洗勻成為牌庫
- 📖 出版：The Brainy Band

Ba32.
神馬東西

撰文：梁林輝

！執行須知

- 👥 人數：3-8 人
- 🕐 需時：15-20 分鐘
- ◆◆ 物資：卡牌
- ✂ 設置：洗勻卡牌成為牌庫，
  分發每人 4 張作手牌
- 📖 出版：啟悅桌遊

📋 講解技巧

1. 洗勻卡牌後，每人獲發 4 張手牌，其餘放在牌庫；
2. 每張牌分上下兩邊（圖1），每邊有描述事物的字句，組員要選其中一邊；
3. 工作員從牌庫打開 1 張牌，選出其中一邊面朝上，放在桌中央；
4. 隨意選一人開始，因應牌上描述，靜默地想像出一樣東西，然後在 4 張手牌中打出 1 張符合描述這事物的牌（如：當桌上的牌為「有毛髮但沒有牙齒的」，組員聯想「假髮」，然後打出「可以被一般人頂在頭上的」手牌來描述，最後從牌庫補回 1 張手牌，如此類推（圖2）；
5. 按順時針方向每人輪流執行以下其中一個行動：
   a. 出牌：因應桌上已打出的牌，想像一樣符合所有描述的東西，再打出另 1 張手牌並大聲讀出描述，然後從牌庫補回 1 張手牌；
   b. 質疑：因應桌上已打出的牌，想像不出符合的東西時，可向上一位組員詢問「神馬東西」（即：「甚麼東西？」的國語諧音），該組員說出符合所有描述的東西，即得 2 分；說不出，即詢問者得 2 分；若對解釋有爭議，可由全部組員投票裁定；
6. 當牌抽完後，最後出牌的組員必須提出質疑；
7. 勝利條件：最高分數者獲勝。

🔨 帶領技巧：介入經驗

- 聲音介入：提醒組員先觀察自己的手牌，可使遊戲過程更順利；
- 暫停任務：遊戲結束後，讓每人都能表達自己的想法；
- 引導討論：投票前先讓兩位組員講出合理及不合理的地方，然後讓其他組員自行決定，並且進行投票。

一「棋」一會：桌遊小組故事

曾試過有組員因為質疑遊戲過程中的判決而要以投票來作決議，但最後發覺其他組員都是以與質疑者之間的關係而非理據來投票，而使失票的組員耿耿於懷。工作員可邀請各組員提出支持的理據，若發現組員真的以關係來解釋，即工作員可對該題作出最終的裁決。

❓ 解說技巧：功能與主題

- **自我認識**：從不同的答案中反思自己對新事物的接受程度：
  - Facts：剛才哪一個答案最讓你意想不到？
  - Feelings：對這答案有何感覺？這感覺是怎樣來的？
  - Findings：你發現了甚麼新的觀點或思維？
  - Future：平日你有多接納新事物？日後出現新事物時你又會如何面對？

⇄ 程序變化

- 人多處理：例如全班學生在課室時，可分小組進行，並用實物投影機把卡上的條件投射到螢幕上。

📋 講解技巧

1. 開始時，選一人開始行動：打出沙牌及水牌各一（合成為「泥巴」）（圖 1），然後攻擊任何一人，如手牌中沒有沙牌或水牌，則輪到下一位出牌；
2. 受攻擊者須用雨傘牌抵擋。每張沙牌、水牌和雨傘牌均顯示了數值，須以同等或較高數值的雨傘牌來抵擋沙牌或水牌。組員亦可用多張雨傘牌，把各張的數值合起來抵擋。（圖 2）
3. 如無足夠的雨傘牌，則要接收擋不住的沙牌或水牌並置於面前；
4. 特別牌：除了用雨傘牌外，還可用特別牌來抵擋攻擊（圖 3）：
   a. 電風扇：抵擋所有沙牌攻擊；
   b. 吹風機：抵擋所有水牌攻擊；
   c. 全套雨具：抵擋攻擊值達 13 的沙牌及水牌；
   d. 彎管：轉移泥巴至其他組員；
   e. 分散：移去沙牌及水牌的攻擊，除被攻擊者外，每人均須從牌庫抽 1 張牌展示，若有沙牌或水牌便須接收並扣分，其他牌可棄掉。
5. 轉移攻擊：如果泥巴是由 2 張數值相同的沙牌和水牌合成，稱為完美泥巴，不能轉移攻擊目標；如拋出的泥巴中，沙牌和水牌的數值不同時，其他組員包括受攻擊者，可以加上 1 張沙牌或水牌，使沙牌及水牌的數值相同，同時可轉移攻擊目標至其他組員，包括攻擊者；
6. 當攻擊和抵擋行動完結後，所有人補回手牌至 7 張；
7. 然後由上一輪受攻擊的組員重新開始；
8. 牌庫用畢後，遊戲繼續，直至所有人無法丟出泥巴時即可完結；
9. 勝利條件：結算水牌及沙牌並扣分，若組員只接收到沙牌或水牌，可把數值減半，最後最低分數者獲勝。

🛈 帶領技巧：介入經驗

- 循序漸進：與初學者玩此遊戲，首輪可先抽起特別卡牌；
- 間接介入：若有兩人持續地互相攻擊時，工作員可報告某些組員的沙牌和水牌數量，以提問引導他們思考鷸蚌相爭的後果。

❓ 解說技巧：功能與主題

- **破冰熱身**：遊戲主題有趣，節奏明快，簡單易學；
- **同感共情**：
  - Facts：誰人較易受攻擊？誰人較不易受攻擊？原因為何？
  - Feelings：大家猜猜被攻擊者有何感受？
  - Findings：在你的現實生活中有沒有類似遊戲內被針對和攻擊的例子（包括言語）？你試猜猜在這例子中不同人有何感受？
  - Future：這發現對你日後與人相處有何幫助？

Ba33.
泥巴大戰
Matschig

撰文：梁林輝、張偉楠

⚠ 執行須知

- 👥 人數：3-6 人
- 🕐 需時：15-20 分鐘
- ◆ 物資：卡牌
- ✂ 設置：洗勻卡牌（包括沙牌、水牌、雨傘牌及其他特別牌）成為牌庫，每人從牌庫抽取 7 張作手牌
- 📖 出版：Valentin Herman, Swan Panasia Games

Ba34.
大家來找碴
Look What's Different?

撰文：梁林輝、張偉楠

⚠ 執行須知

- 👥 人數：2-6 人
- 🕐 需時：10-20 分鐘
- ◆ 物資：圖卡
- 🛠 設置：隨意分佈 32 張圖卡的其中一面在桌上（圖1）
- 📖 出版：栢龍玩具

📋 講解技巧

1. 讓組員先觀察桌上所有圖卡的圖案；
2. 工作員邀請各人閉目，之後把桌上其中一張圖卡翻轉（前後圖案有些微的不同）（圖2及3）；
3. 再指示各人開眼，觀察哪張圖卡被翻轉並鬥快指出圖案有何不同；
4. 答錯者由其他人補答，答對者則可獲得 1 分；
5. 勝利條件：進行十個回合，最高分數者獲勝。

🔝 帶領技巧：介入經驗

- **調整角色**：如發現某位組員的能力較高，可邀請他協助翻牌；
- **關顧感受**：若發現某些組員的反應較慢或能力稍遜，可改變活動的形式，由每人輪流講出答案取代鬥快的方式，以增加投入感和成功感。

❓ 解說技巧：功能與主題

- **破冰熱身**：讓組員專注於圖卡並鬥快指出不同，節奏緊湊；
- **常規建立**：工作員可利用遊戲所翻開的一些合適圖案，讓大家一同訂立小組常規，令討論變得更有趣，如：討論有組員選鬧鐘圖案來代表「準時出席小組」；
- **經驗反思**：以「分享活動感受」或「總結小組得著」為題，每人輪流擔當翻牌者，並選 1 張最代表題目的圖卡來翻轉，讓其他組員猜估，並在該回合後讓當事人分享選擇該牌的原因。

⇄ 程序變化

- **減低難度**：可減少桌上圖卡的數目；
- **分組合作**：如人數眾多，可分組作賽，並鼓勵他們分工記牌。

> **一「棋」一會：桌遊小組故事** 🎲🎲🎲🎲🎲🎲🎲
> 筆者曾在中學舉辦的小組中帶領此遊戲，組員很快已經適應翻牌的玩法，於是工作員增加難度，用對調兩張牌的位置或以轉牌方式來取代翻牌。然而，組員也迅速地適應了新的玩法。工作員再增加難度，同時使用調位、翻牌、轉換方位的方式，結果成功難倒部份組員，而少數組員仍能成功指出不同之處。由此可見，如選用一些能靈活變通的遊戲，是可以使組員持續參與其中。

📋 講解技巧

1. 每人先從牌庫中抽取 1 張角色卡作手牌，只可自己看到；
2. 其中一人先從牌庫多抽 1 張角色卡，上有名字及親近度數值；
3. 從 2 張手牌中棄掉 1 張並展示在自己面前，即啟動以下功能：
   a. 公主／王子：棄掉時棄牌者出局；
   b. 女侯爵：若 2 張手牌的親近度總和達 12 或以上，持牌者即出局；
   c. 將軍：和對手交換手牌；
   d. 魔術師：指定一人棄掉手牌並重抽 1 張；
   e. 僧侶：棄牌者在該輪不受任何牌的影響；
   f. 騎士：和一人比拼手牌，親近度數值較低者出局；
   g. 弄臣：看一人的手牌；
   h. 士兵：猜一人的角色，猜中對方出局，猜錯則繼續。
4. 重複以上行動，直至剩下最後一名未出局者獲勝；或牌庫抽完時，各人展示手牌，親近度數值最高者獲勝；
5. 勝出者可獲 1 枚好感指示物，繼續進行多局；
6. 勝利條件：最快儲齊 4 枚好感指示物者獲勝。

🚩 帶領技巧：介入經驗

- 營造氣氛：講述遊戲故事予組員，各人爭奪心上人的歡心，共同選取 1 張王子或公主入牌庫；
- 間接介入：巡視各人的手牌，因女侯爵的功能較難理解，工作員可用提問的方法邀請組員想想：「這角色的存在有何作用？」遊戲進行兩至三局後，組員會漸漸熟悉遊戲的精髓。

❓ 解說技巧：功能與主題

- 破冰熱身：易於理解，運用手牌令人出局時會令大家哄堂大笑；
- 家庭教育：故事內容是講述一班人為了得到公主的歡心，不停互相比較，在遊戲中，大家可以討論追求伴侶的條件：
  - Facts：有人試過以親近度獲得最後勝利嗎？
  - Feelings：當你成功取得小勝利時會有甚麼感覺？追求別人的歡心時感覺又是如何？
  - Findings：現實生活中，在結識伴侶方面，親近度數值代表著甚麼？你認為王子和公主具備甚麼特質才會得到 8 的數值？
  - Future：現實中自己又有多少親近度？如何能提高親和力？

> **一「棋」一會：桌遊小組故事** 🎲🎲🎲🎲🎲🎲
> 筆者曾帶領一群男女混合的青年組員玩此遊戲，在討論「王子具備甚麼特質才會得到 8 的數值？」時，男組員都感到洩氣地說：「有錢」、「有車有樓，這還需要說嗎？」等。工作員詢問他們這些想法是如何建構出來的，並立即邀請女組員回應，她們大多表示「溫柔體貼」及「大方」的男孩最吸引她們。

Ba35.
情書
Love
Letter

撰文：梁林輝、張偉楠

❗ 執行須知

- 🎯 人數：2-4 人
- 🕐 需時：10-15 分鐘
- ◆ 物資：角色卡、玩家幫助牌、好感指示物
- ✂ 設置：分發每人 1 張玩家幫助牌，好感指示物放在一旁備用（圖 1），選取公主卡或王子卡其中一張，並與所有的角色卡洗勻成為牌庫（圖 2）
- 📖 出版：Seiji Kanai, Swan Panasia Games

Ba36.
掃毒
Skulls &
Roses

撰文：吳偉林

⚠ 執行須知

- 👥 人數：4 人以上
- 🕐 需時：15-20 分鐘
- ◆ 物資：卡牌一套（或撲克亦可）
- ✂ 設置：如用撲克，指定葵扇為骷髏牌、紅心為玫瑰卡，每人分派 3 張玫瑰卡及 1 張骷髏卡
- 📖 出版：Lui-même

☰ 講解技巧

1. 每回合開始時，各人先選 1 張手牌，面朝下放在自己面前；
2. 由其中一人開始，以順時針方式進行，組員在自己的回合可選擇執行以下其中一個行動：
   a. 再打出 1 張手牌，面朝下放在面前的卡牌上方；
   b. 表明自己要估計桌上已打出卡牌中「玫瑰卡」的數量（叫價）。
3. 下一位組員會開始行動，若上一位組員已打出 1 張牌，組員可選擇以上行動的其中一；若上一位組員已叫價，則可選擇：
   a. 估計比上一位組員更多的「玫瑰卡」（若上一位組員估計有 3 張「玫瑰卡」，下一位組員的叫價只可以是 4 張或以上）；
   b. 棄權，交下一位組員決定會否提高叫價。
4. 若某人在叫價後其他人都棄權，該人須先打開自己面前所有的卡，然後選一人面前最上方的卡開始逐張打開；
5. 勝利條件：叫價者一直打開桌上的卡牌，如果開至叫價的張數仍未開出「骷髏牌」則勝出此回合，最先勝出兩回合者獲勝；
6. 若開牌時有「骷髏牌」則當作失敗，要隨機棄掉 1 張手牌，其他人不可知道棄掉了甚麼牌。完成後，開始下一回合遊戲。

⊤ 帶領技巧：介入經驗

- 連結組員：遊戲的主要流程雖然以組員的個人決策為主，如：選擇打出的卡牌及決定叫價高低，但也極依靠組員互相觀察對方的行動規律甚至小動作來做決策。若在小組初期，可藉此鼓勵組員在小組中互相觀察。

❓ 解說技巧：功能與主題

- 破冰熱身：讓組員專注於個人策略的同時，又能互相觀察對方的想法和處事方式，逐漸適應小組中交流與思考並重的常規。所需物資簡單，手上只要有兩種不同花色的卡牌即可開始，可用作間場或後備的遊戲。
- 自我認識：檢視自己是個勇於叫價還是較保守的人：
  - Facts：過程中你多是叫價還是棄權？為甚麼？
  - Feelings：棄權時有何感覺？當你選擇叫價時感覺又如何？
  - Findings：棄權能令你勝利嗎？冒險進取對你又有何意義？
  - Future：在你的人生中，何事會令你處事保守或願意冒險？

⇄ 程序變化

- 計分處理：勝利條件改為只剩一位玩家生存時即告結束。

📋 講解技巧

1. 由其中一人開始先擲骰，之後他要找出並打開相應骰子數字的杯子；
2. 如打開了相同數字的杯子，就把那隻杯放到自己面前；如打開的不是相應數字，就把杯子放回原位；
3. 每人輪流擲骰，可打開中央或其他人面前的杯子；
4. 勝利條件：最快收集到 3 隻杯子者獲勝。

🔝 帶領技巧：介入經驗

- 間接介入：可因應組員的年齡及能力作出調節。若組員記憶力稍遜，可在遊戲開始前讓組員先觀察所有杯子的數字卡，讓其他人容易記得；若某些組員記憶力較強，工作員可邀請他分享記憶技巧，並對他的分享給予肯定。

❓ 解說技巧：功能與主題

- **破冰熱身**：組員不時忘記杯子的數字，思考後仍開錯杯子，其他人替他著急也會逗得全組哄堂大笑；
- **互相認識**：杯內卡紙改用組員的姓名，或每人拿一件代表自己的物品放進杯內，以轉筆代替擲骰，當指向某人時就要找出該人的杯子；
- **聆聽觀察**：先調整遊戲的規則，工作員在過程中不時與組員交談，而組員必須以完整句子作答，注意力會被分散，從中強調專注對於記憶的重要性；
- **自我管理（學習）**：各人可分享在遊戲中使用的記憶方法，如聯想法、位置法、方向法等，以及這些方法在學習上的應用。

🔄 程序變化

- **人數處理**：若有 4 人以上，最快收集到 3 隻杯子者獲勝；若人數為 2-3 人，收集到 4 隻杯子獲勝，可用撲克牌協助計分；
- **調節難度**：因應組員能力而增加或減少杯子的數目。

Ba37.
找對的杯
Find the
Right

撰文：梁林輝、張偉楠

⚠️ 執行須知

- 👥 人數：2-6 人
- 🕐 需時：10-20 分鐘
- ◆◆ 物資：杯 6 隻、卡紙 6 張、六面骰子 1 顆
- ✂ 設置：每張卡紙寫上不同數字（1 至 6）並摺一下拱起放桌上，並各用 1 隻杯覆蓋

Ba38.
紙牌
心臟病

撰文：梁林輝、張偉楠

! 執行須知

- ☺ 人數：2-15 人
- ⏱ 需時：15-20 分鐘
- ♦ 物資：大撲克 1 副
- ✂ 設置：撲克牌面朝下洗勻成為牌庫

▤ 講解技巧

1. 組員輪流從牌庫抽取 1 張撲克並放置在自己面前；
2. 如組員面前已有撲克，須把新的撲克覆蓋在原有的撲克上；
3. 把牌庫傳給右邊組員，同樣抽取 1 張撲克並放置在自己面前；
4. 重複以上流程，直至有兩位組員撲克上的點數相同，該兩人要鬥快講出對方的名字，快而準確者可把自己手頭上的所有撲克交予對方；
5. 勝利條件：所有撲克都翻開後，手上撲克最少者獲勝。

↑ 帶領技巧：介入經驗

- 聲音介入：每人先輪流介紹自己的名字，再全組一同叫該人的名字，加強記憶之餘，也讓大家都可以聽到；
- 營造氣氛：反應較快的組員在翻牌時，工作員可叫一次他的名字，順便提醒其他人之餘，也令反應較快的組員受到更大的挑戰；
- 連結組員：組員看到有人忘記其他人的名字，會詢問身邊的朋友，乘機開展對話。有時兩位組員都喊不出對方的名字時，身邊的組員會情不自禁地向該兩名組員提示，工作員應藉此機會，認同他們這些行為，從中建立小組要互相幫助的常規；
- 關顧感受：反應稍遜的組員，會因喊不出對方的名字而感到苦惱，工作員可提醒及鼓勵他只要贏一次，就可以把所有撲克一次過給予對方，有需要時亦可鼓勵身邊的組員向那名組員提示。

? 解說技巧：功能與主題

- **破冰熱身**：遊戲節奏緊湊，有人會因忽然忘記對方的名字而令大家哄堂大笑；
- **常規建立**：工作員可增加一些規則（如：叫名時不准用手指指對方、翻牌時必須向外翻等），犯規者即時判輸，並須接收對方所有撲克，這可以讓組員學會與人相處時要尊重對方和公平競爭；
- **互相認識**：用其他主題來代替記組員的名字，如：居住地區、喜歡的歌手、興趣等，使組員間有更多認識；
- **聆聽觀察**：組員除了要記住他人的名字外，更要專注觀察每人翻牌的點數才能致勝。

Ba39.
找個朋友

撰文：梁林輝、張偉楠

⊟ 講解技巧

1. 工作員說出一個主題（交通工具、顏色、動物或國家等），各人因應主題在紙上寫下三項與主題相關的答案；
2. 完成後，組員輪流讀出自己寫下的答案；
3. 每讀出一個答案，若有其他組員有相同答案時，他們可即時擊掌並叫「Give Me Five」呼應，然後從紙上刪去該答案；
4. 若讀出答案時沒有人呼應，便會得到 1 張撲克作扣分之用；
5. 所有人輪流讀畢後，便完成一局；
6. 可重複以上流程，直至用畢所有撲克為止；
7. 勝利條件：完結時手上最少撲克者獲勝。

⬆ 帶領技巧：介入經驗

- 循序漸進：首輪可先嘗試簡單的主題，如：動物或顏色，待組員熟習遊戲後，才加入較複雜的主題，如：首都或街頭小食等；
- 連結組員：鼓勵組員找到相同答案時互相擊掌呼應，以增加氣氛，加強互動；如組員反應較害羞，工作員可主動與他／她擊掌。

? 解說技巧：功能與主題

- **破冰熱身**：當組員說出特別的答案而沒有人呼應時，大家會哄堂大笑，氣氛輕鬆；
- **小組建立**：當有相同的答案出現時，組員以「Give Me Five」擊掌呼應，既能製造身體接觸，拉近距離，也使組員感到被認同；
- **互相認識**：改變遊戲規則，安排某人出題後，如：興趣、運動或食物等，大家要猜他寫的答案，揭曉後，組員每猜對一個答案便可得 1 張撲克，這樣會令人更專注去認識不同組員；
- **自我認識**：在小組的中後期，每輪以其中一人的姓名作主題，然後由組員各自寫下三個詞語去形容這個人，答案相同時，可以握手取代擊掌，繼而再仔細討論自己在其他組員眼中是怎樣的人；
- **任何主題**：配合小組目標而設定主題，如：在領袖訓練小組中以「領袖」作主題、性教育小組中以「理想伴侶的條件」作主題、公民教育小組中以「香港」、「民主」等為主題。

⇄ 程序變化

- 調節難度：按需要增加答案的數目，把原先寫 3 個答案增加至最多 5 個。

⚠ 執行須知

- ☻ 人數：3-20 人
- 🕐 需時：15-20 分鐘
- ◆ 物資：白紙、筆、撲克 1 副
- ✄ 設置：分發每人 1 張白紙及 1 枝筆

Ba40.
七級豬

撰文：梁林輝、張偉楠

⚠ 執行須知

- 👥 人數：3-13 人
- 🕐 需時：15-20 分鐘
- ◆◆ 物資：撲克 1 副
- ✂ 設置：按人數為每人抽出
  相應數量同一數字四款花
  式的牌，如：3 人抽 12
  隻、4 人抽 16 隻

📋 講解技巧

1. 洗勻撲克，每人獲發 4 張牌，在首輪可一邊講解一邊進行；
2. 每人看牌後，從牌中選 1 張面朝下放於桌上，待工作員數三聲後
   傳給右邊組員；
3. 重複以上行動，集齊 4 張同數字的手牌時，立即用手按鼻；
4. 其他人見狀也要立即用手按鼻；
5. 最遲按鼻者升為「一級豬」，往後再輸便會再升高一級；
6. 若不同級的組員互相對話，較低級者與較高級者同級；
7. 當有組員成為「七級豬」時，遊戲結束。

🔨 帶領技巧：介入經驗

- **公正裁決**：由於工作員要不停裁決組員間曾否因對話而成為同級
  豬的個案，非常吃力，這項工作有時亦可交由組員一同分擔；
- **控制節奏**：傳牌時，由工作員數三聲後同時傳牌，免生混亂；
- **間接介入**：遊戲後期，可在每輪完結後邀請組員報告各自的級
  數，讓人弄清形勢；
- **關顧感受**：有些組員會因為級數上升而被其他人拒絕回應，而產
  生不悅的感覺，工作員可暫停任務，並按「同感共情」的主題及
  提問來處理。

❓ 解說技巧：功能與主題

- **破冰熱身**：當有人成為一級豬或升級後，大家會哄堂大笑；
- **聆聽觀察**：組員要高度專注，觀察組員有否按鼻子；由於與任何
  級數的豬溝通都會成為同級豬，因此組員要靜靜留意自己的行為
  及言語；
- **同感共情**：
  - Facts：為何剛才別人不與你説話？
  - Feelings：大家猜猜不被理會的人有何感覺？
  - Findings：生活中有誰人常被嫌棄或忽略？
  - Future：將來再遇上這些人，你會如何和他們相處？如何解決
    這種情況？

講解技巧

1. 指示全組閉目，並請抽到「間諜」者開眼並選擇其中一人開始；
2. 完成後，指示全組開眼並告知誰人先開始，由他描述紙上內容；
3. 左方組員繼續（包括間諜），輪流用一句話描述紙上內容；
4. 完成一輪後，組員可在限時 5 分鐘內互相自由提問；
5. 隨後組員們要動議誰是間諜，並逐一投票，最高票者公佈身份；
6. 如該人是間諜，非間諜獲勝；如該人不是間諜，間諜獲勝。

帶領技巧：介入經驗

- 間接介入：遊戲早段可提供問題的例子，讓組員知道如何發問；
- 聲音介入：組員或會針對其中一人不停提問，工作員可提醒他們時間有限，要收集更多人的描述才有足夠資訊去判斷間諜的身份。

解說技巧：功能與主題

- **表達技巧**：描述時要一針見血，動議誰是間諜時亦要說明理據；
- **聆聽觀察**：間諜及其他人都要從隱晦的說話去揣摩題目，可引申反思現實的人際關係中，要如何理解隱晦說話的弦外之音：
  - Facts：大家最印象深刻的是哪幾個描述？
  - Feelings：聽到如此隱晦的描述時你有何感覺？
  - Findings：在日常的人際溝通中，這些隱晦的描述多不多？有何例子？背後有何意思？對溝通有多大的幫助或阻礙？
  - Future：未來你會如何去幫自己理解這些隱晦的描述？
- **任何主題**：可因應小組的目標，調節紙張的內容作導入。

> **一「棋」一會：桌遊小組故事**
> 筆者發現有些青少年當間諜時會渾身不自在，難以掩飾身份。工作員可不用隨機抽取方式，改為預早安排並派發間諜角色，這可讓每位組員都可嘗試體會做間諜時的感受，以及讓組員之間互相認識。

程序變化

- 增加趣味：加入多數派及少數派的角色設定：
  a. 基本上，遊戲流程一樣，只是有更多角色及不同的取勝方法；
  b. 其中一張寫「間諜」，其他紙張分開兩份，一份多數派，一份少數派，分別寫上不同但性質相似的人/事/物，如：一份寫貓而另一份寫狗、一份寫屈原而另一份項羽等；以下數量：

組員人數	6	7	8	9	10	11	12	13	14
多數派數量	4	4	5	6	6	7	7	8	9
少數派數量	1	2	2	2	3	3	4	4	4

  c. 用討論時間取代問答，其後投票猜出誰是間諜；
  d. 找到間諜後，遊戲便完結，多數派及少數派共同獲勝；找不到間諜，則間諜獲勝。
- 減低難度：與較年幼的組員玩此遊戲，可使用較具體的題目（如：「魚蛋」會較「莎士比亞」容易）。

Ba41.
誰是間諜？

撰文：梁林輝

執行須知

- 人數：6-14 人
- 需時：15-20 分鐘
- 物資：小紙張（與組員人數相等），其中一張寫上「間諜」，而其他寫上同一人、事或物
- 設置：每人獲發 1 張小紙張，只限自己看內容

Ba42.
我是甚麼?

撰文:梁林輝

！執行須知

- 👥 人數:2-10 人
- 🕐 需時:10-20 分鐘
- ◆◆ 物資:10 條絲帶、10 張小硬卡紙
- ✂ 設置:每張卡紙上寫下一個名詞並分發給各組員;組員不能看卡紙的內容,並要用繩子把卡紙繫在自己的額頭,內容向外

📋 講解技巧

1. 每輪由其中一人開始;
2. 組員輪流執行以下其中一個行動,二擇其一:
   a. 詢問任何人一條封閉式問題(close-end question),如:頭上的東西是不是女性專用的?其他人可答「是」、「不是」或「不知」;
   b. 嘗試猜自己紙上的內容,猜對有 1 分,猜錯即由下一位組員繼續行動。
3. 直至有一半的組員猜對紙上內容,遊戲便可結束。

🔧 帶領技巧:介入經驗

- **示範講解:**部份組員未必太理解何謂「封閉式問題」,工作員宜即場示範正確和錯誤的問法;
- **引導討論:**若有組員提出的問題很難令人明白,可多給予一次機會,並引導其他組員就其問題給予修正的建議。

❓ 解說技巧:功能與主題

- **破冰熱身:**開始時可選用一些簡單有趣或與生活經驗相關的詞語,能使組員會心微笑,而問答時更能集中,增加互動;
- **表達技巧:**如何構思有效的問題,並有系統地去收窄目標;
- **互相認識:**改用組員的名字,或規定組員在發問時要先叫名,如:「小明,我的東西會否發光?」,加深組員之間的認識;
- **任何主題:**因應小組的主題而決定紙上的詞語。

⇄ 程序變化

- **人多處理:**宜在 10 人以下,否則會變得沉悶;如多於 10 人,可讓他們自由地輪換拍檔,互相發問;
- **減低難度:**對於高小或以下的學生來說,他們可能較難掌握這個遊戲,可以允許他們在不直接說出詞語的情況下,先以「開放式問題」(open-ended question)去找答案,如:「頭上的東西是甚麼顏色?」

Ba43.
停車
Stop the Bus

撰文：梁林輝、張偉楠

📋 講解技巧

1. 出牌者打出以下的牌可執行特別的功能：
   a. J：可隨意觀看其中一人的所有牌，並選自己的 1 張牌與他交換；
   b. Q：可觀看自己 4 張牌的內容。
2. 每人輪流從牌庫抽取 1 張牌，並可選擇把該牌與自己面前的其中 1 張牌交換，被交換的牌以面朝上方式打出在桌中央，如不交換便可即時把抽到的牌打出在桌中央；
3. 其他人可鬥快拍打桌上所出的牌，最快者可得到該牌，並以面朝下方式與自己的 1 張牌交換（翻牌者不能拍打該牌）；
4. 重複上述行動，直至無人拍打牌為止，然後到下一位組員行動，直至有人叫「Stop the Bus!」或牌庫沒有牌時，遊戲便結束；
5. 勝利條件：結算點數，K、7 的點數是 0，其他牌以數值作點數，J、Q 的點數 10，點數最少者獲勝。

🔨 帶領技巧：介入經驗

- 暫停任務：玩法較複雜，若組員在早段還未熟習玩法而出現混亂，可先暫停，讓大家清楚及熟習出牌的流程後才繼續；
- 間接介入：工作員可提問來暗示組員留意自己交換放牌的位置有多重要。

❓ 解說技巧：功能與主題

- **破冰熱身**：節奏明快，拍錯牌時大家會哄堂大笑，氣氛輕鬆；
- **自我認識**：
  - Facts：有否試過自己叫停後翻牌計分，才發現點數不是最少？
  - Feelings：那時你有何感受？
  - Findings：是甚麼原因令你選擇未確認點數便叫停？
  - Future：和你平日處事的風格有何相似或不同？這風格有何優勢及限制？
- **生命覺察**：部份組員會不停拍搶中央的牌來交換自己的牌，讓自己能盡快清楚面前 4 張牌的內容，從而可以心裏有數。這好比生命中主動嘗試及接觸不同的事物，更了解自己的長短處：
  - Facts：你做了甚麼使自己能更快了解面前 4 張牌的數值？
  - Findings：經常拍搶中央的牌有何好處？知道 4 張牌的內容對你有甚麼好處？你在認識自己的過程中，這 4 張牌代表甚麼，而你拍搶中央的牌的行為又代表甚麼？
  - Future：這個經驗對於你認識自己有甚麼啟發？
- **自我管理（學習）**：學習記憶法：
  - Facts：是否試過叫停後翻牌計分才發現記錯數值？
  - Feelings：那一刻你有甚麼感覺？
  - Findings：你的記憶方法有效嗎？
  - Future：有何方法可以幫助你記憶？

❗ 執行須知

- 👥 人數：2-5 人
- 🕐 需時：15-20 分鐘
- ◆◆ 物資：撲克 1 副
- ✂ 設置：洗勻撲克後成為牌庫，各人從牌庫抽取 4 張牌，面朝下橫排放在自己面前

Ba44.
快手拍卡

撰文：吳偉林

⚠ 執行須知

- 👥 人數：3-12 人
- 🕐 需時：10-20 分鐘
- 🔄 物資：撲克 1 副，計時器 1 個
- 🔧 設置：選取適量撲克，面朝下洗勻後平均分佈在桌上

📋 講解技巧

1. 這個遊戲是要組員盡快翻開所有撲克，然後由小到大並花式順序逐張取走，每人均須最少取走 1 張撲克；
2. 開始計時後，每人只限伸出一隻手在桌上取走撲克。如果同時伸出了一對手或取撲克的次序出錯，要把所有撲克放回桌上，重新開始；
3. 當所有撲克被取走後，停止計時，看看組員用了多少時間完成。

🔝 帶領技巧：介入經驗

- 循序漸進：與初學者玩此遊戲，首輪可先用同一花式的 A 至 10 撲克，待熟習後才用齊 4 種花式的牌；
- 間接介入：每輪挑戰後，工作員可用問題提醒組員留意有何經驗及策略，並引導他們在下一回合應用及提升這些經驗及策略；
- 引導討論：工作員可以在每輪間暫停任務，與組員共同設定時間作為挑戰目標，並引導他們反思現有的策略是否有效和如何更好地合作。

❓ 解說技巧：功能與主題

- **表達技巧**：組員常要用説話去提示其他組員卡牌的位置來加快進度：
  - Facts：你如何提示組員？你又聽到其他組員如何提示你？
  - Findings：對你來説，怎樣的提示對你較有效？你覺得怎樣提示組員會最有效幫你們完成挑戰？
  - Future：今次挑戰的經驗對你將來和其他人溝通有何啟示？
- **領袖風格**：作為領袖，在完成事工任務之餘，也要覺察組員的能力和特質，以協助他們發揮所長：
  - Facts：你們剛才如何分工？
  - Feelings：你擔任這個崗位有何感覺？
  - Findings：你們剛才是如何決定不同人的崗位？怎樣的分工才會為團隊帶來最好的結果？
  - Future：今次的經驗對你未來帶領團隊分工合作去完成任務有何啟示？

⇄ 程序變化

- 增加難度：加入 J、Q、K，並隨機從撲克內抽取 30 張牌，面朝下分佈在桌上。

📋 講解技巧

1. 工作員介紹各法術的功能，並派發圖卡作提示（圖3）：
   a. 古代巨龍：擲骰（1-3），所有人失去骰子所顯示數字的生命；
   b. 黑暗幽靈：所有人失去 1 點的生命，自己回復 1 點的生命；
   c. 甜蜜的夢：擲骰（1-3），按骰子顯示的數字回復生命；
   d. 貓頭鷹：從秘密區查看 1 顆魔法石，若這輪仍生還，可額外得 1 分；
   e. 閃電暴風雨：右方及左方的組員失去 1 點的生命；
   f. 暴風雪：左方的組員失去 1 點的生命；
   g. 火球：右方的組員失去 1 點的生命；
   h. 綠色藥水：回復 1 點的生命。
2. 每個回合，組員可唸出欲施展的咒語（即 a 至 h 的其中一項）；
3. 若有最少 1 顆對應的魔法石，你右邊的組員可協助你從中拿走其中 1 顆，把它放到遊戲圖板上對應的數字區域；如果你成功施展一個咒語，你可以選擇結束你的一個回合，或再施展另一個咒語，不過咒語必須等於或大於你之前施展的數字；
4. 若沒有對應的魔法石，你會失去一個生命並且要結束這回合；
5. 用畢所有魔法石或只有一人存活時，此回合結束。勝利者得 2 分，每個秘密區的魔法石額外得 1 分，其他人沒有分。
6. 勝利條件：最高分數者獲勝。

🔝 帶領技巧：介入經驗

- **聲音介入**：規則較多，需工作員多次提醒，也可引導組員互相主動協助，如：為右方的組員協助開牌，更能投入其中；
- **間接介入**：因組員看不到自己的牌，可說明不同魔法石的數目並以問題提示：「看到其他人和中央的牌，你推算到甚麼？」。

❓ 解說技巧：功能與主題

- **同感共情**：組員不易猜對自己的牌，可評估組員如何面對情緒：
  - Facts：你曾試過猜不中自己的牌嗎？
  - Feelings：猜錯了有甚麼感受？
  - Findings：是甚麼令你有這些情緒？在生活中有何類似的經歷？
  - Future：若在生活中遇上類似的意外，你會怎樣做？
- **自我認識**：遊戲早段，蓋著的魔法石較多，組員只能憑機率去猜測，還要記著猜過但未猜中的魔法石。再者，根據其他人所猜測的魔法石，也可推算出對方所看到的東西。隨著場內覆蓋的魔法石愈來愈少，就愈容易推算。而現實生活中，我們有時也要透過別人的反應來了解自己：
  - Facts：你如何收集資訊？
  - Findings：在你的生活中，在認識自我方面有何類似的地方？
  - Future：未來你會如何發掘自己擁有的資源？

Bb01. 出包 魔法師 Abraca... What?

撰文：廖美梅

⚠️ 執行須知

- 👥 人數：2-5 人
- 🕐 需時：20-30 分鐘
- ◆ 物資：卡牌、血量標記、魔法石
- ✂️ 設置：圖卡置於中央，每人獲發 6 個血量標記，5 顆魔法石向外置放於自己面前（圖1），另 4 顆魔法石置放於秘密區（圖2）
- 📖 出版：Gun-Hee Kim, 栢龍玩具

Bb02. 戰國時代 Age of War

撰文：梁林輝、張偉楠

! 執行須知

- 👥 人數：2-6 人
- 🕐 需時：20-30 分鐘
- ♣ 物資：戰鬥骰了，城堡卡
- ✂ 設置：放置 14 張城堡卡到戰場中央
- 📖 出版：玩樂小子

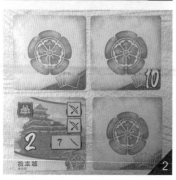

📋 講解技巧

1. 由其中一人開始，並擲出 7 顆戰鬥骰子；
2. 骰子共六面：藍步兵（1、2、3 名）、紫弓兵、綠騎兵及紅大名；
3. 擲骰後，選擇執行以下其中一個行動：
   a. 攻打戰場中央的城堡：選定一城堡卡發動攻擊（過程中不可轉換目標城堡卡），城堡卡右上角有多行的戰線（圖 1），每行均顯示所需的骰子圖案及數量。組員可因應擲骰的圖案而把該骰子放到其中一條戰線上；或選擇棄掉一顆骰子，以獲得重新擲所有骰子的機會。填滿城堡的其中一行後，可使用餘下的骰子重複上述步驟，直至完成所有戰線的要求後，便可成功攻下城堡，該城堡卡屬於該組員；如未能完成，則由下一位組員擲骰；
   b. 攻打其他組員已擁有的城堡：按照上述流程，在完成所有戰線後，另外擲一顆「大名」骰子，才能成功攻下該城堡；
4. 城堡卡分四種顏色，若有人奪得一套同色的城堡卡，可把整套卡翻轉面朝下，並可不再受攻擊；
5. 每人輪流重複以上流程，直至所有戰場中央的城堡被攻下為止；
6. 勝利條件：城堡卡左下角設有分數，組員成功奪取一套同色的城堡卡可得到額外分數（顯示於卡背）（圖 2），最高分數者獲勝。

🚏 帶領技巧：介入經驗

- 分門別類：按城堡卡的顏色排序，令組員更易得知每套卡的數量，從而考慮攻城的次序；
- 聲音介入：若發現部份人有較多城堡卡時，可提醒其他組員。

❓ 解說技巧：功能與主題

- **目標設定**：組員要評估風險，然後決定收集整套具有較少量而較低分的城堡卡，還是收集整套具有較多量而較高分的城堡卡；
  - Facts：你剛才的目標是收集哪一套卡？用了甚麼策略去奪取？
  - Findings：策略有多成功？曾否轉變策略？為何轉變？
  - Future：在生活中，何時要先訂立策略？何時又要調整策略？
- **領袖風格**：引導組員在擲骰前與人協商，以城換城，雙方同意即可交易，學習以談判來締造雙贏，提問例子見 Bb29. 石器部落。

> **一「棋」一會：桌遊小組故事**
> 筆者曾與組員分享他們舉出的事例，如：其中一位組員被媽媽要求停止玩電腦，工作員引導大家討論：這位組員有何需要？媽媽有何關注？協商過程中雙方的態度、語氣及行為如何？這如何影響協商？帶出必須照顧雙方的需要，以及用合宜的態度來表達，才可締造雙贏。因此，在領袖訓練小組以外也可善用協商這個主題，以處理組員的家庭關係。

⇆ 程序變化

- 減低難度：與年幼者玩此遊戲，首輪可先取消「收集一套顏色城堡卡可額外加分」的規則，讓他們熟習這個遊戲。

講解技巧

1. 組員分兩隊，按題目卡（圖 1）輪流猜詞，每次由不同人當表達者；
2. 以沙漏計時，按猜對詞語的數目字在版圖中把棋向前移動相同的步數（圖 2）；
3. 沙漏計時完結後，對方可搶答最後一條題目的答案；
4. 表達者可跳至下一題，但會扣 1 分；
5. 按自己棋子所在位置顯示的數字，隊伍描述卡牌上對應的詞語；
6. 棋子經過搶答格的隊伍（圖 3），在下一回合時會進入搶答環節；
7. 表達者抽 5 張題目卡並描述，兩隊搶答後各自得分；
8. 勝利條件：最先到達終點的隊伍獲勝。

帶領技巧：介入經驗

- 公正裁決：工作員主要是擔當裁判，留意組員在描述時有沒有講出題目的字眼，以及在搶答過程中決定分數給予哪一隊；
- 間接介入：有些組員喜歡表達，每次都想做表達者，工作員可多些鼓勵組員輪流搶當表達者來增加他們的體驗；
- 主持位置：工作員宜站在表達者的後方，一來清楚知道題目，二來也能在適時介入或給予提示。

解說技巧：功能與主題

- 破冰熱身：在做動作或描述題目時，組員會有很多互動；
- 表達技巧：表達者要用最精準的語言去溝通：
  - Facts：剛才哪個詞語很快便被猜對？
  - Feelings：別人猜對時你有何感受？
  - Findings：表達者如何表達那詞語？用了甚麼方法？
  - Future：日常與人溝通，要如何表達才可令人很快明白？
- 創意思維：因為在搶答回合其他隊伍可以搶去分數，所以表達者要想方法讓其隊員知悉答案，但又不能令其他隊伍明白；
- 家庭溝通：以家庭為單位分組，可以增加家人間的溝通及交流；
- 帶出主題：預先準備一疊與小組主題有關的詞語。

程序變化

- 計分處理：加入新的計分規則，如表達者不小心講出主題的字眼，即扣 1 分；
- 人多處理：分組後，每次安排 2 位組員作表達者；
- 增加難度：可要求描述題目者用英文 / 普通話 / 做動作表達。

Bb03. 估估劃劃 Alias

撰文：梁林輝

執行須知

- 人數：4-16 人
- 需時：30-40 分鐘
- 物資：版圖、題目卡、棋子、沙漏
- 設置：隊伍所屬棋子放在版圖的起點
- 出版：Mikko Koivusalo, 栢龍玩具

Bb04.
雙城爭霸
Between Two Cities

撰文：何仲焜、吳偉林

⚠ 執行須知

- 👥 人數：3-7 人
- 🕐 需時：30-40 分鐘
- ♦ 物資：單建物板塊、雙建物板塊、城市指示物、計分板、參照卡、座位分配卡
- ✖ 設置：所有單建物板塊（正方形）及雙建物板塊（長方形）正面朝下分開洗勻，分別形成牌庫（圖 1）
- 📖 出版：Ben Rosset & Matthew O'Malley, 栢龍玩具

📋 講解技巧

1. 每人均會與自己的左右方兩位組員合作，建設兩人之間的城市；遊戲共分為三個回合；
2. 第一回合：
   a. 每人抽出 7 個單建物板塊，選出 2 個後，把剩餘的板塊面朝下放到左方組員面前；
   b. 所有人同時翻開選出的 2 個板塊並與相鄰組員討論，決定哪一板塊要放置在哪一城市；
   c. 放置板塊時有以下規則：
      - 每個城市最終將會是 4x4 格的矩陣，故同一列 / 欄不能放 5 張；
      - 放置板塊後就不能再移動；
      - 所有板塊面向同一方向；
      - 各組員均須放置 1 個版塊在左或右的城市上，放置在哪一城市則可自由決定；
      - 組員拿取從右方傳來的板塊後，重複上述步驟，直至剩下 1 個板塊時，才把該塊板棄置。
3. 第二回合：
   a. 每人抽出 3 個雙建物板塊，選 2 個後，把剩餘的板塊放到棄置區；
   b. 所有人與相鄰的組員討論後，決定哪一板塊要放置在哪一城市；
4. 第三回合：重複第一回合的流程，但會改以逆時針方向傳板塊；
5. 完成三輪後，遊戲便結束，組員兩邊的城市會各自計分，分數如下：
   a. 商店：1 個值 2 分、2 個相連的值 5 分、3 個連成直線的值 10 分、4 個連成直線的值 16 分；
   b. 工廠：工廠最多者每間 4 分、其次每間 3 分、餘下每間 2 分。
   c. 餐館：1 間值 1 分、2 種不同值 4 分、3 種不同值 9 分、4 種不同值 17 分；
   d. 辦公大樓：1 個 1 分、2 個 3 分、3 個 6 分。與 1 個餐館相鄰的額外加 1 分；
   e. 公園：1 個值 2 分、2 個相連的值 8 分、3 個相連的值 12 分。第 3 個之後，每個值 1 分；
   f. 住宅：城市裏有多少其他種類的板塊，每個住宅就值多少多分，但與工廠相鄰的只值 1 分。
6. 勝利條件：兩個城市中分數較低的就是該組員的最終分數，而最終最高分數者獲勝。（圖 2）

🚩 帶領技巧：介入經驗

- 物資協助：有些組員較難理解建設城市的方法，工作員可預先準備好 4x4 方格紙作為地基；
- 邊玩邊學：遊戲規則較多，工作員可先簡單講解基本玩法，並先進行第一回合，然後一邊進行遊戲，一邊講解不同的規則，令組員更投入參與；
- 引導討論：由於城市是由兩位組員共同建設的，工作員宜給予時

間，並提示組員就板塊的選擇多溝通並達成共識。

❓ 解說技巧：功能與主題

- **共享願景：** 和相鄰組員談判，學習共享目標與願景；
- **自我管理：** 由於只計算較低分城市之分數，組員須平衡哪一座城市需要哪一個板塊，不能側重發展一座城市而不考慮使用的板塊。工作員可引導組員思考當中的角力，生活上有何事需要定下優次和作出取捨；
- **社會關懷：** 反思每個板塊設計得分背後的原因，並思考現實的城市要如何規劃才能平衡經濟、環境與文化，從而達致可持續的發展：
  - Feelings：想像如果你住在自己興建的城市，你有多願意 / 滿意？有何感受？
  - Findings：為何與工廠相鄰的住宅板塊只值 1 分？在現實生活中這設定合理嗎？規劃一個城市時要考慮甚麼因素？甚麼人應該要參與其中？
  （工作員可準備一張香港或組員所屬社區的地圖，一同用板塊拼出現實的情況，並討論理想中可如何調動不同的板塊來改善。）
  - Future：你對居住社區 / 香港的規劃有何評價？理想中你又有何建議？

⇄ 程序變化

- **促進交流：** 全組合作建設完美城市，設定目標分數（建議 50 分）。

Bb05.
一網打盡
Cash a Catch

撰文：梁林輝、張偉楠

⚠ 執行須知

- 👥 人數：3-5 人
- 🕐 需時：20-30 分鐘
- 🎴 物資：卡牌、版圖、紙鈔、響鈴
- 🔧 設置：響鈴放中央，分發每人 1 張版圖及 30 元紙鈔，洗勻卡牌成為牌庫
- 📖 出版：Andreas Pelikan, Swan Panasia Games

📋 講解技巧

1. 先選一人作賣魚者，每回合輪換賣魚者，並依次完成以下階段：

賣魚階段：

2. 賣魚者按價目表（圖 1）出售自己版圖上的海鮮（從銀行提款）；
3. 有 6 種魚：鮪魚、比目魚、鰻魚、鯊魚、螃蟹、龍蝦（圖 2）；
4. 賣魚時，若其他人的木格有該種魚，須棄置到垃圾筒內，而放在冰格的魚則不受影響。

拍賣階段：

5. 賣魚者不停地把牌庫的牌逐張打出，直至有人拍打響鈴為止；
6. 打鈴者須付 10 元予賣魚者並買下已打出的牌，並按牌即作行動：
   a. 海鮮牌：板上有兩木格及一冰格放海鮮，每格只可放一種海鮮，多餘的即棄置到垃圾筒。八爪魚牌是百搭牌，可混合其他海鮮牌；
   b. 功能牌，要立即使用，否則須棄掉：
      - 偷魚賊：在其他人的木格上拿最頂 1 張海鮮牌放到自己格上；
      - 魚罐頭：移離垃圾筒內頭兩張牌（圖 3）；
   c. 打鈴者放牌後亦可出售海鮮，每翻出 1 張牌即可從銀行取 1 元。
7. 直至牌庫所有的牌被打出後，遊戲便完結；
8. 勝利條件：未賣出的海鮮牌可按價目表以半價出售，而組員要扣除每張在垃圾筒的牌數總和來支付清潔費，賺最多錢者獲勝。

🔨 帶領技巧：介入經驗

- **公正裁決**：需留意打響鈴時，立即指示賣魚者停止發牌；
- **聲音介入**：賣魚者準備發牌時，工作員要留意各人是否專注，有需要時大聲發號令「準備，開始！」指示賣魚者開始發牌。

❓ 解說技巧：功能與主題

- **破冰熱身**：在拍賣階段，因想用合理價錢入貨，有人會很著急，當有組員以不合理價錢入貨時，氣氛會很高漲；
- **面對衝突**：當有人儲存同一種魚的時候，組員會如何應對，可參考 Kenneth Thomas（1976）來認識自己面對衝突時的風格：逃避、爭勝、忍讓、妥協、協作：
  - Facts：你有否試過因為著急拍打響鈴而以不合理價錢入貨？
  - Feelings：當你以不合理價錢入貨後，你有何感覺？
  - Findings：日常生活中有類似的經驗嗎？平日發生衝突時，你會較多關注達成自己的目標還是他人的感受和需要？
  - Future：如有同類事情發生時，你會如何面對？
- **組織結構**：利潤最大化——用最低的成本賺最多的錢，但真實的買賣還需要考慮其他成本，如：人工、租金、設備等。

⇄ 程序變化

- **減低難度**：與較年幼者玩此遊戲，首輪可先移去功能牌。

講解技巧

1. 遊戲以隊制形式進行，工作員視乎人數協助平均分組，每小隊選出一位隊長；
2. 遊戲進行 5 回合，最後獲得最多錢的一隊勝出；
3. 每回合遊戲開始後，按以下流程進行：
   a. 工作員按遊戲人數取出卡牌，並公佈該回合的贓款；
   b. 隊長分發武器：工作員按人數向各隊長派發武器卡，再由隊長分發武器卡給組員。若隊長「受傷」或不參與某一回合，則由其中一位隊員協助分發，各武器功能如下：
      - Bang Bang Bang（單槍）：第一輪開槍，只能射擊一人，中槍者即告「受傷」；
      - Double Guns（雙槍）：第二輪開槍，可分別射擊兩人，中槍者即告「受傷」；
      - Shot Guns（散彈槍）：第三輪開槍，只能射擊一人，中槍者須立刻送院；
      - Click Backstab（短刀）：持有者於中槍後，可在雙腳不離地的情況下拍打一人，該人當作「受傷」；
      - Click Boom（手榴彈）：持有者於中槍後，可在原地跳躍一次並大叫「BANG」，並以手觸碰他人，該人要立即送往醫院；
      - Click Kelvar（膠布）：持有者於中槍後，可消除一次槍傷或刀傷，但不適用於中「散彈槍」及「手榴彈」；
   c. 行動及移動：
      - 工作員播放音樂，所有人於房間內自由移動。隨後，工作員倒數 10 聲，停止音樂並吹起哨子後，所有人必須靜止，並用手做持槍動作，指向目標對手：
      - 持「雙槍」卡須以雙手指向 2 名目標；
      - 持「短刀」、「手榴彈」及「膠布」卡須照樣做出持槍動作；
   d. 放棄及退縮：
      - 工作員詢問，是否有被槍指著的人決定要「退縮」；
      - 「退縮者」自行走到「退縮角落」，該回合不可分錢，但能在下一回合返回遊戲。同時，指向「退縮者」的組員須做出放下槍支的動作；
   e. 執行武器功能：
      - 工作員按以下次序執行武器卡：單槍→雙槍→散彈槍；
      - 中槍者須以手按胸表示中槍，中槍 2 次須到「醫院」，不能分錢並暫停 1 個回合。
   f. 分錢：
      - 工作員回收所有人的卡牌，再平均分發贓款予生還者（不包括留在醫院及退縮角落的組員），分錢時不設找續，未能分配的卡牌，則留待下一回合再分派；
      - 完成後，繼續開始下一回合。

帶領技巧：介入經驗

- 聲音介入：有多款武器卡，組員在遊戲早段很難記得所有武器卡的功能，工作員可適時提醒；

Bb06.
明槍你錢（活動版）
Cash & Gun Live

撰文：葉文俊

執行須知

- 人數：8-20 人
- 需時：30-40 分鐘
- 物資：卡牌、Youtube 播金田一音樂（Mysterious Mallets）或友情歲月
- 設置：較大的空間並需設置醫院及退縮角落
- 出版：Ludovic Maublanc, Repos Production

- 暫停任務：回合之間，工作員須預留充足的時間，讓組員溝通及交流，並一同商量下一回合的策略。工作員應同時留意小組中是否有組員被人遺忘，並作出適時介入；
- 適時判決：過程中最易令組員產生分歧的是對「手榴彈」的判斷，如：組員不在原地跳動而觸碰他人。因此，工作員要仔細留意這類爭拗，並要公正地作出判決；
- 間接介入：留在醫院的組員須停止參與一個回合，而他所屬的隊伍會少一人。每回合中，工作員要協助分享有用的資訊，如：各隊傷亡的數字，以及決定是否公開每隊當時所得的金錢，以增加刺激性，或保持神秘感；
- 注意安全：活動過程中，組員會在房間走動，工作員宜留意他們的安全，並提示房間中是否有其他雜物或有地方不可進入等。

❓ 解說技巧：功能與主題

- **合作解難**：遊戲富趣味，組員要商討策略，才可以在遊戲中取得更多的金錢而獲勝。工作員可集中帶領組員反思每回合之間商量策略的過程。
  - Facts：大家在遊戲中用了甚麼策略或方法？
  - Feelings：能夠順利運用策略，你的心情如何？
  - Findings：你認為每輪之間的溝通和商討重要嗎？
  - Future：有何商討的技巧和態度要繼續保留？如何商討得更有效率？
- **領袖風格**：每小隊有一位隊長，工作員可按需要讓組員於每回合輪流擔任，或邀請各組隊長離開房間，並只向他們講解「武器卡」的功能，再由隊長返回小隊中由他們負責向組員講解。解說時可引導組員反思各人擔任隊長時展現的領袖風格：
  - Facts：作為領袖，你是如何帶領或作出決定的？
  - Feelings：遇上組員有不同意見時，你有甚麼感受？
  - Findings：邀請每位曾任隊長者輪流接受其他組員的回饋意見；
  - Future：你未來會做甚麼以成為令人信服的領袖？

> **一「棋」一會：桌遊小組故事**
> 筆者曾於營會晚上玩此遊戲來建立團隊，過程中充滿歡笑聲，尤其組員都是劇社的成員，情緒異常興奮。這個遊戲能讓初認識的組員有簡單溝通的機會，他們願意花時間互相一起商量策略，促進彼此之間的溝通及交流。

⇄ 程序變化

- **簡化分錢**：遊戲最繁複的地方是分錢，工作員需按「生還者」的數目平均分發金錢。因此，工作員可簡化此做法，讓各組隊長按生還者數目抽出卡的數目，或規定任何 1 張卡為 1 分，以便計算。

📋 講解技巧

1. 洗勻熱氣球卡及 Wild 卡，每人獲發 6 張卡作為手牌；
2. 選一人作為駕駛員，並須按白雲中骰子數量來擲骰；
3. 其他組員須決定是否相信駕駛員能打出對應的熱氣球卡，如：骰子分別是黃及紅色，駕駛員須打出 1 張黃色及 1 張紅色熱氣球卡、空白即代表不需要熱氣球卡：

   a. 選擇不相信：該組員立刻「跳船」，抽走熱氣球籃中的旅客棋子，並按熱氣球籃所在的白雲獲得分數；

   b. 選擇相信：
      - 若駕駛員能打出對應卡牌（圖 2），熱氣球籃上升一格，並由下一位組員擔任駕駛員；駕駛員須如實打出對應卡牌，不能隱瞞；
      - 使用 Wild 卡可作百搭牌替代 1 隻顏色，駕駛員可自行決定是否打出；
      - 若駕駛員未能打出對應卡牌，熱氣球籃下降至最低一格，所有已「跳船」的組員重新上船，每人補 1 張熱氣球卡。

4. 當熱氣球籃上只有一人，該駕駛員可選擇繼續冒險，或「跳船」獲該格分數；
5. 勝利條件：最快獲得 50 分者獲勝。

🚦 帶領技巧：介入經驗

- **間接介入**：要求駕駛員出牌前，逐一詢問所有人的選擇，讓組員感到被重視。遊戲早段，駕駛員容易在組員未思考清楚前便打出手牌而影響遊戲。因此，工作員更應留意每人的參與度；
- **聲音介入**：駕駛員擲骰後，工作員可虛張聲勢，增加遊戲中歡樂的氣氛，如：「我就覺得他一定會出 Wild 卡！」、「我手上就有最多紅色卡，我硬是不信他會有兩張紅色！」等，藉著幽默感去促進組員投入參與；
- **引導討論**：遊戲早段，組員很易跟隨別人的行動來作決定，如：受人影響而選擇不相信、忽略了分析每人手牌的數目等。工作員應引導組員間積極討論，理性分析不同顏色熱氣球卡的數目、Wild 卡的使用情況及餘數等，從中搜集重要資訊來作出決定。

❓ 解說技巧：功能與主題

- **領袖風格**：要求組員擔任駕駛員時，必須誠實地打出相對應的熱氣球卡，不可有任何隱瞞。工作員可與組員討論「誠實」（integrety）的重要性，並促進他們反思平日自己身為領袖時的風格，或政治人物的操守；
- **生命覺察**：組員要評估不同的風險，透過外間資訊（例：其他組員打出之熱氣球卡的數目等）作出決定。有助青少年學習衡量風險，為自己的決定承擔後果：
   - Facts：你如何決定是否相信駕駛員？
   - Feelings：順利讓熱氣球籃上升時，你的心情如何？
   - Findings：能夠讓熱氣球籃上升的關鍵策略是甚麼？
   - Future：生命中有沒有類似的事情需要抉擇？你會如何善用今次學到的方法去面對生命中的抉擇？

Bb07.
熱氣球之旅
Cloud9

撰文：葉文俊

⚠️ 執行須知

- 👥 人數：3-6 人
- 🕐 需時：20-30 分鐘
- ◆ 物資：熱氣球卡、Wild 卡、計分標記、旅客棋子、熱氣球籃、骰子
- ✂ 設置：版圖置於中央，熱氣球籃置於版圖第一格的白雲上，各人的旅客棋子放在其內，計分標記放在開始位置（圖 1）
- 📖 出版：Aaron Weissblum, Out of the Box

1

2

- **自我認識**：組員或因他人選擇「跳船」而跟隨他們的決定：
  - Facts：有試過跟隨別人的決定而跳船嗎？你當時是如何決定的？
  - Feelings：你對這個決定有何感受？
  - Findings：身邊的朋友對自己有多大影響力？你容易受他們影響嗎？
  - Future：你有甚麼方法對抗朋輩的影響？
- **同感共情**：組員輪流擔任駕駛員，是需要得到其他組員的「信任」。若果駕駛員未能成功讓熱氣球籃上升，其他組員可能因為「錯信」他而產生情緒，工作員要時刻留意組員的情緒，適時介入引導他們反思自己的人際關係及網絡；
  - Facts：遊戲中你是否曾誤信駕駛員而令熱氣球籃未能上升？
  - Feelings：誤信對方時，你有甚麼感受？別人不相信你時，你又會有甚麼感受？
  - Future：現實生活中你有過相似的經歷嗎？
  - Findings：你可如何建立一段信任的關係？

一「棋」一會：桌遊小組故事

筆者曾與一群相熟的青少年於義工小組玩此遊戲。組員間本來有很深厚的友誼，但是當其中一位組員擔任駕駛員時，身旁的好友一致表示不信任，並引發衝突。其實，遊戲中的「信任」，本應是以手牌策略作為依據，然而青少年組員很易把個人情感投射到遊戲上，誤把遊戲中的「信任」連結為朋友之間的「信賴」，並訴諸情緒。最後，工作員暫停遊戲，讓組員按以上的提問進路來分享心底話，令彼此有更深入的了解。小組完結後，組員之間的關係變得更緊密，小組凝聚力更強！

⇄ 程序變化

- **加強討論**：移除遊戲中的 Wild 卡，讓組員只可用熱氣球卡使熱氣球籃上升，這樣他們就能更集中計算及評估資源，以及有更多的討論及參與。

☰ 講解技巧

1. 工作員講出主題，如：「強大」，選擇一人作起始者，從圖卡中選取 5 張卡，由最能代表主題至勉強能代表主題，由上而下順序把卡牌面朝下排好；
2. 每人同時要代入起始者的思維，選出最多 5 張圖卡（圖卡的數量乃根據該人角色指示物下的數字來決定），並按序排好；
3. 隨後可翻開圖卡結算分數（圖 1），如下：
   a. 與起始者選出的圖卡相同，得 1 分；
   b. 與起始者選出的圖卡及次序皆相同，得 3 分。
4. 結算後，角色指示物按分數移動（圖 2）；
5. 起始者右邊的組員繼續遊戲，重複以上步驟；
6. 勝利條件：角色指示物最快抵達終點者獲勝。

⛏ 帶領技巧：介入經驗

- **連結組員**：營造組員自發輕鬆傾談的氣氛，分享他們的想法；
- **引導討論**：揭示答案時，工作員可讓起始者先翻開第 5 張牌，讓他有機會分享選取該牌的理念，再逐張翻開及解釋；
- **適可而止**：不一定等待有角色指示物到達終點才完結，工作員可因應小組的時間、主題或組員投入程度來完結遊戲。

❓ 解說技巧：功能與主題

- **自我認識**：起始者先描述自己所選的圖卡，繼而其他人形容自己所選的圖卡，以了解自己和別人的想法，與 Johari Window 相近；又或在小組中後期，輪流用不同組員的名字，引導他們互相分享對不同人的看法；
- **同感共情**：引導組員討論知己知彼、設身處地去與人交往的好處；
- **任何主題**：選用與小組主題相關的題目，如：性教育小組，工作員可以設定題目為「愛情」、「性行為」、「同性戀」等，引起組員討論，互相交換看法；又或以性別分組，聚焦於性／別差異的主題，反思社會對這個議題的看法，擴闊視野，以及學習如何與伴侶相處。若組員均為伴侶，更加有趣味性；
- **家庭關係**：若小組以親子為對象，可邀請組員仔細解釋所選圖卡與親子關係的意思，從中促進家長與小朋友之間的相互了解。

⇄ 程序變化

- **促進交流**：分 2 人一隊，把同隊的角色指示物扣起來（圖 3），每回合因應題目選取 5 張圖卡，計算方法一樣，所得分數會合起來計算。

Bb. 中時間桌遊

Bb08.
天生絕配
Compatibility

撰文：梁林輝、張偉楠

❗ 執行須知

- 😀 人數：2-8 人
- ⏱ 需時：30-40 分鐘
- ◆◆ 物資：版圖、圖卡、角色指示物
- ✖ 設置：版圖放中央，每人 1 疊圖卡，角色指示物放在起點
- 📖 出版：栢龍玩具

Bb09.
語破天機
Concept

撰文：梁林輝

! 執行須知

- ☻ 人數：2-12 人
- ⏱ 需時：30-40 分鐘
- ◆◆ 物資：版圖（圖1）、指示物（圖2）、主題卡（圖3）
- ✂ 設置：洗勻問題卡成為牌庫
- 📖 出版：Alain Rivollet, Repos Production

☰ 講解技巧

1. 選一人開始，並從牌庫中抽取 1 張主題卡；
2. 按主題卡上的題目，在版圖上放置指示物，分別有：
   a. 黑色：題目的主線提示；
   b. 其他顏色：題目的副線提示；
   如：題目是「鐵達尼號」，黑色指示物應放在版圖的「往下」、「船」及「橫越海洋」的圖案上，用作表達一架橫越海洋的船往下沉沒的事件，而其他指示物則放在「男人」、「女人」及「心」的圖案上，用作表達一對男女相戀的故事。
3. 其他組員因應版圖上放置的指示物圖案猜出題目；
4. 限時 2 分鐘一局，如有組員猜對，能與出題者各取 1 分；
5. 每回合輪流由不同的組員抽取主題卡進行。

⌐ 帶領技巧：介入經驗

- 聲音介入：工作員要嚴謹地執行計時任務，並於最後 30 秒開始倒數提示；
- 示範講解：工作員可先作示範，如：題目是「牛奶」，放置顏色指示物在水滴圖案及白色圖案上，讓組員嘗試猜估；另外，工作員也可以在首數局遊戲中指導出題組員放置顏色指示物；
- 引導討論：每回合間，工作員可與組員一同討論如何才能最精準地為所出題目擺放指示物。

? 解說技巧：功能與主題

- **表達技巧**：在限時中運用最簡單及精準的方式去表達；
- **面對衝突**：工作員可從遊戲中看到每個人對事物或概念都有不同的見解，因而他們在說話的表達方式上都會有不同，很容易凸顯出來。在現實生活中，人們常常因理念或認知的不同而引起衝突或誤會，工作員可以引導討論：
  - Facts：剛剛有哪些題目是大家猜不出來的？
  - Feelings：當猜不出時，你有何感受？
  - Findings：面對這些感受，你當時有何反應？如何可以使大家更明白對方的想法？
  - Future：這些方法可如何應用在現實生活中的人際關係上？
- **創意思維**：討論擺放顏色指示物的方式，這時出題的組員通常會感到恍然大悟，從而擴闊了他的想像空間。

⇨ 程序變化

- 人多處理：若人數太多，可安排 2-3 人一隊，分數則由整隊分享；
- 增加難度：主題卡上有白色、紅色及藍色的難度挑戰，工作員可以因應組員的能力，挑選不同等級的難度；另外，工作員也可以縮短時間來增加難度。

📋 講解技巧

1. 開始時，由一人當起始者，先選擇一種動物的骰子（不限數量），然後打出，同時實行其動物功能（圖1）；
2. 介紹大象、熊、野豬、狐狸、松鼠、蚯蚓、陷阱等功能（圖2）；
3. 組員以順時針方式逐一執行一個行動，以下是三種不同的行動：
   a. 重擲部份或全部的骰子；
   b. 打出骰子的動物較高級而數量一樣的，並發動該動物功能（例：上一位打出1顆蚯蚓骰，下一位打出1顆松鼠骰取代）；
   c. 打出骰子的動物相同，而數量多於上一位，並發動該動物功能（例：上一位打出1顆蚯蚓骰，下一位打出2顆蚯蚓骰取代）；
4. 被取代的骰子放回袋子內；
5. 如打出骰子後，經過一輪仍沒有人打出骰子取代，該組員可以根據起始者的規則打出新的骰子取代，並實行動物的功能；
6. 勝利條件：最快打出所有骰子者獲勝。

🔼 帶領技巧：介入經驗

- 循序漸進：與初學者玩此遊戲，首輪可先不發動動物的功能；
- 聲音介入：工作員可多番提醒組員骰子上的動物圖案，以及忘記動物的功能時可閱讀配件中的「提示卡」（圖3）。

❓ 解說技巧：功能與主題

- **破冰熱身**：簡單易學，圖案又可愛有趣，適用於小組初期。過程中不需要太多的言語溝通及互動，適合不同年齡的組員參與；
- **自我認識**：覺察自己的決定及策略背後之原因：
  - Facts：遊戲時，勝出者是有計劃地重擲骰的嗎？
  - Findings：你認為見步行步還是有長遠的計劃較有利？
  - Future：現實生活中你是哪類型的人？
- **差異教育**：遊戲中的各款動物有不同的等級及功能。高級的動物較容易打出，低級的動物也有其功能。要打出所有動物骰子，組員須充份利用每款動物的功能，才能獲取勝利：
  - Facts：你用甚麼方法勝出？哪款動物能協助你勝出？
  - Findings：你認為哪款動物最「強」？你認為哪些動物是沒有用的？若你只剩下一顆骰子，你能憑它勝出遊戲嗎？
  - Future：你認為不同的動物比喻社會上甚麼的社群？地位看似較低的社群其實發揮了甚麼角色？

➡️ 程序變化

- 人多處理：把兩盒動物骰合併便可容納8人，讓每人都能參與；
- 減低難度：與較年幼者玩此遊戲時，可考慮不執行動物的功能。

Bb10. 動物骰 Dice's Zoo

撰文：梁林輝

⚠️ 執行須知

- 👥 人數：2-4人
- 🕐 需時：20-30分鐘
- 🔶 物資：骰子、布袋、提示卡
- ✖️ 設置：放50顆骰子入布袋，每人從布袋中抽取12顆骰子，所有人擲一次骰子
- 📖 出版：Kuraki Mura, Swan Panasia Games

Bb11.
妙語說書人
DiXit

撰文：黃幹知

！執行須知

- 👥 人數：3-8 人
- 🕐 需時：30-40 分鐘
- ◆ 物資：DiXit 圖卡、數字標記、兔子
- ✗ 設置：版圖放在旁、中間設置數字標記放圖卡
- 📖 出版：Jean-Louis Roubira, Swan Panasia Games

☰ 講解技巧

1. 每人獲發一色的數字標記及 6 張圖卡，餘下圖卡放在旁當牌庫；
2. 工作員示範做表達者：選 1 張卡，只有自己看到，要似是而非地敘述（長短不限，用形容詞、成語、句子、詩歌皆可）；
3. 其他人從手上選 1 張認為最符合敘述的圖卡，面朝下放在桌上。表達者把所有卡洗勻後打開，並放置在桌中央不同數字標記上；
4. 組員要去猜哪一張卡是屬於「表達者」的，並在手上選一個對應的數字標記蓋著，待大家都蓋好後再同時打開（圖 1 及 2）；
5. 輪換表達者，每人從牌庫取 1 張圖卡，並用兔子在版圖上計分：
   - a. 所有人選對或選錯，表達者 0 分，其餘組員各得 2 分；
   - b. 只有部份人選對，表達者及選對者可得 3 分；
   - c. 若其他組員的圖卡被選中，按投票人數 1 人 1 分。
6. 勝利條件：兔子最高分者獲勝。

？ 解說技巧：功能與主題

- **創意思維**：如何跳出框框去描述和想像；
- **自我管理（學習）**：進行《VAK 學習測試》後，讓人發揮不同的學習專長，例如圖像和語言的關係（視覺型）、運用語言描述（聽覺型）、運用生活經驗配合描述（經驗 / 動態型）；
- **表達技巧**：敘述時不能太抽象或太具體，要用精準的語言表達；
- **自我認識**：進行一輪後，每人輪流選 1 張卡來形容自己，其他組員也選 1 張卡來形容表達者，概念與 Johari Window 接近：
  - a. 自己看自己（自我形象）/ 認同卡牌對自己的描述：
    - 大家猜猜他選了哪一張卡？為何他會選這張卡來形容自己？
    - 是甚麼令你們認為他會選這張卡？
    - 引導組員詢問：圖中某些部份對組員來說有何意義？
  - b. 別人看自己（人際回饋）/ 對別人用此卡來描述自己有何疑問：
    - 邀請表達者逐張卡去形容自己。
    - 你對哪些卡有疑問？你猜對方為何會選這張卡來形容你？
    - 其他組員為何會選這張卡來形容他？大家對他有何看法？
    - 在聆聽組員分享後，你有何感受或回應？

> **一「棋」一會：桌遊小組故事**
>
> 這個遊戲的妙處在於組員敘述的內容既抽象而又十分豐富，大家可以有無限發揮的空間。按過往觀察，大專及初中女生較擅長運用語言，也較享受此遊戲。2017 年初，這個遊戲已出到第 7 代的擴充包，有近千張卡，工作員可因應主題選取合適的擴充包。筆者曾試過在一個長期義工組宿營的最後一個晚上玩此遊戲，由於組員有多年的共同經歷，彼此關係深厚，進行一輪後，由工作員邀請他們用自己的姓名作題目並一同選卡，引導組員互相分享對不同人的印象，為這個義工組作總結。事後重聚時，組員都說很回味那個難忘的晚上。

講解技巧

1. 工作員簡介 55 張煙花卡牌的分佈：

數值 煙花顏色	1	2	3	4	5
紅、白、藍、黃、綠	3張	2張	2張	2張	1張
彩色	1張	1張	1張	1張	1張

2. 每人獲發 4 張手牌，牌面朝外（自己不能看到），剩餘的卡牌放牌庫；

3. 每回合，組員可執行以下其中一個行動：
   a. 用 1 個指示物，告訴 1 人手上同色或同數字卡牌的數量及位置；
   b. 棄掉 1 張手牌，補回 1 個提示指示物及 1 張手牌；
   c. 每款顏色的煙花卡只有 1 列，若把同色的煙花依 1 至 5 排列，數字沒有重複，煙花即成功施放，可補回 1 張牌；
   d. 若未能成功施放，把卡牌棄置，並獲得 1 個失誤指示物。

4. 遊戲結束，勝利條件如下：
   a. 拿到 3 個失誤指示物；
   b. 牌庫卡牌用畢後全部組員再進行一個回合，然後結算；

分數	1-5分	6-10分	11-15分	16-20分	21-24分
表現	糟糕	普通	勉強	還不錯	精彩

   c. 牌庫卡牌用畢前，完成了 5 種顏色的煙花，最高分數者獲勝。

帶領技巧：介入經驗

- 循序漸進：與初學者玩此遊戲，首輪可抽起彩色煙花卡牌，讓組員熟習及建立默契；
- 引導討論：促進組員討論，留意討論中是否有人壟斷發言，令某些人的意見被忽略；
- 聲音介入：組員要在限制下溝通（如：言語要少、不應有過多的眼神等），如無意地給予過多的提示，工作員要適時制止。

解說技巧：功能與主題

- 表達技巧：適用於小組的中後期，組員間隔膜較少，組員打出手牌前，更易與其他組員交換意見，精確具體地表達訊息並傳遞給對方，才可得分。提問例子見 Bb03. 估估劃劃；
- 小組建立：促進組員間的溝通，藉遊戲讓組員互相明白對方的思考模式，深化小組關係。提問例子見 Ba04. 撞桶王。

一「棋」一會：桌遊小組故事

筆者曾在一個長期義工小組中玩此遊戲。組員間一起策劃義工服務已一年多，大家非常熟悉。過程中，其中一人誤會了隊友的提示而打錯了卡牌，以致任務未能完成，當時他被形容為「豬一般的隊友」，工作員即時讓他們分享感受，並討論未來要如何更有默契地溝通，才能令小組向前發展。

Bb12.
花火
Hanabi

撰文：盧春茹

執行須知

- 人數：2-5 人
- 需時：30-40 分鐘
- 物資：卡牌（圖 1）、藍色及紅色指示物（圖 2）
- 設置：取出指示物放在一旁，施放的煙花放在中央
- 出版：Antoine Bauza, 栢龍玩具

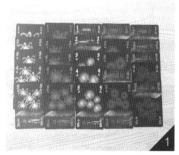

Bb13.
雞同鴨搶
Hink Hack in Gackelwack

撰文：盧春茹

⚠ 執行須知

- 👥 人數：2-5 人
- 🕐 需時：20-40 分鐘
- ◆◆ 物資：卡牌、骰子、飼料板、飼料
- ✕ 設置：6 張顏色飼料板分兩排置於中央（板面朝上）
- 📖 出版：Stefan Dorra, Zoch GmbH

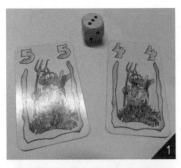

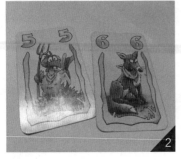

☰ 講解技巧

1. 工作員把 6 張飼料板分兩排置於中央，並隨意在飼料板上放上 1 顆飼料；
2. 工作員講述物資的功能：
   - a. **養雞場——飼料板**（6 種顏色：灰、紫、黃、紅、藍、綠）：隨意放置 1 顆飼料於飼料板上，同樣顏色的家禽、狐狸會在相同顏色的養雞場上覓食；
   - b. **飼料**：不同顏色的飼料代表不同分數（綠 1 分、藍 2 分、黃 3 分）；
   - c. **狐狸**：狐狸只吃家禽，不吃飼料；
   - d. **家禽**：家禽只吃飼料；
   - e. **膽小鬼**：當只有牠出現時，牠能獨享所有飼料；當有其他家禽時，牠只能得到 1 顆綠色飼料；
   - f. **骰子**：家禽之間或狐狸之間用作決鬥之用。
3. 工作員洗勻手牌，每人獲發 5 張手牌（2-3 人時，派 6 張手牌），剩餘的手牌放於中央，作補牌之用；
4. 各人取出 1 張手牌，面朝下置於桌上（2-3 人時，則各人取出 1 張手牌，不能同一時間出相同顏色的家禽或狐狸卡牌）；
5. 各人補回 1 張手牌（2-3 人時，各人補回 2 張手牌）；
6. 工作員指示所有人同一時間翻牌，然後判斷在相同顏色養雞場上，誰能得到飼料或家禽：
   - a. 只有家禽出現的養雞場上：
     - 獨享：只有 1 隻家禽時，得到所有飼料；
     - 當出現 2 隻或以上家禽時：商討如何分配所有的飼料；當談判破裂時，擲骰決鬥，擲骰後得到的點數加上出牌上的分數，最高分者得到所有的飼料（圖 1）；
     - 當狐狸出現時，家禽不能取得飼料。
   - b. 當有膽小鬼出現時：
     - 獨享：當只有膽小鬼出現時，獨享所有飼料；
     - 當出現 2 隻或以上家禽時：牠只能得到 1 顆綠色飼料；
     - 即使狐狸出現，膽小鬼仍能得到 1 顆綠色飼料。
   - c. 當狐狸出現時：
     - 獨享：當只有 1 隻狐狸出現時，牠獨享所有家禽，並得到家禽牌上的分數（圖 2）；
     - 撲空：當沒有家禽時，狐狸不吃飼料，狐狸卡牌會被放進棄牌堆中，飼料維持原狀；
     - 當出現 2 隻或以上狐狸時：狐狸間直接擲骰決鬥，擲骰後得到的分數加上出牌上的點數，最高分者得到所有的家禽；
     - 當有膽小鬼出現時：狐狸只能捉到膽小鬼的大便，狐狸得到膽小鬼牌上的負 2 分（被扣 2 分）；
7. 判斷完畢，所有剩下在桌上的卡牌會放進棄牌堆中，工作員再次隨意在飼料板上放上飼料，下一回合開始；
8. 勝利條件：當所有卡牌發完，及所有人已沒有手牌，遊戲便完結，這時計算組員所獲得的飼料及家禽卡牌上的分數，最高分者獲勝。

⬆️ 帶領技巧：介入經驗

- 連結組員：當同一養雞場出現兩位組員的卡牌時，組員大多會擲骰決鬥。因此，工作員可提醒組員通過商討去達成雙贏的局面，增加組員之間的互動；
- 聲音介入：這個遊戲的得分條件較複雜、情境又較多，工作員可以在遊戲早段提醒組員各種動物的功能，使他們能有效作出不同的策略；
- 循序漸進：與初學者玩此遊戲，首輪可移除狐狸卡牌，使更易熟習遊戲。

❓ 解說技巧：功能與主題

- **領袖風格**：遊戲中有不同的選擇及決策部份，如：在 6 個飼養場中作出選擇、決定擲骰或進行商討等。這些決定都需要組員評估風險、分析形勢，才能作出合適的決定。
  - Facts：你有試過與其他人打出同色的卡牌嗎？你選擇擲骰決鬥還是談判？
  - Feelings：談判失敗時你有甚麼感受？你是否試過因為作出錯誤決定而後悔？
  - Findings：還有更好的方法嗎？你作為領袖如何看風險？
  - Future：在你領導的組織有否遇到相同的情況？你會用甚麼方法去領導？
- **生命覺察**：組員抽到未如理想的卡牌，猶如人生遇上不如意的事情，如：遊戲中只抽到「狐狸」或「膽小鬼」，組員可能會埋怨命運：
  - Facts：你的手牌理想嗎？會否影響你的得分？
  - Feelings：當你的手牌未如理想時，你有甚麼感覺？
  - Findings：在遊戲中如何面對不理想的局面？
  - Future：遊戲中的情況與你的生活相似嗎？現實中你又是如何面對困難的？
- **互相認識**：透過商討過程，增加組員間的溝通和互相了解。
- **同感共情**：與其他人討論該決鬥還是該分配資源，從而代入別人的思考方向，來決定自己的出牌及得分策略。

⇄ 程序變化

- 促進交流：不准用擲骰來決鬥，只可透過商討去分配資源。

Bb14.
你說我畫
Identik/
Duplik

撰文：葉文俊

⚠ 執行須知

- 👥 人數：最少 3 人
- 🕐 需時：30-40 分鐘
- ◆◆ 物資：題目卡、白紙、骰子、沙漏、鉛筆
- ✕ 設置：/
- 📖 出版：William P. Jacobson & Amanda A. Kohout, Asmodee

📋 講解技巧

1. 每人獲發 1 張紙，並選一位組員成為「創作人」；
2. 創作人抽出 1 張題目卡（其他人不可偷看提示）（圖 1）；
3. 創作人有 90 秒（用沙漏計時）來描述題目卡上的圖畫，組員則在紙上繪圖；
4. 沙漏停止後，創作人讀出提示卡（圖 2）上的 10 個條件，組員核對自己畫的圖案，每符合 1 個條件得 1 分；
5. 創作人再擲骰，合符骰子數字的條件可額外多 2 分；
6. 創作人的分數為組員分數總和，再由下一位當創作人繼續遊戲。

🔝 帶領技巧：介入經驗

- 澄清規則：組員通常會誤以為畫得仔細就可獲得分數，工作員可澄清取分要訣，是要留心創作人的描述；
- 測試器材：開始前測試鉛筆的情況，確保書寫順利；
- 聲音介入：組員投入時會不斷向「創作人」提問，工作員可提醒組員給予空間創作人，待他完成描述後才開始下筆。

❓ 解說技巧：功能與主題

- 表達技巧：創作人需技巧地把題目卡的資訊有效傳達給所有組員，由此他可以了解自己在壓力下所使用的表達方法是否恰當，提問例子見 Bb03. 估估劃劃；
- 聆聽觀察：組員在有限的時間及資訊下，盡量完成畫作並要獲取高分，並作取捨及估算，有時會產生誤會而影響了成果：
  - Facts：對於創作人提供的訊息你理解得有多準確？
  - Feelings：核對答案時，你對自己的作品能得分有何感受？
  - Findings：過程中為何會產生誤會？現實生活中你曾有過相似的誤會嗎？別人和自己的關注點不同時，是否容易引起誤會？
  - Future：資訊太多時，你會如何取捨？剛才你是如何聆聽的？

> **一「棋」一會：桌遊小組故事** ⚅⚅⚅⚅⚅⚅
> 筆者曾於一個學習效能小組中以此遊戲作切入點，組員在遊戲後分享在壓力下完成任務的過程，與他們平日的「溫習」十分相似。他們作為聆聽的一方，要在限時內處理很多的資訊，與考試前一天的溫習相同。創作人的感受更深，看著沙漏的時間，十分有壓迫感。之後，工作員與他們轉化遊戲的經驗，討論如何面對壓力。

⇄ 程序變化

- 雙向溝通：原來的玩法是單向溝通的。進行第二輪遊戲時，可容許組員發問，並讓創作人澄清，體會雙向溝通的特色，並與單向溝通作比較；
- 人多處理：人數不設上限，適合大型工作坊或講座，可掃描部份提目卡及答案並轉換成簡報，以及派發白紙給組員繪畫。

≡ 講解技巧

1. 先選出一人擔任表達者，並從牌庫中抽出 1 張謎題牌；
2. 其他組員從 1 至 8 之間選出一個號碼作為題號；
3. 若表達者認為太難，可以選擇謎題牌另一個號碼；
4. 表達者大聲朗讀該號碼的謎語提示，隨後須保持靜默；
5. 表達者可任意擺放透明牌，包括分散、移動、並排、重疊等，藉使用透明卡盡可能讓其他人猜對謎語（圖 3）；
6. 其他人可不限次數地猜謎，首先猜對的組員及表達者可得 1 分；
7. 當每人出題 2 次後，遊戲結束；
8. 勝利條件：累積分數最高者獲勝。

⌐ 帶領技巧：介入經驗

- 聲音介入：此遊戲最獨特之處，是用透明牌疊成不同的圖像，工作員可以提醒表達者善用不同的牌來創造不同的變化與效果；
- 暫停任務：過程刺激，組員投入遊戲時，可能會不斷胡亂猜謎。因此，工作員宜在以上情況重複出現時暫停遊戲，並討論獲取分數的心得，如要組員留心表達者當中的細節。

？ 解說技巧：功能與主題

- 表達技巧：表達者能從這遊戲中了解自己是否有效表達牌上的資訊，甚至調節與人溝通的技巧：
  - Facts：哪個字令你最容易表達？哪個字最難表達？
  - Feelings：別人猜對時有何感受？未能傳達時又有何感受？
  - Findings：你在遊戲中如何表達？這與你平日的溝通模式相同 / 不同嗎？你在其他人的溝通模式當中發現到甚麼？你認為還有甚麼其他方法能有效傳送訊息？
  - Future：面對不同對象時，你會如何調節你的表達方法？
- 互相認識：加入促進大家互相認識的謎題，如：「我的興趣」、「我最想去旅行的地方」等；
- 其他主題：如：長者、領袖、自己的小組、香港等。

> **一「棋」一會：桌遊小組故事** 🎲🎲🎲🎲🎲🎲🎲🎲
>
> 筆者曾在一個中學生的小組玩這個遊戲，其中有當表達者的組員試過用很多方法，一直無法令其他人猜對答案而感到很大壓力。工作員暫停任務，讓當事人分享感受，從中反思自己在遊戲中的溝通模式與平日的有何分別，並引導其他組員回應。到下一輪遊戲前，工作員提醒當事人同時留意其他組員是如何與人溝通的，並且仔細觀察其他人如何表達，從而嘗試實踐有效的溝通技巧。

⇄ 程序變化

- 促進交流：分成兩隊，每隊派一代表擔任「表達者」，其他隊員負責猜題。

Bb15.
火柴
會說話
Imagine

撰文：廖美梅

！ 執行須知

- 👥 人數：3-8 人
- 🕐 需時：20-30 分鐘
- ◆◆ 物資：透明牌、謎題牌（圖 1）、計分標記
- ✗ 設置：透明牌置於桌面（圖 2），圍成一個大圓圈
- 📖 出版：Shingo Fujita, Motoyuki Ohki, Hiromi Oikawa, 栢龍玩具

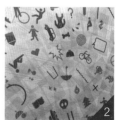

Bb16.
拉波卡
La Boca

撰文：葉文俊

! 執行須知

- 👥 人數：3-6 人
- 🕐 需時：30-40 分鐘
- ◆ 物資：卡牌、積木、計時器、隊伍指示物（大、小）、分數標記、版圖、盒
- ✕ 設置：版圖及盒置於中央，積木放在盒的外圍
- 📖 出版：Inka and Markus Brand, Kosmos

📋 講解技巧

1. 每人獲發 1 款顏色的隊伍指示物（大），並把同色的隊伍指示物（小）派發給其他組員；
2. 選一人開始，並從手上的隊伍指示物（小）選出一位隊友；
3. 工作員從牌庫抽出卡牌並置於盒槽內，然後開始計時；
4. 兩人須合作按卡牌的圖案（圖1及2）把積木疊好，完成後立即按停計時器；
5. 工作員檢查，並按版圖上的完成時間給予分數（圖3）；
6. 繼續由下一位組員選出合作者並重複以上步驟，當所有人合作過後遊戲即完結。

🔨 帶領技巧：介入經驗

- **示範練習**：開始前，宜在不計分的情況下讓組員試疊一輪積木。同時，工作員可能要解釋卡牌的圖案應從甚麼角度觀看，讓組員在開始時就了解玩法；
- **聲音介入**：色弱的組員很易混淆顏色相似的積木，工作員可在過程中提示顏色，讓組員能專注與對方的溝通及合作；
- **連結組員**：在小組初期，工作員要促進組員直接對話、協助詢問及澄清，如：「不如你問對方這一行要甚麼顏色」、「你形容多點自己看到卡牌上的積木是怎樣排列的」等。

❓ 解說技巧：功能與主題

- **表達技巧**：要求限時與對方協調，以及清晰表達看到卡牌的一面，提問例子見 Bb03. 估估劃劃；
- **聆聽觀察**：堆疊積木時要聆聽，如：對方需要的顏色及擺放位置。若組員忽略其他人的說話，只會消耗時間，難以得分；
- **合作解難**：促進組員間的合作及團隊建立，讓組員嘗試與不同人溝通及交換意見，有助建立關係及小組的凝聚力。

一「棋」一會：桌遊小組故事

筆者曾於小組中期玩此遊戲，組員間雖互相認識，但只會主動與「小圈子」（sub-group）內的組員合作。這個遊戲能打破小圈子的局面，促進全部組員的溝通，讓大家能更深入的了解，尤其是使較不熟悉的組員都有機會互相認識，有助小組繼續發展。

🔄 程序變化

- **人多處理**：若小組有 8-10 人，可分小隊比賽。每次由小隊輪流各派一位代表參與，其他隊員可在旁協助表達。只可讓其他組員看卡牌的其中一面。分組時，工作員應把不熟悉的組員編在一組，打破小圈子的局面並讓全部組員之間可以互相認識；
- **調節難度**：試玩時，可留意組員的解難及溝通能力，從而決定使用不同難度的卡牌（淺色為易、深色為難）。

☰ 講解技巧

1. 每回合輪流由兩位組員合作比賽，並向他們分發吊臂及吊勾；
2. 工作員翻開任務卡，按卡上的遊戲時間計時（圖1）；
3. 數三聲開始，兩人拿著吊臂連上吊勾，按任務卡的圖案執行建築工程（圖2）；
4. 計時器停止後，組員要放下吊臂並計分，方法如下：
   a. 限時內完成任務可獲4分；
   b. 不論是否限時內完成，每件按任務卡指示置放的組件均可獲1分。
5. 按得分移動計分棋子，由下兩位組員繼續遊戲；
6. 版圖的不同功能：
   a. 吊臂方格：於該回合以頭戴上吊臂進行遊戲；
   b. Lift It方格：不可看任務卡，並由下一位組員給予提示完成；
7. 勝利條件：計分棋子最快到達終點者獲勝。

⚒ 帶領技巧：介入經驗

- **公正裁決**：兩位組員競賽，最重要的原則是公平。工作員須清楚說明「規則」，如吊臂中的繩不可縮短、不可以拖行組件等，並要作出公正的裁決，這樣能有助於小組初期去建立凝聚力；
- **營造氣氛**：雖然沒有規定每回合組員必須以頭戴上吊臂進行遊戲，但工作員可按組員的參與程度，鼓勵他們以頭代替手完成。

❓ 解說技巧：功能與主題

- **表達技巧**：這個遊戲要求指示員要技巧地把抽象的任務卡有效表達，並協助組員完成任務。第一階段為單向溝通（指示員給提示時其他人保持靜默），第二階段為雙向溝通（其他組員可向指示員發問及要求澄清）：
  - Facts：兩個階段有甚麼分別？
  - Feelings：作為指示員，你的感受如何？
  - Findings：大家認為兩種溝通模式各有何優劣？
- **同感共情**：組員間要有一定的默契才可完成任務，尤其在合作過程中容易感受到吊臂之間的拉扯，可加強大家的同理心；
  - Feelings：兩個人協調／不協調時，你的感覺如何？
  - Findings：你倆剛才如何磨合令過程更順利？
  - Future：下次再合作時，你對自己和對方有何期望？
- **肌肉訓練**：由於要專注控制吊臂，能訓練大小肌肉。

⇄ 程序變化

- **促進交流**：分兩小隊，並使用所有吊臂。每回合兩隊各派出兩名代表繫上吊臂作賽（圖3）。

撰文：葉文俊

⚠ 執行須知

- 👥 人數：1-8 人
- ⏱ 需時：20-30 分鐘
- ⚒ 物資：版圖、任務卡、計分棋子、建築組件、計時器、吊臂及吊勾
- ✕ 設置：版圖置於中央，所有建築組件按版圖顯示置放其中，計分棋子放於起點
- 📖 出版：Per Gauding, 栢龍玩具

Bb18.
教父風雲
Mafia De Cuba

撰文：梁林輝

⚠ 執行須知

● 人數：6-12 人

🕐 需時：20-30 分鐘

🔶 物資：桌遊盒，角色幣（圖 1）、鑽石（圖 2）、袋子、啤酒道具

✂ 設置：先按組員人數拿取指定數量角色幣及啤酒道具放在雪茄盒（桌遊盒）中，然後再放入 15 粒鑽石及一個黑色袋子（圖3）。

📖 出版：Tom Vuarchex, 栢龍玩具

📋 講解技巧

1. 按以下人數設置遊戲，並選一人擔任教父，由他持有桌遊盒；

組員人數	6	7	8	9	10	11	12
忠誠者（白色角色幣）	1	2	3	4	4	4	5
中情局（藍色角色幣）	1	1	1	1	2	2	2
司機（綠色角色幣）	1	1	1	1	1	2	2
啤酒（道具）	0	0	1	1	1	2	2

2. 開始時，教父先從盒中拿取 0-5 粒鑽石收藏，再把盒向左傳；

3. 組員可選 1 個角色幣，並選擇是否放在黑袋內，再把黑袋收起；

4. 隨後再拿 1 個角色幣或任何數量的鑽石收起，只有自己知道，然後把盒傳予左邊組員；重複這一動作，直至遊戲盒傳回教父；

5. 若盒內已沒有角色幣或鑽石，組員要假裝從盒內拿取東西；

6. 角色功能及其勝利方法如下：

角色	角色幣	勝利方法
教父	/	捉拿所有拿取鑽石的人
忠誠者	白色	若教父勝出便能獲勝
中情局	藍色	讓教父捉拿他本人
司機	綠色	若右邊的組員勝出，他便能獲勝
拿取鑽石者（小偷）	/	若教父捉錯忠誠者或司機，拿取最多鑽石的小偷獲勝
沒有拿取鑽石者	/	拿取鑽石者獲勝

7. 教父隨意向各人問話以調查鑽石下落，組員按自己的角色回應；

8. 若教父認為已收集足夠的數據資料，便可捉拿小偷，並要求指控對象拿出身上的東西，若該人是小偷，他要交出身上所有的鑽石；

9. 勝利條件：重複以上兩個流程，直至教父收回 15 粒鑽石後（包括自己收起來的）才能獲勝；

10. 在 8 至 12 人參與的情況下，教父獲得指定數量的啤酒，當教父指控司機或忠誠者時，便要打出啤酒作賠罪。若啤酒用畢而教父指控錯誤便算輸。

🔨 帶領技巧：介入經驗

- 間接介入：若組員不熟悉提問的技巧，工作員可用問題提示組員向其他人提問，如：「你想知道盒內鑽石的數目嗎？」、「你認為這個盒傳到下一位時盒內還剩下甚麼？」；

- 聲音介入：各個角色的勝利條件都不同，對於那些無法投入角色或表達能力稍遜的組員，或會感到困難而產生挫敗感，工作員宜坐在他 / 她身旁，適時向他提供取勝的技巧，以及提醒他思考自己的勝利目標。

筆者建議由有經驗的組員先做教父，因教父影響整個遊戲的節奏，如：在搜證時懂得如何盤問及分析資料，可加快節奏及提高趣味。另外，工作員應盡量不參與遊戲，只需在教父搜證或分析出現困難時，從旁協助，以免他在搜證不足的情況下，魯莽地作出錯誤的決定。如有必要，工作員更可為搜證設立時限。

❓ 解說技巧：功能與主題

- **批判思考**：擔任教父的組員必須具備批判思考的能力，去分析各人說話的內容，從而找出事件的真相及破綻。批判思考是一門技巧，幫助大家找出自己與別人論證的錯誤，建構更有說服力的論證，以及提升自己的思考能力：
  - Facts：你如何分析其他人的說話內容？
  - Feelings：成功找到對方的破綻，你有何感受？
  - Future：現實中的香港，有甚麼情況容易造成人云亦云的謬誤？
  - Findings：這經驗提醒了你可以如何更了解事件的真相？以及如何分析對方的說話？
- **聆聽觀察**：除了客觀的邏輯分析外，教父還可以在組員回應提問時，觀察其表情、語氣、動作及習慣，來判斷對方說話的真確性。身心語言程式學（NLP）強調觀察對方的身體語言，來分析別人的言行與大腦策略：
  - Facts：你如何根據組員的表情或動作來作出判斷？
  - Findings：身體語言有何弦外之音？觀察能如何幫你了解其他人？
  - Future：未來與人相處時，你會如何應用這次的經驗？
- **同感共情**：組員必須要了解角色的特性、功能及勝利條件，並進一步學習如何表達該角色，才能為自己所要扮演的角色定位，這是一種高階的同理心代入：
  - Facts：你如何理解自己的角色？
  - Feelings：你試猜猜不同的角色有何感受？
  - Findings：這份同理心在現實生活中重要嗎？有何例子？
  - Future：你會如何增加自己對他人的同理心？

⇌ 程序變化

- **增加難度**：這個遊戲的進階版本會有「槍手」的角色（紅色角色幣），尤其適合已熟習規則者使用，其角色功能詳見遊戲說明書；
- **計分處理**：若時間許可，工作員應請各人擔任教父一次，以體驗提問時的困難。每回合的勝利者都可獲 1 分，並在遊戲完結後計算總分。同時，工作員可邀請高分者分享致勝的策略與技巧，以強化批判思考的重要性。

Bb19.
騎士學院
Medieval
Academy

撰文：梁林輝、吳偉林

⚠ 執行須知

- 👥 人數：2-5 人
- 🕐 需時：30-40 分鐘
- ◆ 物資：版圖、能力卡、回合標示物（圖1）、棋子
- ✂ 設置：圖板 7 塊放中央（圖2），洗勻能力卡成為牌庫（圖3），每人各取 1 隻顏色的棋子放在每塊版圖中的 0 格上
- 📖 出版：Nicolas Poncin, Gokids 玩樂小子

📋 講解技巧

要成為一位出色的騎士，需要不停學習及訓練，發展 7 項不同的能力（勇氣、競技、比賽、教育、服侍、任務、仁慈）來換取分數。遊戲共有 6 個回合，每回合會順序進行以下三個階段；

分牌：

1. 每人從牌庫抽出 5 張能力卡，顯示 6 種不同能力及數值的提升（其中「競技」和「比賽」會共用同款的能力卡）；
2. 每人選擇保留 1 張能力卡，並把剩下的卡牌交予右邊（單數回合）或左邊（雙數回合）組員；
3. 下一位組員接過卡牌後再選取並保留 1 張能力牌；
4. 重複以上兩個步驟，直至分發完所有卡牌為止。

出牌：

5. 由起始者（每回合向右移一位組員）從手牌選擇並打出 1 張能力牌，按卡上數值於相關能力圖板上移動所屬棋子的步數，完成後輪到下一位組員；
6. 重複以上的動作，直至所有人都打出 4 張能力卡後便進入計分階段，最後 1 張能力卡不用打出。

計分：

7. 由「勇氣」版圖開始，逐張版圖結算並得到版圖上的分數；
8. 勇氣、競技、比賽、教育的版圖，每回合均須結算；服侍的版圖，只會於第三及第六回合結算；而任務、仁慈的版圖，只會於第六回合結算；
9. 每個版圖有相應的獎勵或懲罰，以下是分數結算的方法：
   - a. 勇氣：第 1 名可先選一個版圖上已放置的棋子移前 3 步，第 2 名再選並移前 2 步，第 3 名再選並移前 1 步；
   - b. 競技：第 1 名得 3 分，第 2 名得 2 分，第 3 名得 1 分；
   - c. 比賽：第 1 名得 3 分，第 2 名得 2 分，第 3 名得 1 分；
   - d. 教育：最後者扣 3 分，尾二者扣 1 分；
   - e. 服侍：前進 6-11 格者得 6 分，前進 12 格者得 12 分；
   - f. 任務：第 1 名得 17 分，第 2 名得 10 分，第 3 名得 4 分；
   - g. 仁慈：最後者扣 10 分，尾二者扣 5 分；
   - h. 勇氣 / 競技 / 比賽 / 教育 / 服侍 5 個版圖上的棋會於第三回合後歸回 0。
10. 勝利條件：完成 6 個回合後，最高分數者獲勝。

🔨 帶領技巧：介入經驗

- 間接介入：遊戲過程中，工作員可用輕鬆的句子來增加組員的投入感，如：「識人好過識字」、「小心讀書成績欠佳被老師責備」等，把現實中的環境立體地呈現在組員面前。另外，工作員也可在適當的時候，總結組員的進路，讓他們留意整體環境而不是埋首處理自己的事宜；
- 關顧感受：不論組員最後的分數結果如何，先不要判斷其對與錯，可把焦點放在其取向背後的意圖，鼓勵他表達自己的想法；
- 引導討論：工作員可在遊戲尾段詢問組員對遊戲中的「勇氣，競技，比賽，教育，服侍，任務，仁慈」七個項目，可以對照生活中的哪些事情？如：社交人際、運動、才藝、讀書學習、孝順父

母、公開考試、義工服務、職業準備等。

？ 解說技巧：功能與主題

• **自我管理（時間）**：按事情的緊急性與重要性分成四類，協助組員分析及比較這七個版圖（可參考版圖結算的先後、結算的密度及結算的分數），並按以下的次序完成，再以生活例子來分析練習，如：朋友要求陪伴，但明日的數學考試可如何處理？

	不重要	重要
緊急	(2)看清才做	(1)馬上親自完成
不緊急	(4)棄之不可惜	(3)先授權他人完成

• **自我認識**：運用 7 個版圖所代表的能力，來檢視組員在現實生活中投放的時間有否按自己的能力作考慮：
  - Facts：遊戲中你主要培養哪一項能力？甚麼因素使你著重這能力？
  - Findings：在現實生活中你會把最多的時間投放在提升哪一個能力上？你有甚麼考慮？而手牌的選擇代表甚麼意義？
  - Future：這次的經驗對於你日後生活中分配時間和目標有何啟發？

> **一「棋」一會：桌遊小組故事**
>
> 筆者喜歡與中學生玩這個遊戲，因為從中可以引導他們分享很多不同的見解及感受。香港社會主流意見認為只有讀書才可向上流，他們覺得這種想法太單一，對此感到無奈，甚至提出培養仁慈等美德並不應該視作培養一種能力。筆者引導他們思考，在香港這個地方，是否有人不是只靠讀書而能成功的例子，鼓勵他們為努力創造夢想，實踐理想中的計劃。另外，筆者也會引導他們討論良好的美德，如何化成一種能力去感染和影響別人，為自己也為其他人建構更美滿的人生。

⇆ 程序變化

• **計分處理**：設定在遊戲完結時取得 20 分者獲勝，減少組員間競賽爭勝的味道；
• **調節手牌**：每人獲發 6 張或更多手牌，但在傳遞卡牌時依然保持 5 張手牌，棄掉其餘多出的功能牌，讓組員有更多選擇。

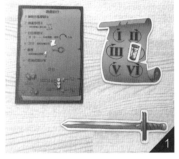

Bb20.
作弊飛蛾
Mogel
Motte

撰文：梁林輝

! 執行須知

- 👥 人數：3-5 人
- 🕐 需時：20-30 分鐘
- 🔗 物資：卡牌
- ✂ 設置：洗勻 72 張卡牌
- 📖 出版：Emely & Lukas Brand, Swan Panasia Games

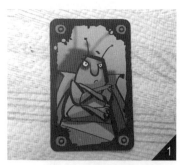

📋 講解技巧

1. 每人獲發 6 張手牌，剩餘的卡牌放在桌中央作牌庫；
2. 先選一人擔任守衛（圖1），從手牌中打出 1 張起始卡牌，再到下一位組員，如此類推；出牌規則需為前 1 張牌數字的相鄰數值；
3. 如手上沒有合適的數字牌，即從牌庫抽 1 張，再到下一位出牌；
4. 除灰色的普通昆蟲牌外，打出其他牌時（圖2），會有以下效果：
   a. 粉紅蒼蠅：全組立即拍該牌，最慢者從牌庫抽出 3 張作手牌；
   b. 黃色蜘蛛：出牌者可在手牌上選 1 張送予其他人；
   c. 藍色螞蟻：除出牌者外，其他人從牌庫中抽出 1 張作手牌；
   d. 橙色小強：出牌者可打出 1 張相同數值的普通昆蟲牌，若出牌者沒有相同數值，由其他組員鬥快補上 1 張；
   e. 紫色飛蛾：守衛可打出 1 張手牌，其他人不能打出並須偷偷地棄掉手牌。
5. 組員趁守衛看不見時棄牌，守衛一旦發現有人棄牌，要即時告知大家，被舉報者接任守衛，並從牌庫中抽出 3 張作手牌；
6. 勝利條件：最後 1 張手牌是不能棄掉的，打出最後 1 張者獲勝。

🔼 帶領技巧：介入經驗

- 引起動機：用卡上的圖畫輔助解釋，並一同為各種昆蟲牌命名；
- 調節角色：宜讓所有人都當守衛一次，會有更豐富的感受；
- 適可而止：牌庫用畢後，不用再抽牌，令遊戲更快完結；
- 關顧感受：鼓勵那些在別人棄牌才後知後覺者多點觀察四周。

❓ 解說技巧：功能與主題

- **破冰熱身**：組員施展渾身解數，專注地去棄牌；
- **常規建立**：違規者（如：小學生常把手牌放在桌子下），工作員可給予多 1 張手牌作懲罰，違規者會漸漸發現自己很難勝出；
- **聆聽觀察**：守衛要特別專注於其他人有否棄掉手牌。

一「棋」一會：桌遊小組故事

筆者經常推介這遊戲給首次接觸桌遊的人，因為玩的過程節奏明快，能迅速感到桌遊的吸引力。但謹記要妥善執行規則，否則組員因過快的節奏而變得沒趣，如：有組員一開始便在短時間內把所有的手牌掉到地上。因此，工作員可考慮加入一些額外的規則，如：要等十秒才可再丟棄下一張牌、每次只可以掉一張牌、守衛交接時其他組員不可棄牌等。

⇄ 程序變化

- 人多處理：每人獲發 5 張手牌，令遊戲能容納 7 人參與。如欲容納更多人，可把兩套卡牌合起來玩，並增設多一位守衛；
- 調節角色：選能力較高者擔當守衛，守衛一旦發現有人棄牌時即可舉報，被舉報者要從牌庫抽出 4 張作手牌，不用轉換守衛。

📋 講解技巧

1. 開始時先洗牌，每人獲發 5 張卡牌作手牌，餘下的卡牌作牌庫；
2. 由最年青者開始，依順時針方向輪流進行以下步驟：
   a. 先從牌庫頂抽取 2 張卡牌加入手牌；
   b. 再從手牌中，以任何次序做最多三個動作（打出 3 張卡牌）。
3. 動作包括：
   a. 存款：以金錢卡牌或行動卡牌，橫放在右方作為存入戶口；
   b. 添置物業：把物業卡依顏色分組放在桌面；
   c. 行動：依行動卡牌說明：收取債務、租金、生日、租金、房子或酒店、盜取、物業接管、強制交易、作出反對、通行證。
4. 手牌變動：
   a. 若手牌用盡，可從牌庫頂抽取 5 張卡牌作手牌；
   b. 最多只可以存有 7 張手牌，必須丟棄多餘的卡牌。
5. 事前須就以下規則達成共識：
   a. 支付金錢：以戶口中的現金支付。如現金不足，即要交付其桌面的物業卡牌，其價值等同角落上的數字，是否不設找贖？
   b. 多功能物業卡牌：調動是否以一個「動作」計算？
   c. 作出反對：要不要先放在桌面才可行使？
6. 勝利條件：最先集齊 3 組全套的物業卡牌者獲勝。（圖1）

🗣 帶領技巧：介入經驗

- **循序漸進**：與初學者玩此遊戲，首輪可一同以開牌形式試玩一局，並安排一兩位熟悉規則的義工協助，會令過程更有效率；
- **引導討論**：由組員自行決定誰先開始，因為第一輪後出牌者很少會被罰而獲得優勢，從而帶出策略思考等概念。

❓ 解說技巧：功能與主題

- **系統思維**：致勝先後步驟，提問的範圍包括：
  a. 出牌策略：
     - 早期打出物業卡牌有何原則？（放一些對自己或對方沒有用的卡牌，如車站或任何沒有信心砌好一條街的卡牌）
     - 如何增加自己的選擇？（如：盡早使用「通行證」去多抽 2 張卡牌、盡早出完所有卡牌而令自己可以多抽 5 張牌）
  b. 面對攻擊時轉危為機的策略：
     - 對方出「盜取」時如何應對？（手上有「物業接管」者，可待對方砌妥一組後再接管，由對方幫自己勝出）
     - 罰錢時如何應對？（盡量不給予「散紙」）
     - 沒有足夠現金時，罰地有甚麼策略？（給予一些對方沒有用的卡牌或一些自己都沒有信心砌好的卡牌，如車站）
     - 選擇合宜時機作出攻擊：
       i. 最後關頭、勝券在握或對方快將勝出時，使用「物業接管」、「強制交易」、「盜取」；
       ii. 何時使用「作出反對」？：對方的攻擊令自己會輸、快將用盡手牌而令自己更快有 5 張牌、「作出反對」值 $4、攻擊多於 $4 時才用會較值得。
- **自我管理（理財）**：出牌先後、流動資金、發揮最大價值、取捨原

Bb21.
紙牌
大富翁
Monopoly
Deal

撰文：黃幹知

⚠ 執行須知

- ☻ 人數：2-5 人
- 🕐 需時：20-30 分鐘
- ◆ 物資：金錢、物業及行動卡牌
- ✂ 設置：/
- 📖 出版：Hasbro

則、投資要選合宜時機及作全盤考慮：
- Facts：如何善用租金卡牌？(不用作現金而用作收租，無用的租金卡牌變成現金，或在多於 7 張牌時作捨棄之用)；如何使用「功能牌」？(留意卡上的價錢)；何時使用生日牌？(第二輪當各人都有物業或金錢不足時)；多於 7 張牌時，有何捨棄原則？(卡的用處或該物業 / 功能 / 現金價值較低)；
- Findings：有何理財策略？(隨時預留流動資金)

- **自我認識**：小組有足夠信任時，引導各人回應，以更了解個人處事的風格：凡事為自己爭取最大利益？考慮與其他人的關係？
- **領袖風格**：觀察小組動力，洞察身邊的人，以便適時動用；
- **社會關懷**：富者向錢少地多的貧者攻擊會較有勝算，可從中帶出地產霸權的社會現象：
  - Facts：剛才用了甚麼方法致勝？
  - Feelings：貧者被攻擊時有何感受？
  - Findings：為何富者會向貧者開刀？這遊戲有甚麼現象？和現實生活有何相似？剛才做貧者的可以想像一下現實中貧者有何處境？
  - Future：面對地產霸權時，你會計劃甚麼新的消費習慣？你心目中一個理想的社會制度應是怎樣的？

⇄ 程序變化

- **人多處理**：若有 6 人或以上時，可用 2 套卡牌來進行遊戲；亦可考慮 2 人一隊，增加交流機會。

Bb22.
小木偶
Pinocchio

撰文：梁林輝

📋 講解技巧

1. 隨意選一人開始，並把自己的真話卡及謊話卡面朝下洗勻；
2. 右邊的組員抽取 1 張卡，面朝下放在木偶公仔下；
3. 起始者看一眼放在小木偶下的是真話卡還是謊話卡；
4. 該組員抽取 1 張題目卡，並選取卡上一條題目來講故事；
5. 若木偶下的是真話卡，組員須說出一個真實的親身經歷；
6. 說畢故事後，其他組員可拿起木偶後圍繞其故事各問一條問題；
7. 組員判斷這個故事的真假，並在前方打出面朝下的真話卡或謊話卡；
8. 一起公開手上的真話卡或謊話卡，並查看木偶公仔下的答案；
9. 判斷錯誤者拿 1 夥木粒，放在木偶板上鼻子的位置疊高；若全數組員判斷正確 / 錯誤，則由講故事者疊木粒；（圖 2）
10. 如有人在疊木的過程中，木粒塌下，該人會得到 1 個天使標記；
11. 每人輪流重複以上流程，直至有人得到 3 個天使標記為止；
12. 勝利條件：遊戲完結時最少天使標記者獲勝。

📋 帶領技巧：介入經驗

- 設定常規：活動可能會涉及各人的個人私隱及經歷，須與組員協定保密的原則，讓組員能安心說故事；
- 示範練習：事先準備一個約一分鐘的故事，讓組員嘗試出卡判斷，並完整地試行一次整個流程，讓之後的遊戲更順暢；
- 連結組員：組員所說的故事有機會是本人的親身經歷，如發現判斷時毫無頭緒，可徵詢其相熟朋友的意見。

❓ 解說技巧：功能與主題

- **互相認識**：適合心智較成熟及處於中後期的小組，每次說畢故事後，組員會花時間去深入分享及了解大家豐富的人生經歷；
- **表達技巧**：說故事的過程中，能訓練組員對事件的理解、選材、遣詞用字，以及有組織和有邏輯地表達等技巧；
- **聆聽觀察**：專注聽故事，並以提問技巧去找出破綻，從而判斷故事的真偽；
- **批判思考**：反思如何才可以獨立地去為自己作出準確的判斷，引申至日常生活中，如：瘦身廣告或媒體評論，提問例子見 Bb18.教父風雲；
- **任何主題**：因應小組主題和目標，自行準備題目卡，使其他組員可以圍繞小組的主題作個人經驗分享，如：性教育小組，可出題「一次告白的經歷」、「與伴侶相處的不愉快事件」等。

⚠️ 執行須知

- 👥 人數：4-10 人
- 🕐 需時：20-30 分鐘
- ◆ 物資：木偶、木粒、木偶板、題目卡、真話卡、謊話卡、天使標記（圖 1）
- ✂ 設置：分開木偶和木偶板並放在桌中央，木粒放在旁邊，每人取 1 張真話卡及 1 張謊話卡
- 📖 出版：Edward Chan, Swan Panasia Games

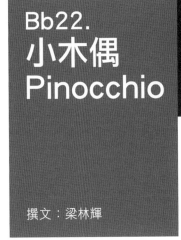

Bb23.
Red 7

撰文：葉文俊、梁林輝

執行須知

- 👥 人數：2-4 人
- 🕐 需時：20-30 分鐘
- ◆ 物資：卡牌（圖 1）、提示卡（圖 2）
- ✂ 設置：起始畫布卡置於中央成為「規則牌庫」
- 📖 出版：Carl Chudyk & Chris Cieslik, Asmadi Games

講解技巧

共建情境（Framing）：「人生恍如活在牢獄。我們日常所作的決定，都是受形形色色的社會規則規範著。Red 7 讓你打破這些限制，想想如何善用自己的優勢去制訂規則，這樣就不會被社會淘汰！」

第一階段：

1. 洗勻卡牌後，每人獲發 7 張手牌；
2. 工作員於每人面前多派 1 張牌並翻開；
3. 按小組需要決定起始者，之後起始者可以按喜好或隨機抽選 1 張卡，面朝上放在全組的中間。在本回合，牌組的強弱將按該卡所示的規則條件決定，如下（圖 3）：

卡面顏色	規則
紅	卡的數值最大
橙	最多相同數字的牌
黃	最多相同顏色的牌
綠	最多偶數的牌
藍	最多種不同顏色的牌
靛	最長的連續數字
紫	最多張數字少於 4 的牌

4. 按順時針方向，組員輪流打出 1 張卡放在自己面前，形成牌組；
5. 任何組員在出牌後，他的牌組必定要比其他組員強，否則便會被淘汰；
6. 牌組強弱順序如下：
   a. 符合以上規則的卡牌總數（除紅色規則外）多勝少，如數目相同，則看 b；
   b. 選數字最大的一張，以其數值大小決勝，如相同，則看 c；
   c. 選數字最大的一張，按以下色序決勝：紅＞橙＞黃＞綠＞藍＞靛＞紫
7. 勝利條件：最後未被淘汰的組員獲勝。

第二階段：

1. 按第一階段的步驟 1-2 進行；
2. 把「起始畫布卡」放在全組的中間，並按「起始畫布卡」上的規則條件（即紅色條件）開始本回合；
3. 每次行動，組員均可選擇執行 a 至 c 其中一項，使自己的牌組比其他組員強：
   a. 打出 1 張手牌到自己的牌組；
   b. 打出 1 張手牌，面朝上蓋住「起始畫布卡」（或其他已疊在「起始畫布卡」上的卡牌），即時起須以該手牌顏色所示的規則條件決定牌組強弱；
   c. 在同一回合內，同時進行 a 和 b。
4. 如果組員未能打出手牌，使自己的卡組立即比其他組員更強，就會被淘汰；
5. 勝利條件：最後未被淘汰者獲勝。

⬆ 帶領技巧：介入經驗

- 適可而止：這遊戲可進行多個局數，工作員只需按小組時間、組員的體驗及領會，決定局數，點到即止。經驗所得，建議可進行三局，使組員有足夠時間掌握及感受遊戲；
- 聲音介入：過程中，工作員可使用言語把遊戲與生活結連，如：當獲得好的手牌時，可表示「含著金鎖匙出世！」、「生有一條好命呀！」當組員於遊戲早段被淘汰，可表示「他輸在起跑線啦！」；
- 關顧感受：起始手牌是隨機抽出的，個人無權選擇，組員可能因此而處於下風。工作員應多留意組員在遊戲中的反應及情緒，適時作出介入。

❓ 解說技巧：功能與主題

- **社會關懷**：如要勝出，其中的一個方法是改變規則，另尋出路。這個遊戲能反映現實，有助組員反思社會現況，了解自己可否改變社會上不公平的規則：
  - Facts：你有試過改變規則卻仍然被淘汰嗎？
  - Feelings：被淘汰時，你有甚麼感受？
  - Findings：這些被淘汰的感覺與現實生活相似嗎？生活中存在甚麼規則？你如何受到這些規則的影響？
  - Future：你會選擇改變自己從而適應遊戲規則嗎？還是嘗試改變現有制度？
- **差異教育**：遊戲設定中，組員的起始手牌是隨機抽出的，個人無權選擇。因此，每個人的起步點不同，彼此所擁有的卡牌也就有所不同，這好比每個人的出身不同，所面對的際遇也有差異：
  - Facts：你的起始手牌能自己選擇嗎？
  - Feelings：當你看到手牌時，你有甚麼感覺？
  - Findings：對於這些不同的差異，你有甚麼發現？與現實生活相似嗎？
  - Future：你會怎樣做從而減少彼此的差異？

🔁 程序變化

- 加強感受：為了加強組員的無力感，可設更多限制，加深他們對「規範」的感受。修改規則，能令組員感受平等參與的重要性。階段及解說部份如下：

  a. 階段一：遊戲設置相同，每人獲發 1 張起始卡。待所有人翻開起始牌後，由數字最大的一位決定規則（不用從手牌中拿出該牌）。遊戲開始時，組員輪流從自己手牌打出卡牌，但不可以更改規則，未能打出卡牌者出局；

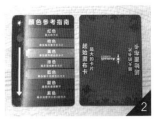

  b. 階段二：流程與階段一相同，但由工作員隨機抽出 1 張卡來決定規則，並一同反思：
  - Facts：第一階段和第二階段的遊戲有甚麼分別？
  - Feelings：你喜歡哪個階段？當你被迫要守規則時有何感覺？
  - Findings：現實中，類似的規範是如何制定的？
  - Future：你想改變嗎？可以怎樣改變這些規範？

Bb24.
傳情畫意
Telestrations

撰文：梁林輝

⚠ 執行須知

- 👥 人數：6-8 人
- 🕐 需時：20-30 分鐘
- ♦♦ 物資：書冊、畫筆、題目卡、骰子、畫布（圖 1）
- ✂ 設置：分發每人 1 本畫冊、1 支畫筆及 1 塊畫布
- 📖 出版：栢龍玩具

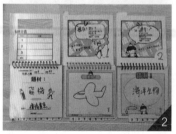

📋 講解技巧

1. 組員在自己的畫冊上寫上名字，並從卡庫中抽 1 張題目卡；
2. 工作員擲骰，點數代表題目卡上的題號；
3. 組員按題號的題目，寫在畫冊的第一頁；
4. 把畫冊翻後一頁，以圖畫（不可用文字）表達題目；
5. 所有組員完成後，把畫冊傳予右方組員，由他猜測上一位組員所畫圖案之意思，並寫在下一頁，然後重複步驟 4；
6. 再把畫冊傳予右邊組員，如此類推，重複以上步驟；
7. 直至畫冊傳回自己手上即完結，並分享每本畫冊的內容。（圖 2）

🔨 帶領技巧：介入經驗

- **控制節奏**：對於某些題目，組員可能要思考很久才能表達或猜測，這時工作員可用引導指令——即工作員說一指令，組員在限時內完成，以控制同步傳遞畫冊，避免產生混亂；
- **由尾至頭**：分享畫冊時，若能把畫冊由後至前逐頁向組員揭曉，會帶來神秘感覺，組員通常都會很期待知道答案；
- **欣賞組員**：工作員可引導組員留意及欣賞畫功不太好但用心去仔細表達的人，解說時把一些畫得好或猜得準的例子放大並加以表揚，讓其他的組員學習或給予回應。

❓ 解說技巧：功能與主題

- **互相認識**：每人對同一題目會有不同的理解，可邀請組員進一步分享自己對該題目的理解，使認識彼此的世界觀；同時，表揚畫功特出及天份較強的組員；
- **聆聽觀察**：接到畫冊時，有人或會忽略圖案的細節而誤解主題：
  - Facts：有哪一張畫是你完全誤解的？有何不同的理解？
  - Findings：是甚麼令這誤解出現？
  - Future：生活中有何類似情況？匆忙行事時有何需要留意？
- **表達技巧**：用圖案表達需要有不同的技巧，如：有人會用中文作圖案，有人卻會用超大的圖。工作員可嘗試留意組員的反應，若有人在猜估時表示困難，可加以追問：
  - Facts：哪些圖案是較難猜估？
  - Findings：是甚麼令你感到難以猜估？你在表達上有何困難？
  - Future：如何表達會較易讓人理解？
- **創意思維**：如何運用創意想像一些抽象的概念或非實際的物件。

⇄ 程序變化

- **人多處理**：分 2 人一隊輪流去畫，並一起猜估題目的答案。每隊以 2 人為宜，人數太多會影響運作；
- **自行定題**：當組員已熟習遊戲的規則或建立一定的默契，可加一些規則去引導他們自行定題，如：限制題目為五個中文字；
- **學習語文**：轉化題目為其他語言，讓組員認識更多生字。

講解技巧

1. 由其中一人開始，在袋中抽取一個魔法符號圖案並放在棋盤上相同圖案的位置作開始的寶藏；
2. 各人輪流擲骰，並按骰子數目移動自己的魔法棋子，移動時只可向相鄰的格子移動，不可斜角移動；
3. 每格子只能讓 1 粒棋子停留；
4. 組員的棋子到達魔法符號圖案上，便可取得圖案，並重新在袋中抽取下一個寶藏，如此類推；
5. 棋盤下方擺放了一些木牆，當組員的棋子移動時碰到木牆，金屬球便掉下，組員須由起點重新開始；
6. 勝利條件：最快取得 5 個魔法符號圖案者獲勝。

帶領技巧：介入經驗

- **聲音介入**：若組員記性較差，移動棋子時容易碰到木牆而要重新由起點開始，會感氣餒及失望，工作員可在過程中以言語向組員提醒及指導，如：告訴他們曾經碰牆的方格、提醒他們留心其他方格等，以增加他們的信心去完成遊戲；
- **設計地圖**：組員熟習遊戲規則後，可邀請他們一起置放木牆。

解說技巧：功能與主題

- **破冰熱身**：遊戲重視組員之間的合作，互動較少，無需很多技巧或策略，因此適用於小組初期。透過競爭搶奪寶藏，能促進組員間的交流；
- **自我管理（學習）**：過程中，組員要專注及留意他人移動棋子的去向，才有助自己計劃路線去取得寶藏。同時，遊戲要求組員運用記憶力，記下木牆的位置，減少碰壁的機會；
- **自我認識**：過程中或許經常碰壁，組員可從中覺察自己重新面對挑戰、失敗或困難時所採取的態度。工作員在講解後作前置引導（Frontloading），了解組員過去面對考試、讀書或競賽碰壁時的處理？在下一輪遊戲中遇上類似的情況時，會如何調整心情去達成目標？分享後才開始遊戲，再到解說時深入討論：
  - Facts：有沒有試過棋子碰壁而要返回起點重新開始？
  - Feelings：經常碰壁時，你的心情如何？有想過放棄嗎？
  - Findings：剛才你如何應對挑戰帶來的失敗？
  - Future：未來生活中再碰壁時，你會如何處理？

程序變化

- **人多處理**：2 人一隊進行比賽，與《一團和戲》中 **Gi06. 隱形迷宮**類似，組員要商量策略及分工合作才能完成任務；
- **調節難度**：可因應組員的能力，增加或減少木牆設置的數量。

Bb25. 磁石魔法迷宮 The Magic Labyrinth

撰文：葉文俊

執行須知

- 😊 人數：2-4 人
- 🕐 需時：20-30 分鐘
- ◆ 物資：棋盤、木牆、魔法符號圖案、棋子、骰子
- ✄ 設置：按説明書放木牆到棋盤內，4 粒魔法棋子連金屬球放在四個棋盤的四角格子作起點（圖 1）
- 📖 出版：Dirk Baumann, Swan Panasia Games

1

Bb26.
抵抗組織：
阿瓦隆
The
Resistance:
Avalon

撰文：梁林輝

⚠ 執行須知

- 👥 人數：5-10 人
- 🕐 需時：30-40 分鐘
- ◆◆ 物資：身份牌、國王牌、編隊卡、版圖
- ✂ 設置：抽出相應人數的版圖放在桌中央
- 📖 出版：Don Eskridge，戰棋會有限公司

📋 講解技巧

1. 按人數抽取指定數量的身份牌，如下：

組員人數	5人	6人	7人	8人	9人	10人
正義陣營（藍色）	3	4	4	5	6	6
邪惡陣營（紅色）	2	2	3	3	3	4

2. 洗勻身份牌後，每人派發 1 張；
3. 兩隊陣營的勝利條件如下：
   - a. 正義陣營：5 個任務有 3 次成功且梅林不被刺殺；
   - b. 邪惡陣營：5 個任務有 3 次失敗或於 3 次成功後刺殺梅林。
4. 除以下角色外，正義陣營互不知對方的角色，其功能如下：
   - a. 梅林：除莫德雷德外，知道所有邪惡陣營人物；
   - b. 派西維爾：知道誰是梅林。
5. 邪惡陣營會知道陣營內各人的身份：
   - a. 莫德雷德：梅林看不見他；
   - b. 莫甘娜：假冒梅林，而派西維爾不知誰是真正的梅林；
   - c. 奧伯倫：其他邪惡方不知道他。
6. 若組員是首次玩這遊戲，先不使用角色的特別功能，跳過步驟 4、5、7 的流程，待組員熟習遊戲規則後，才加入特別角色；
7. 工作員逐步用以下句子引導各個角色發動自己的能力：
   - a.「請所有人閉上眼睛」；
   - b.「邪惡陣營開眼互相確認」（約 10 秒，奧伯倫不用開眼）；
   - c.「邪惡陣營閉上眼睛」；
   - d.「邪惡陣營舉起拇指」（莫德雷德不用舉拇指）；
   - e.「梅林開眼」（約 10 秒）；
   - f.「梅林閉上眼睛並舉起拇指」（莫甘娜及梅林一同舉拇指）；
   - g.「派西維爾打開眼」（約 10 秒）；
   - h.「派西維爾閉上眼，梅林收起拇指」；
   - i.「所有人開眼，遊戲開始」。
8. 編隊投票：
   - a. 把國王牌隨意放在一人面前，由他按版圖上的要求，向指定數量的組員分發編隊卡；
   - b. 各人隨後要投票（圖 1），若過半數人贊成此編隊，即由有編隊卡者進行任務；若過半數人反對，把國王牌右移予下一位組員，再次編隊，直至有編隊通過為止（圖 2）；指定人數會顯示在版圖，如下：

組員人數	5人	6人	7人	8人	9人	10人
第一個任務	2	2	2	3	3	3
第二個任務	3	3	3	4	4	4
第三個任務	2	4	2	4	4	4
第四個任務	3	3	4	5	5	5
第五個任務	3	4	4	5	5	5

9. 執行任務：有編隊卡者獲發成功卡及失敗卡各一（圖 3）——正義陣營只可選成功卡，邪惡陣營則可自由選 1 張卡；
10. 結算：
   - a. 收集選取了的任務卡，洗勻並翻開；

b. 若有 1 張或以上的失敗卡，要把失敗指示物放到版圖上；

c. 若全部任務卡為成功卡，可把成功指示物放到版圖上。

11. 重複流程 7-10 並進行 5 個回合，完成流程 3 中條件的陣營獲勝：3 次任務失敗，邪惡陣營直接宣告勝利；3 次任務成功，邪惡陣營要商討決定刺殺哪一位組員，如成功刺殺梅林，邪惡陣營勝出；反之，如刺殺梅林失敗，正義陣營勝出。

🚦 帶領技巧：介入經驗

- 年齡選取：規則複雜，組員要代入不同角色並發揮當中的能力，更要分析人際關係作談判，適合 12 歲以上具高階思維者參與；
- 聲音介入：工作員要經常提醒組員留意以下項目並加以分析：
  - 細心聆聽別人的言語表達，並觀察別人表情所代表的情緒；
  - 留意各人擔任國王時的編隊取向；
  - 留意各編隊的投票結果；
  - 記著每次任務成功或失敗時所涉及的組員。
- 關顧感受：各人在遊戲中會拉攏別人，甚至出口術，部份組員很易被誤以為屬邪惡陣營，而翻開了角色牌以示清白。工作員宜在講解時説明角色保密的重要性，若組員有情緒可作介入。

❓ 解說技巧：功能與主題

- **生命覺察**：每個角色都有重要的影響，要盡忠於崗位才可勝出；
  - Facts：誰人可以發揮他本身的角色功能使陣營取勝？
  - Feelings：能發揮本身的角色功能，你有甚麼感覺？
  - Findings：忠於自己的角色有何重要？會影響他人嗎？
  - Future：現實生活中你有哪些角色（學生 / 子女 / 朋友）？你又能否忠於擔任這些角色？

- **聆聽觀察**：組員在過程中要仔細觀察、細心聆聽、用心記錄資料及數據，才能識別自己陣營的同伴，互相配合完成任務；
- **表達技巧**：陣營內要互相合作來獲勝，如：利用言語及非言語方式去傳訊；邪惡陣營內更要互相配合去掩護對方：
  - Facts：你使用甚麼方法來互通訊息？有效嗎？
  - Findings：除了言語外，你們還如何作暗示？有甚麼作用？
  - Future：現實中與人溝通時，非言語的表達有何幫助？

- **批判思考**：組員要收集更多角度的資料，並批判地思考別人的説話及理據，經過嚴謹的分析後才作出正確的決定：
  - Feelings：公佈身份後，你發現自己誤信他人，有甚麼感受？
  - Findings：他做了甚麼令你誤信？你又憑甚麼準則來下決定？
  - Future：再來一次你會如何分析去令自己作準確的決定？

> ### 一「棋」一會：桌遊小組故事 🎲🎲🎲🎲🎲🎲🎲🎲
> 筆者曾在營會晚上與一群青少年玩此遊戲。由於每回合的變化很大，他們都願意一玩再玩。三日兩夜過後，組員最常回味的活動竟是「阿瓦隆」，原因是這個遊戲為他們帶來很深刻的感受。此外，營會中玩這個遊戲，能迅速建立小組的凝聚力。

⇄ 程序變化

- 組員主持：熟習規則後，可安排一人不用抽身份牌輪任主持；
- 主持設局：因應小組動力來分派角色，讓組員有不同的嘗試。

Bb27.
推倒提基
Tiki
Topple

撰文：梁林輝

⚠ 執行須知

- 👥 人數：2-4 人
- 🕐 需時：30-40 分鐘
- 🎴 物資：版圖、圖騰、計分指示物、任務卡、行動卡
- 🛠 設置：9 個圖騰面朝下洗勻，相同圖案的圖騰放一起（圖 1），再放上版圖中並翻開（圖 2），另把計分指示物放在起點
- 📖 出版：Keith Meyers, Swan Panasia Games

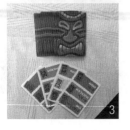

📋 講解技巧

1. 版圖中，由上至下排列著 9 個不同顏色的圖騰，近火把為最高；
2. 每人得到同色系的 7 張行動卡作手牌，以及 1 張任務卡（圖 3）；
3. 每回合由不同的組員開始，按自己的任務卡所示從 7 張的手牌中選取 1 張行動卡打出，並移動圖騰：
   a. 「TIKI UP 1」2 張（選 1 隻圖騰升一位）；
   b. 「TIKI UP 2」1 張（選 1 隻圖騰升兩位）；
   c. 「TIKI UP 3」1 張（選 1 隻圖騰升三位）；
   d. 「TIKI TOPPLE」1 張（選 1 隻圖騰移動到圖騰柱底）；
   e. 「TIKI TOAST」2 張（打出後，移走圖騰柱底的圖騰）。
4. 到下一位組員出牌及移動圖騰，直至版圖上剩下 3 隻圖騰為止；
5. 勝利條件：按照任務卡上的分數計分，卡牌上列明了 3 隻圖騰的指定位置所能得到的分數；四局後得分最高者獲勝。

🎯 帶領技巧：介入經驗

- **引導指令**：組員可跟隨工作員的講解一步一步地試玩；
- **引導討論**：每回合間可邀請最高分者分享心得，讓其他人學習；
- **營造氣氛**：當有圖騰被移走，可製造拆卸的聲音，緩和氣氛；
- **關顧感受**：年幼者或會因其他人聯手移走其圖騰而不高興，工作員可提醒他每人的目標各異，並鼓勵他再看準時機與人結盟。

❓ 解說技巧：功能與主題

- **目標設定**：組員會因應任務卡上的圖騰分數作為考慮進行遊戲，因每人的任務不同，最後未必如願以償；
  - Facts：過程中能完成所有目標嗎？有難度嗎？為何？
  - Future：在家庭 / 工作 / 朋友 / 學業 / 夢想中，你有否一些難以實現的目標？對於實現目標的阻力，你認為會是甚麼？
- **共享願景**：最後一局，各人合作達成一張任務卡，爭取最高分：
  - Findings：為何大家的目標一致後，會較易取得高分？
  - Future：共同目標對推動團隊向前或實踐目標有多重要？
- **組織結構**：組員要評估自己任務卡上圖騰的位置，決定緩急先後，有策略地把心儀的圖騰向前移動，而不被其他組員得知後運用功能卡把該圖騰移走，能讓領袖反思如何策劃行動；
- **表達技巧**：透過口述或觀察而找到其他組員都有的圖騰；
- **聆聽觀察**：先觀察別人對哪一隻圖騰有興趣，然後在過程中尋找朋友，一起把該圖騰推上高位從而得到分數。

⇄ 程序變化

- **促進交流**：可把 4 位組員分成 2 隊。得到 1 張共同的任務卡，而出牌階段，同隊組員不可相連，其他遊戲的流程照舊；
- **人多處理**：多於 4 人時，可以多人一隊去一同控制一個角色。

Bb28.
非洲之旅
Wildlife
Safari

撰文：葉文俊

☰ 講解技巧

1. 洗勻卡牌，按人數移除卡牌（見下表），再平均分發予組員作手牌：

人數	2人	3人	4人	5人
移除卡牌	2張	3張	2張	不用移除

2. 組員輪流打出 1 張手牌，按「動物牌」的類別放置在一起，新打出的牌蓋於最上方，再在桌中央拿走任何 1 隻動物（圖 1）；

3. 直至其中一款動物的 6 張動物牌皆打出，遊戲結束並計分，按各款動物卡最頂的卡牌作為該款動物的分數，每人按自己動物的數目計算，如：獅子卡牌最上為「3」，每隻獅子公仔值 3 分（圖 2）；

4. 勝利條件：得分最高者獲勝。

⬆ 帶領技巧：介入經驗

- 聲音介入：組員容易誤會「必須」拿取與打出卡牌相同的動物，工作員要多次提醒組員可不必這樣做，讓他們在過程中能善用策略；

- 連結組員：過程中未必有太多的交流或互動，而組員也只是需要打出手牌及拿取動物。因此，宜在過程中協助帶動氣氛，如：適時分析各動物所剩的數目、提示某動物卡已被打出 5 張、引發組員對話及互相提問等。

？ 解說技巧：功能與主題

- **破冰熱身**：遊戲簡單易明，不用太多深入的交流，適用於小組初期；

- **聆聽觀察**：觀察他人和汲取外間資訊，從而調節不同策略：
  - Facts：過程中你較留意甚麼？觀察其他人或收集外間資訊如何幫你勝出？
  - Feelings：別人取了你想取的動物，你有甚麼感受？
  - Findings：遊戲的策略與你現實生活中的選擇有何相似之處？你是個觀察其他人後而作出調整策略的人還是堅持自己所訂下的目標而行的人？
  - Future：這遊戲提醒你作出決定前要留意甚麼？

- **目標設定**：組員要作出選擇及計劃，從而取得更高的分數，這與青少年的生涯規劃相似（如：大學選科）：
  - Facts：遊戲中你有甚麼策略？
  - Feelings：能夠順利運用策略，你有何感受？
  - Findings：生活中你也要與別人一起競爭嗎？你喜歡和人競爭嗎？如何能讓自己處於優勢？
  - Future：這個競爭和未來面對的甚麼東西相似？將來升學或選擇學科時，你對於要與人競爭有何看法？

⚠ 執行須知

- ☻ 人數：2-5 人
- ⏱ 需時：20-30 分鐘
- ◆◆ 物資：卡牌、5 款動物模型各 5 隻
- ✖ 設置：所有動物按種類置放在桌中央
- 📖 出版：Reiner Knizia, Swan Panasia Games

Bb29. 石器部落

撰文：梁林輝、盧春茹

⚠ 執行須知

- 👥 人數：4-8 人
- 🕐 需時：30-40 分鐘
- ◆◆ 物資：需求卡、技能卡、骰子、資源卡、貝殼卡、機會卡、玩家行動標誌
- 🔧 設置：分別洗勻機會卡及需求卡，面朝下放在桌中央；然後翻開 3 張需求卡放在卡堆旁；按不同技能分技能卡為 5 份牌庫，以及按不同資源分資源卡為 5 份牌庫，所有牌庫放在桌中央；工作員保管貝殼卡
- 📖 出版：北京遊卡桌遊文化發展有限公司

📋 講解技巧

1. 工作員講述卡牌的功能：
   - a. **技能卡**：包括採礦、伐木、採集、捕魚及狩獵（圖 1）；
   - b. **資源卡**：包括石、木、果、魚及肉（圖 2）；
   - c. **需求卡**：滿足不同的需求，將會得到獎勵（包括貝殼卡及機會卡），如：集齊 6 張肉及 6 張魚的資源卡，將得到 16 張貝殼卡及 2 張機會卡；
   - d. **貝殼卡**：代表金錢；
   - e. **機會卡**：不同顏色代表在四個不同時機中使用：
     - **金色**：可與其他人同時使用機會卡，用後放入機會卡棄牌庫；
     - **紅色**：在你的回合（除談判時），擲骰後用，並放入棄牌庫；
     - **藍色**：在你的回合（除談判時），擲骰後用，只可用一次；
     - **綠色**：在任何組員的談判階段使用，使用後待本輪談判階段結束後，再放入機會卡棄牌庫；
2. 開始時，每人輪流選 1 種技能卡，共進行兩次；
3. 由第一位組員開始行動，再輪流進行，有三個階段：
   - a. **買技能階段**：如組員有錢，可付 3 元買 1 種技能卡；
   - b. **擲骰階段**：
     - 擲兩顆骰子，所有人按自己技能卡的數字收集 1 張指定資源；
     - 採礦得石、伐木得木、採果得果、捕魚得魚、狩獵得肉；
     - （若某組員有 1 張數值 5 元的技能卡，骰子擲出 5 時可得到 2 張果的資源卡）
   - c. **任務階段**：
     - 可因應桌中央的 3 張需求卡（圖 3）上所需的資源來進行任務；
     - 付出需求卡相應的資源，任務便完成並得到指定的金錢；
     - 如一個人的資源足夠，可選擇自行完成，又或與其他人合作完成，但要以談判來決定各自付出多少資源及各自取得多少金錢，達成共識才可進行任務。
4. 每次只可完成 1 張需求上的任務，完成 1 張需求卡後，抽 1 張新的取代；
5. 勝利條件：最快得到 30 元者獲勝。

🚩 帶領技巧：介入經驗

- **聲音介入**：選取技能卡時，工作員要提醒組員盡可能選取少人有的技能；
- **間接介入**：為降低運氣的成份，當組員買技能卡時，工作員可給予他未有數值的技能卡；
- **引導討論**：工作員可促進組員的溝通，盡快完成任務階段；多人合作時，組員溝通上會出現混亂，工作員可協助他們弄清各人付出資源及金錢回報的比例；
- **關顧感受**：運氣較差的組員起初未能得到一定的資源，缺乏議價能力，工作員可細心觀察並給予解說，讓他能充份表達感受；
- **適可而止**：如小組時間有限，可減少獲勝目標的金錢數量。

❓ 解說技巧：功能與主題

- **領袖風格**：組員如何去尋找合作目標，從而認識自己的領導風格及價值觀——先考慮任務還是關係：
  - Facts：過程中有否與人合作？你會選擇和誰合作？
  - Feelings：協商過程中你對這個人的感覺如何？
  - Findings：你較願意跟甚麼特質或風格的人合作？選擇伙伴時，你會考慮甚麼（如：雙方的需要／態度／語氣／金錢／關係）？共享成果其實會帶來甚麼分數以外的東西？你傾向跟與人分享還是獨佔成果的人合作？為甚麼？
  - Future：在生活中何時與人或其他組織協商？有何好處？
- **組織結構**：領袖要先評估環境，包括：各組員擁有的技能及資源，策略性地選取適合的技能以及與其他組織合作的方向，並以有效的溝通技巧與他們談判；

一「棋」一會：桌遊小組故事 ⚀⚁⚂⚃⚄⚅

筆者曾帶領一組高小學生玩此遊戲，他們只選擇和相熟的好友合作，而不考慮與其他人談判。遊戲中不同的需求卡要求不同的資源，他們難以獨自完成任務。若要盡快得到金錢，就需要找不同人去合作，不能單單依靠固有的關係網。每個回合之間，工作員宜多點以提問去讓他們反思與不同人合作的好處，以改變其策略。

- **社會關懷**：好運氣的人在遊戲開始時會獲得較多資源去完成任務，他們賺取大量金錢，再用金錢去買斷某種技能，從而壟斷某些資源。這遊戲能讓大家感受資本壟斷及以本傷人的後果，並顯示出「公平貿易」為何如此重要：
  - Facts：過程中，是甚麼造成強弱懸殊？
  - Feelings：身處弱勢的組員有何感覺？
  - Findings：是甚麼原因導致你不能參與合作？這現象會是個循環嗎？
  - Future：世界上有甚麼群體正面對類似的壓迫？你會如何打破這些壟斷？

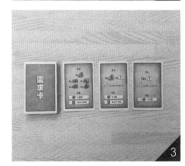

Bb30.
雪地狂歡：砸蛋

撰文：梁林輝

！執行須知

- 👥 人數：5-8 人
- 🕐 需時：20-30 分鐘
- ◆ 物資：卡牌、錘子標示物、頭帶
- ✘ 設置：卡牌面朝下洗勻成為牌庫
- 📖 出版：北京遊卡桌遊文化發展有限公司

📋 講解技巧

1. 以說故事開始：「村莊內各種動物都好好保護著自己的一隻蛋，但各人都不知道自己擁有甚麼蛋。復活節到來，有頭豬要求其他動物砸破一隻蛋來作奉獻，大家都希望砸破對方的蛋，他們經過一輪激辯後，最後會砸甚麼蛋呢？」
2. 每人在牌庫中抽出 1 張卡牌，並用一條頭帶把卡綁在頭上，卡背緊貼額頭，卡的內容只可讓其他組員看到；
3. 卡牌內容為雞蛋 / 白熊蛋 / 調皮蛋 / 兔子蛋 / 熊貓蛋（圖 1）；
4. 隨機由一人開始，該組員可得到錘子，並從以下行動中四選一：
   - a. 從牌庫抽取 1 張卡替換頭上的卡牌；
   - b. 提議砸蛋：可選任何一款蛋，再把錘子交到右邊的組員，如果不同意上一位組員提議砸蛋的決定，可提議砸另一隻蛋；
   - c. 表決上一位組員的提議：表示贊成者可把錘子向右傳，所有人都贊成後，大家取下自己頭上的卡牌，若是被砸的蛋，則計 0 分，其他人得 1 分；
   - d. 猜自己頭上的卡牌是甚麼：猜對者得 2 分，其他人得 0 分；猜錯者得 0 分，其他人得 1 分。
5. 勝利條件：若干回合後，最高分者獲勝。

🔝 帶領技巧：介入經驗

- **方便觀看**：組員一時之間未必會記得卡上所有的蛋類，工作員抽出各款蛋牌 1 張並放在桌中央，以作提示；
- **聲音介入**：工作員要提醒組員確保收妥資料後才猜估自己的蛋，以免被其他人利用。

❓ 解說技巧：功能與主題

- **聆聽觀察**：聆聽各人的說話，搜集足夠資料後才猜估頭上的蛋，從而作出準確的決定；
- **批判思考**：有時某組員提議砸某一隻蛋，其他組員會毫不猶豫地贊成上一位組員的決定，最終反而砸了自己頭上的蛋，因此最好先確定自己頭上的蛋是甚麼，才決定贊成與否；
   - Feelings：自己頭上的蛋被砸，你有何感受？
   - Findings：你當時是如何作決定的？
   - Future：下次作類似決定時，有何資料要準備或注意？
- **互相認識**：揭曉砸蛋結果時氣氛會變得輕鬆，亦可從中更了解其他人的思維方式。

⇄ 程序變化

- **增加難度**：熟習遊戲規則後，可加入好蛋（得分）及壞蛋（砸甚麼都無分）（圖 2）；
- **遊戲進階**：只要組員成功使用調皮蛋，就可得到功能牌，該牌有利組員在之後的回合中取得更多分。

📋 講解技巧

1. 由其中一人開始，以順時針方向輪流進行；
2. 每回合內，各人可在以下 4 個行動中選取其中 3 個進行：
   a. 拿珍珠卡：選 1 張珍珠卡作手牌，並從牌庫補回 1 張於桌中央；
   b. 換珍珠卡：棄置 4 張珍珠卡，並從牌庫補回 4 張於桌中央；
   c. 準備召喚：把場中央的 1 張角色卡放到自己的傳送門內，並從牌庫補回 1 張角色卡於桌中央，傳送門最多容納 2 張角色卡，若打算放進新的角色卡，須選取其中 1 張棄掉；
   d. 召喚角色：按照角色卡上的要求，支付相應數值及數量的珍珠卡來召喚，隨後把該卡從傳送門取出並以反方向放在自己面前，可即時獲得以下獎勵的其中之一：
      - 角色卡分數：牌底黃色數字；
      - 鑽石：牌底鑽石數量；在召喚支付珍珠卡時，可在計算卡數值時當作加 1 使用，用完即棄；
      - 特別獎勵功能：每張角色卡下方的粉紅或藍色框內都有不同的獎勵，如：增加持牌數量或回合行動次數（詳見說明書）。
3. 上述行動可以在 3 個行動中重複執行；
4. 回合結束時，只可保存 5 張手牌，其餘須棄置；
5. 最快得到 12 分者即時獲勝，打和則由擁有最多鑽石者勝出。

⬆️ 帶領技巧：介入經驗

- 引導指令：工作員翻開每張角色卡後才解釋功能；
- 聲音介入：工作員可協助需時思考者計算行動次數，並旁述整體形勢，以維持節奏。

❓ 解說技巧：功能與主題

- 自我認識：組員在長時間欠缺某張數字牌下，選擇以放棄、轉移目標或繼續等待去應付，皆能反映個人應對挑戰時的風格；
- 目標設定：組員須評估自己手牌的能力，從而決定召喚的目標角色卡，並因應手牌變化而調整目標：
   - Facts：遇到甚麼困難？曾否嘗試轉移召喚角色作目標？是甚麼令你有此轉變？
   - Feelings：遇到困難時你有何感受？調整目標後感覺如何？
   - Findings：手牌和鑽石牌分別代表你日常生活中的甚麼呢？
   - Future：平日你會如何達成自己的目標？在達成目標過程中遇到困難時，你會如何應對？

↔️ 程序變化

- 減低難度：與較年幼者玩此遊戲，可取消角色卡中鑽石的功能。

Bb31.
奇幻之門
Die Portale von Molthar

撰文：梁林輝、張偉楠

⚠️ 執行須知

- 👥 人數：2-5 人
- 🕐 需時：30-40 分鐘
- ◆◆ 物資：珍珠卡（數值 1-8 各 7 張）、角色卡（背面是鑽石）、玩家傳送門
- ✂️ 設置：洗勻珍珠卡及角色卡成牌庫，翻開 4 張珍珠卡（圖 1）及 2 張角色卡（圖 2）並放在桌中央，每人拿 1 張傳送門放在自己面前（圖 3）
- 📖 出版：Johannes Schmidauer-König, 栢龍玩具

Bb32.
禮物
Geschenkt

撰文：梁林輝、張偉楠

⚠ 執行須知

- 😀 人數：3-7 人
- 🕐 需時：20-30 分鐘
- ♦♦ 物資：數字卡、籌碼（圖1）
- ✂ 設置：每人取 11 枚籌碼，剩餘的放回盒內；33 張數字卡面朝下洗勻成牌庫（數值 3 至 35 各一張），並抽出 3 張卡放回遊戲盒，各人都不准觀看
- 📖 出版：Thorsten Gimmler, Swan Panasia Games

📋 講解技巧

1. 每回合先由任意一人開始從牌庫翻開 1 張數字卡；
2. 每人輪流在以下行動中二選其一：
   - a. 拒收：把自己的 1 枚籌碼放在該卡上，不須讓其他人知道你擁有的籌碼數目；若手上沒有籌碼，則只能收下該卡；（圖2）
   - b. 接收：接收該卡及卡上所有籌碼，再由下一位從牌庫翻開 1 張數字卡，並繼續上述行動。
3. 當牌庫中的所有數字卡用畢後，可結算分數，減分最少者獲勝：
   - a. 每持有數字卡，該卡的數字會成為該人的減分數值；
   - b. 若擁有相連的數字，如：5、6、7，則減去最細數字卡的分數值。
   - c. 持有的籌碼數目可抵銷減分數值。

🎯 帶領技巧：介入經驗

- 營造氣氛：開始前，工作員詢問組員最不希望收到的禮物，並在開出數字卡時與組員一同呼喊。假如某位組員不喜歡收到杯子，在打開 33 的數字卡時，可說：「多麼醜陋的杯子呀」回應；
- 間接介入：組員或因沒有籌碼要多次接收數字卡而感到不悅，工作員可用問題引導他思考有效的方法去減最少的分數。

❓ 解說技巧：功能與主題

- **生命覺察**：反思應對生活中的難關時，選擇逃避或面對困難並嘗試不願意的事（fight or flight），可能會有新的得著：
  - Facts：有否策略性地接收數字卡？拒收會出現甚麼情況？
  - Feelings：第一次收數字卡和收數字相連的卡的感受有何不同？
  - Findings：數字相連的卡代表在生命中的甚麼事？生命中，當你面對不喜歡的事情時，你習慣如何面對？沒有選擇時，又會如何處理？你認為有效嗎？
  - Future：在職場／學業中，有沒有類似的情況？你以往習慣用甚麼方法去應對問題？你之後又會用甚麼方法去更有效地應對？
- **社會關懷**：每人從自己手上拿出 6 枚籌碼給予 1-2 位指定的組員：
  - Facts：手上可運用的籌碼減少了時，你會出現甚麼情況？
  - Feelings：這些情況出現時，你有何感受？
  - Findings：在現實生活中，這些籌碼和數字卡代表甚麼？哪些社群會擁有較少籌碼？擁有較少籌碼對他們有何影響？
  - Future：你會為社會上擁有較少籌碼的人做甚麼行動？

一「棋」一會：桌遊小組故事 ⚀⚁⚂⚃⚄⚅

筆者曾在數字卡上貼上不同的圖案，如：相架、剃刀、渠蓋、暑期作業、Windows95 等。遊戲時，組員見到圖案都很有共鳴。（圖3）

講解技巧

1. 組員抽 1 張角色卡和 1 隻相應的角色棋，每個角色都有 1 種身體殘疾（如：視障、肢體殘疾），工作員可先逐一解釋；
2. 翻開地圖上的角色起點牌（圖1），並把角色棋放上相應的起點牌上；
3. 組員輪流翻開 1 張在自己角色棋旁邊或斜角的「事件牌」，上有兩種指示，包括：取得改建牌及情境代入：
   a. 「情境代入」：寫有不同殘疾人士會遇上的障礙（如：聽障人士聽不到火警鐘），有關組員便要停留原位，不可把角色棋移至該牌上；假若組員翻開的牌不會阻礙到自己的角色時，便可把角色棋移至該牌上；
   b. 「改建牌」：留意每人最多只可手持 4 張改建牌，多出的改建牌要分給其他組員，牌上寫有各種無障礙設施。當自己翻牌時遇到障礙，而同時手上有相對應的改建牌時，可放到事件牌上，以消除該項障礙；
4. 勝利條件：當組員成功翻開所有事件牌和用盡所有改建牌時，遊戲完結，所有組員皆為勝利者；若 12 個回合內未能翻開所有事件牌和用盡改建牌，**又或**同時有 4 張情境代入事件牌被翻開，而又未有進行改建時，所有人便落敗。工作員可用回合指示卡來顯示回合數。

帶領技巧：介入經驗

- 示範練習：年紀較小者很難明白「旁邊」、「斜角」、「6 x 6 格的地圖」及移動方式等抽象概念，工作員可配合白板作介紹或親身示範；
- 公平處理：過程中，若組員手持多於 4 張改建牌，便需把過剩的改建牌分給其他組員。工作員可先定下分配的準則，如以「包剪揼」方式或按當時手持最少牌者優先分配，避免隨意分發；
- 引導討論：組員要互相合作，遊戲才可順暢進行，若個別組員故意拖延，如：一直保存對其他組員有利的改建牌而不放進「地圖」，工作員可暫停任務，引導大家討論遊戲的目標、有何策略可更快捷地完成。
- 循序漸進：對於初學者來説，可先別理會「落敗」一事，就算超過 12 回合或有 4 項以上生活障礙未改建，也無須終止該局遊戲，而是一心一意朝翻開每張事件牌和用盡所有改建牌進發，以熟習遊戲。

解說技巧：功能與主題

- **差異教育**：移動角色棋而遇障礙的親身體會，有助代入殘疾人士的需要：
  - Facts：你曾經遇上哪些生活障礙？
  - Feelings：眼見別人移動而自己原地踏步時，有何感受？
  - Findings：現實中，與你有同樣殘疾的人會否有相似的感受？除了身體缺憾外，殘疾人士和我們有甚麼分別？他們會在何時碰到這些障礙？又會如何處理這些障礙？
  - Future：假若你看見殘疾人士有困難，你會怎樣做？你猜他們

Bb. 中時間桌遊

Bb33.
度度都到島
Dou Dou Island

撰文：周皓霆、黃幹知

⚠ 執行須知

- 👥 人數：2-6 人
- 🕐 需時：30-40 分鐘
- ◆◆ 物資：角色卡、角色棋、角色起點牌、事件牌、改建牌、回合指示卡
- ✄ 設置：運用角色起點牌和事件牌排列成 6x6 格的地圖（可畫上白板），並把改建牌放置在旁，地圖上的卡牌面須朝下
- 📖 出版：香港傷健協會、樂在棋中

期望你如何和他們相處？

- **社會關懷**：組員曾使用改建牌去「建設」無障礙設施，從而提升共融環境的重要性：
  - Facts：你／他曾「建設」哪些幫助你消除障礙的設施？
  - Feelings：當別人幫助你消除障礙時你有何感受？
  - Findings：如果你用剛才的角色走入社區，有何障礙黑點？現實社區中有何設施不曾出現在遊戲中？
  - Future：想像一下你的角色在區內需要甚麼無障礙設施？有何重要性？你會如何為建設無障礙社區出力？
- **合作解難**：共同勝負的原意是透過「建設」無障礙設施，使組員了解共建無障礙社區是對整個社會有益。工作員可嘗試引導較成熟的組員思考共同勝負的好處，至於初中生或年紀較小的組員，則較難作此高階思考。此外，工作員可引導組員放下個人得失，學習共商策略和分工合作，與別人一同分享勝利的喜悅，或分擔失敗的滋味，都是別具意義：
  - Facts：組內有沒有任何遊戲策略或分工？
  - Feelings：你對組內一同努力完成遊戲有何感受？
  - Findings：共同勝負有何重要性？
  - Future：生活中有甚麼場景是需要共同承擔勝負的結果？

⇄ 程序變化

- 可改變「地圖」的排列方式，或變更眾角色所擁有的身體殘疾、事件牌的情境和改建牌的無障礙設施；
- **增加趣味**：遊戲講求共同勝負或會減低了遊戲的刺激感，兒童未必可以很投入參與。工作員可把組員分成多個小隊進行比賽，最快完成遊戲的組別或限時內完成最多局數的組別獲勝；
- **人少處理**：如只有一位組員時，該名組員可同時擁有兩個角色。

📋 講解技巧

1. 開始前，每人輪流任意放置 1 隻企鵝在有 1 條魚的浮冰板塊上，直至把所有企鵝放完為止（圖 1）；
2. 開始時，由首位放企鵝者開始，每人輪流進行一個行動：移動所屬的 1 隻企鵝向板塊六面的其中一個方向，並於該方向盡頭的板塊上停下，此時可抽起並得到原先站立著的浮冰板塊；（工作員宜先示範如何移動）；
3. 每一板塊最多可容納 1 隻企鵝，因此移動時遇上其他企鵝，則停在前一格；
4. 當所有人的企鵝無法移動時，遊戲結束（圖 2）；
5. 勝利條件：結算各人所得板塊上魚的數目，最多魚者獲勝。

⬆ 帶領技巧：介入經驗

- 聲音介入：遊戲過程中，工作員要觀察組員的移動是否正確，並可使用滑冰來形容企鵝移動的動作，方便他們記憶；
- 間接介入：組員在移動前，工作員要以問題提醒他們留意及分析不同方向。

❓ 解說技巧：功能與主題

- **目標設定**：以魚來比喻夢想、成績或成就，討論如何達標：
  - Facts：你最初計劃要得到多少條魚？以甚麼板塊為目標？
  - Feelings：成功得到魚時你的感覺如何？
  - Findings：這些魚對於企鵝來說有甚麼意義？現實生活中，對你來說，魚又代表著甚麼？其他色的企鵝又代表著甚麼？
  - Future：短期內，你想得到甚麼東西？你又有何計劃和行動來達成這目標？
- **共享願景**：進行兩回合，首回合設定其中一人的企鵝無法移動時，遊戲即完結，其他規則不變。次回合可按相同規則進行，得到 20 條魚者獲勝，再討論目標為本管理（Management by Objective）的重要性：
  - Feelings：兩回合中，你有否不同的感覺？
  - Facts：兩回合的個人或全體總漁獲如何？哪回合較多？
  - Findings：為何規則相同，但把目標訂高，大家的漁獲有所增加？
  - Future：這發現對你在生活中帶領團隊工作有何啟示？

➡ 程序變化

- 親子遊戲：反轉所有浮冰板塊，原有規則照舊，待完成遊戲後才翻開浮冰板塊以計算漁獲，可減低遊戲的策略性。

Bb34.
嘿！我的魚
Hey! That's My Fish

撰文：梁林輝、張偉楠

⚠ 執行須知

- 👥 人數：2-4 人
- 🕐 需時：20-30 分鐘
- ◆◆ 物資：浮冰板塊、企鵝公仔
- ✂ 設置：2/3/4 人參與時，每人取 4/3/2 隻企鵝公仔，並把所有浮冰板塊翻到顯示魚的一面後合併
- 📖 出版：Gunter Cornett & Alvydas Jakeliunas, Swan Panasia Games

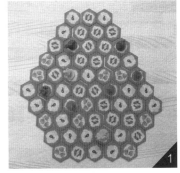

Bb35.
浮言浪語
Fluxx

撰文：梁林輝、張偉楠

⚠ 執行須知

- 👥 人數：2-6 人
- 🕐 需時：20-30 分鐘
- ♦♦ 物資：起始規則卡、遊戲卡
- ✕ 設置：起始規則卡（圖1）
  放在各人中間的位置；洗
  勻遊戲卡，每人獲發 3 張
  後成為牌庫
- 📖 出版：Andrew & Kristin
  Looney, Swan Panasia
  Games

📋 講解技巧

1. 開始時，每人輪流按最新的規則卡行動，如：
   a. 抽牌：依照目前規則，從牌庫抽取指定數量的卡作手牌；
   b. 出牌：依照目前規則，打出指定數量的牌；
   c. 棄牌：依照目前規則（如有），棄剩指定數量的手牌；
   d. 棄持有物：依照目前規則（如有），棄掉持有物。
2. 打出遊戲卡，有以下種類（圖2）：
   a. 新規則（黃）：覆蓋並取代舊有的規則牌，並執行新規則；
   b. 勝利條件（粉紅）：覆蓋並取代舊有的勝利條件；
   c. 持有物（綠）：放在出牌者的面前，視為擁有該物；
   d. 行動牌（藍）：卡上描述的行動立即生效，然後棄掉該卡。
3. 牌庫用畢後再洗勻棄牌，直至擁有該勝利條件的持有物者獲勝。

⎁ 帶領技巧：介入經驗

- 聲音介入：工作員大聲讀出更改後的規則，以確保大家明白；
- 執行規則：工作員要監察各人能否完全遵守不停轉變的規則。

❓ 解說技巧：功能與主題

- **目標設定**：首輪按正常規則進行，次輪有 1 張大家共同的勝利條件；組員亦可在自己的牌區打出 1 張個人的勝利條件，任何人能符合共同或個人的勝利條件之一，即可獲勝：
  - Facts：誰能最快達成勝利條件？
  - Feelings：當你能 / 未能達成勝利條件時有甚麼感覺？
  - Future：現實生活中，個人 / 共同的勝利條件分別代表甚麼？
  - Findings：你對現時社會中的「勝利條件」有何反思？
- **自我認識**：更認識成長中習得的規則如何影響自己待人處事的風格：
  - Facts：你是否試過被別人打出的規則牌阻礙了獲勝的機會？
  - Feelings：當遇到這些規則時，你有甚麼反應？
  - Findings：在你的成長環境中，有甚麼規則對你有較大的影響？這些規則必須存在嗎？又是如何影響你待人處事的風格？
- **社會關懷**：可用作帶出程序公義及法治精神的重要性，如工作員私下偏幫某一位組員，在每輪遊戲中可把棄牌庫內 1 張勝利條件取代現有的勝利條件，其他規則不變：
  - Facts：剛才工作員在偏幫誰？
  - Feelings：當快要完成勝利條件時突然被轉換，你有何感覺？
  - Findings：如果這是一場選舉，你們各人又代表甚麼？
  - Future：若要維持一場公正的選舉，應該如何去決定勝利條件？

⇄ 程序變化

- 減低難度：與小學生玩此遊戲，只需使用持有物、勝利條件及簡單的規則牌。

目 講解技巧

1. 開始時，選出一人作目擊者，其他人作偵探；
2. 偵探先閉目，工作員指出 1 張行兇手段牌及 1 張線索牌；
3. 目擊者看畢後，所有人開眼，目擊者保持沉默，並因應所見的行兇手段及線索把棋子放在大場景板的相應位置作提示（圖 1）；
4. 偵探如猜到行兇的手段及線索，可舉手搶答，答錯時，目擊者抽取 1 張小場景板（圖 2），並放置棋子到該牌上（若棋子用畢即可抽調場上其他棋子），之後其餘偵探可補答；
5. 直至有人同時猜對手段牌及線索牌，該偵探與目擊者各得 1 分；
6. 開始新一局，直至每人輪流扮演目擊者後，得分最高者獲勝。

帶領技巧：介入經驗

- 選取卡牌：開始時，由各人自行選取手段牌及線索牌；
- 場景使用：可增加場景牌的數量，加強目擊者的自由度；
- 聲音介入：工作員可詢問較沉默者的看法，甚至提示目擊者擺放棋子的先後次序，以帶出提示和溝通的重要性。

? 解說技巧：功能與主題

- **聆聽觀察**：雙向溝通及澄清發問有助減少誤會：
  - Facts：有沒有試過很快便可以破案？憑甚麼資訊而破案？
  - Feelings：你對於以有限的資訊來溝通，有甚麼感受？
  - Findings：這遊戲對目擊者有何限制？如何影響你們的溝通？
  - Future：現實生活中有甚麼是因有限資訊而發生的誤會？我們如何可以較為完全地了解事實的真相而減少誤會？
- **合作解難**：改用下文程序變化的第 1 點，帶出在面對困難時，個人能動用的資源相對有限，但若能集合眾人的強項，處理問題的效能就會大得多，提問例子見 **Ba28. 籤籤入扣**；
- **領袖風格**：改用下文程序變化的第 2 點，領袖要學會欣賞隊友的付出，並與團隊一起分享成果，會更容易凝聚大家的力量，並使各人更願意與他合作，提問例子見 **Bb29. 石器部落**。

程序變化

1. 增加難度：每人抽 1 張角色牌（圖 3），抽中兇手者會代替工作員決定行兇手段及線索；偵探查出正確答案，即可得 2 分，如所有人都未能查出正確答案，則兇手得 3 分；
2. 分享成果：每回合猜對線索及手段牌的人可獲得 3 分，分數可以分配予其他組員，藉以分享勝利的成果；勝出者也可以獨佔分數，而過程中，所有偵探可以互相討論案情，其他規則不變；
3. 年齡調節：因應組員的年齡而增減線索牌或手段牌。

Bb36.
犯罪現場 CSI

撰文：梁林輝、吳偉林

⚠ 執行須知

- 👥 人數：2-8 人
- 🕐 需時：20-30 分鐘
- 🔷 物資：身份牌、線索牌、手段牌、大場景板、小場景牌、棋子
- ✂ 設置：手段牌、線索牌及小場景牌面朝下各自洗勻成為牌庫，從牌庫翻開 5 張線索牌及手段牌放在桌中央。
- 📖 出版：千騏動漫

Bb37.
第一印象
First
Impression

撰文：梁林輝、張偉楠

⚠ 執行須知

- 👥 人數：10-26 人
- 🕐 需時：30-40 分鐘
- ♣ 物資：紙 2 張、筆 2 枝、撲克 1 副、題目卡 30 張
- 🔧 設置：工作員在題目卡寫上一個正面的特質（如：有愛心 / 平易近人 / 喜歡挑戰），另外每人派發 1 張撲克牌，面朝下作投票牌

📋 講解技巧

1. 開始時，按男女分兩組，兩組人數相近，並面對面對坐；
2. 各組私下為對方所有組員每人編一個不同的號碼並記下；
3. 工作員按照每組人數，把顯示數字的撲克順序放在兩組之間；
4. 兩組輪流進行投票階段：
   a. 在 3 張題目卡中抽選 1 張讓對方投票，餘下的卡交回工作員；
   b. 組員因應題目投選鄰組中最符合者，按對方的編號把自己的票牌放在兩組之間的數字撲克前；
   c. 投票限時 30 秒，報出每張數字撲克的票數，出題組即時記錄。
5. 依照以上流程，每組進行 8 次，然後進入猜測階段：
   a. 給予 5-10 分鐘，讓組員按對方投票的結果進行討論；
   b. 各組輪流猜估自己所屬的編號，由對方回答正確與否；
   c. 最快猜對所有人的編號之組別獲勝。

🚩 帶領技巧：介入經驗

- **聲音介入**：為對方組員設定編號後，工作員可提醒組員用自己的手機拍下，以便投票時對照使用；
- **間接介入**：當大部份組員投票給某牌號時，工作員可觀看編號所代表的組員，並加入自己的評語，如：「我都會投給他」、「我不是這樣看啦，待會一陣要問下大家為何會如此決定」，以引發組員的思考。

❓ 解說技巧：功能與主題

- **經驗反思**：公開每一題目中獲得最高分組員的名稱，適合在長期小組的後期作自由分享；
  - Findings：為何會投票予該人？有多少人也認同這特質？
  - Facts：在小組相處中，有何經歷讓你對該人有這個感覺？
  - Future：你在平日 / 將來的小組中會如何發揮這個特質？
- **自我認識**：工作員可因應小組的目標，設定不同的特質作主題，如：能力、興趣、領導風格等。每人輪流分享「認同」和「有疑問」的特質，如組員願意，可詢問其他組員的回應，參考 Johari Window，從「別人知」來擴大「開放區」及縮小「盲點區」，提問例子見 Bb11. 妙語説書人。

🔄 程序變化

- **計分處理**：組員猜對編號後可繼續再猜，直至猜錯為止，才輪到對方去猜；
- **創作主題**：如組員心智成熟或小組進展順利，可讓他們自行出題，工作員作最後把關，看看題目是否適合或會否帶來傷害。

講解技巧

1. 按人數 2/3/4/5 人分別預先放置每款垃圾 3/2/1/0 個於桶內，其餘垃圾置於桶旁備用；
2. 每人取一色的數字卡，洗勻後抽出 3 張作手牌，並選 1 張放面前；
3. 數三聲一同開牌，牌上數字最小者先開始放置垃圾（數字相同時，以牌上老鼠較少者先開始），規則如下（圖 1）：
   a. 放置 1 款垃圾於桶內，數量與牌上數字相同；
   b. 若同款垃圾已全部被放置，則選另 1 款垃圾，最終數量要與牌上數字相同（例如：牌上的數字為 8，放畢 5 個牛奶盒後，可再放 3 個鐵罐）；
   c. 放置時，若垃圾從桶上掉下，該人即要取走最頂的負分標記；然後清空桶內垃圾，並按人數補充步驟 1 的垃圾，組員繼續放置垃圾。
4. 若組員順利把桌上最後一件垃圾放在桶內，可獲得最頂的正面標記（反轉負分標記）（圖 2）；
5. 所有人都已放完垃圾後，這個回合結束；每人從牌庫抽 1 張手牌，繼續下一回合。
6. 勝利條件：當所有人打出最後 1 張牌，或有人取走最後 1 個分數標記時，各人結算所得的分數，最高分者獲勝。

帶領技巧：介入經驗

- 公平處理：組員放置垃圾時，工作員要提醒其他人與桌子保持距離，以免手腳的動作令桌子震動而影響結果。當垃圾掉下時，工作員要作出及時和公平的處理；
- 面對壓力：這類考驗「放置技巧」的遊戲，很易引起組員的壓力或情緒。視乎組員的成熟程度，工作員可在組員遭遇失敗時適時作出介入。

解說技巧：功能與主題

- 同感共情：訓練組員的耐性和專注力，讓他們學習面對自己的情緒，因為組員很易受負分的影響而輸掉整個遊戲，提問例子見 **Bb01. 出包魔法師**；
- 社會關懷：由於要把垃圾完全地放在桶內才可得分，所以過程十分困難。香港的廢物問題相當嚴重，遊戲中的垃圾桶可比喻為堆填區出現飽和的情況，原因是市民不斷製造垃圾，讓組員反思自己在環保上擔當的角色；
- 小組建立：有組員的心態是「不求有功，但求無過」，只要令到其他人未能完全放置垃圾就可以穩操勝券。解說時，工作員可與組員一起反思如果作為團隊的一份子時，是否也有同樣的心態：
  - Facts：遊戲中你曾期望其他組員失敗嗎？
  - Feelings：當他人取得負分標記時，你有甚麼感覺？
  - Findings：為甚麼我們會有這種感覺？
  - Future：如果作為團隊的一份子，我們可以做甚麼？

Bb38.
垃圾山
Ab in die Tonne

撰文：葉文俊

執行須知

- 人數：2-5 人
- 需時：20-30 分鐘
- 物資：桶、垃圾（牛奶盒 / 蘋果核 / 鐵罐 / 玻璃樽）、數字卡、分數標記
- 設置：垃圾桶設置於中央，6 片分數標記順次序（最上面為 -1，最底下為 -6）放在桶旁
- 出版：Aaron Carlo A. Rossi, Gokids 玩樂小子

- **合作解難**：把所有「負分標記」轉成「正分標記」，並按需要抽起適量的垃圾，或全組合作把垃圾放進桶內，設定時間目標，行動前先討論放置垃圾的次序，以對比個人或合作完成的分別；
- **自我管理**：帶領小學生或幼兒玩此遊戲時，把所有卡牌移除，並要他們輪流於限時內把所有垃圾放置在桶內，學習如何整齊地收拾物件。

📋 講解技巧

1. 蛋糕牌上刻有忌廉及數值,數值代表該款蛋糕牌在全部蛋糕牌中所佔的數量(如:數值 7 的蛋糕牌在整個遊戲中有 7 張);
2. 由其中一人開始,先拿取 1 疊蛋糕牌,順時針地逐一翻開(圖 1),砌成圓形,隨即進行分餅(圖 2):
   a. 份數要等於組員人數,如:有 5 位組員,即分 5 份;
   b. 須按翻開的圓形次序,每份餅最少要有 1 塊蛋糕牌。
3. 完成分餅後便進入選餅階段:
   a. 由分餅者左方開始,每人輪流選取 1 份餅堆作自己的分數;
   b. 所有人取餅後,要為自己面前的牌作其中一個決定:面朝下表示吃下、面朝上表示保存。
4. 每個回合完結後,左邊的組員會成為新的分餅者,重複以上流程 5 次後可結算分數,最高分者獲勝:
   a. 面朝下的蛋糕牌,牌上每個忌廉得 1 分;
   b. 面朝上的蛋糕牌,則要與他人比拼,有最多同數值者,按牌面數字得分(如:圖 3,擁有最多數值 11 的蛋糕牌得 11 分)。

🔝 帶領技巧:介入經驗

- 鼓勵合作:計分時,如兩人有相同數量的同數值蛋糕牌時,會同時得到該數值的分數;
- 聲音介入:提醒組員有權選擇把忌廉吃下或保存以得更高分。

❓ 解說技巧:功能與主題

- **領袖風格**:這個遊戲的致勝之道不是使他人低分,而是滿足大家的需要,共享利益和成果,達到雙贏,這與組織領導的策略有密切關係,提問例子見 **Bb36. 犯罪現場**;

> **一「棋」一會:桌遊小組故事** 🎲🎲🎲🎲🎲🎲
> 筆者見過玩此遊戲的組員曾因想多取一塊餅,而使其他人的餅都作廢,最終那位組員最後的得分也不是最高的。筆者在解說時,邀請全組重演剛才取餅的一刻,有人説若當時上述的組員決定與人共享成果,可取其他有更高分數的餅堆並勝出。那位組員最終明白要獲勝,不應損人利己,而是要大家共贏。

- **社會關懷**:分餅時要考慮各人的需要,也要把對別人有利的餅分開、猜想別人想要的餅而引導別人去選擇、有技巧地使別人不能取到自己想要的餅(如:給予利益,使對方不會留意),可引申討論香港的政治、經濟和社會中爭奪資源的情況。

🔁 程序變化

- 增加策略:在選餅階段,組員可放棄取餅,改為吃下之前取下未吃的餅。

Bb39.
奶油還是派
...aber bitte mit Sahne

撰文:梁林輝、張偉楠

⚠️ 執行須知

- 👥 人數:2-5 人
- 🕐 需時:20-30 分鐘
- ◆ 物資:蛋糕牌
- ✂ 設置:57 張蛋糕牌面朝下洗勻,分成 5 疊,每疊 11 張,餘下 2 張放回盒中
- 📖 出版:Jeffrey D. Allers, Swan Panasia Games

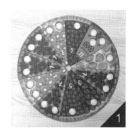

Bb40.
小吃大胃王2
Taiwan Snackbar 2

撰文：張偉楠、盧春茹

⚠ 執行須知

- 👥 人數：3-10 人
- 🕐 需時：20-30 分鐘
- ◆◆ 物資：食物牌、功能牌、「吃不下了」牌、扣分指示物
- ✗ 設置：抽出「吃不下了」牌及扣分指示物備用（圖1），食物牌及功能牌面朝下分別洗勻成為牌庫
- 📖 出版：Kuraki Mura, Swan Panasia Games

📋 講解技巧

1. 以說故事開始：「歡迎大家參與『小吃大胃王』比賽，比賽中將有各款美味的小食，包括：令大家流口水的烤香腸、豬血糕、蔥油餅、炸雞排、棺材板和臭豆腐。如何出盡奇招令對手『吃不下』呢？大胃王寶座正等著你！」
2. 每人獲發 5 張手牌，然後和組員共同決定「吃不下牌」的張數，並放進牌庫中洗勻；
3. 遊戲以順時針方向進行。先由一人開始「點菜」，即打出 1 張食物牌（圖2）。食物牌的左上角有一數字，代表該食物的份數，由「點菜」開始「累積食物份數」計算；
4. 隨後的組員可選擇以下行動的其中之一：（圖3）
   a. 「吃下」：組員可按「累積食物份數」在牌庫中抽出相應數量的牌，若抽到「吃不下牌」，則要拿取 1 個扣分指示物；
   b. 「加點」：組員不想「吃下」時，可打出與出牌區上相同的食物牌，「累積食物份數」亦會增加；
   c. 「換菜」：組員可打出另外 2 張相同的食物牌，「累積食物份數」重新計算，並換成所打出食物牌上的數字；
   d. 「奇招」：打出「迴轉」（改變遊戲進行的方向）、「指定」（選擇任何一人，並由該組員執行行動）或「再來一份」（把目前的「累積食物份數」加1）；
5. 若組員在回合開始時手上沒有手牌，要從牌庫中抽出 3 張牌。假如抽到「吃不下牌」，亦須拿取 1 個扣分指示物；牌庫用畢後，把出牌區的牌洗勻成新的牌庫；
6. 勝利條件：當有人累積了 3 個扣分指示物時，遊戲結束，而指示物最少者獲勝。

⬆ 帶領技巧：介入經驗

- 引導討論：為讓組員更投入遊戲，工作員可於遊戲起始前，與組員討論最喜歡的食物，引起組員對遊戲的興趣；
- 建立關係：工作員如欲以此遊戲作熱身，可加入與組員比賽，增加組員與工作員的互動；
- 關顧感受：部份組員可能常被「指定」而產生情緒，工作員可幽默地緩和氣氛，例如說：「看來他們很賞識你，認為你胃口很大」；
- 延長時間：修改勝利條件，由累積了 3 個改為 4 個或更多的扣分指示物時才結束遊戲，以控制遊戲時間的長短。

❓ 解說技巧：功能與主題

- **破冰熱身**：主題有趣，能營造緊張而興奮的氣氛，使組員投入於小組中；
- **自我管理**：組員須觀察及判斷形勢，包括其他組員的手牌數量、已出現的「吃不下牌」數量等，以調整自己的出牌策略、是否「吃下」等，可應用於組員生活中面對的事情，如：時間管理、學業壓力、面對轉變等：
  - Facts：在遊戲中你有否遇到驚險的情況（如：抽大量牌數）？你當時如何化解危機？
  - Feelings：抽大量的牌時，有何感覺？當自己手上無牌而必須

抽牌時，又有何感覺？

- Findings：你覺得你所用的方法能有效幫助你化解危機嗎？功能牌有助你化解危機嗎？
- Future：你在現實生活中有否遇上類似的情況？在面對生活中的困難時，手牌代表著甚麼呢？把食物牌推走代表著甚麼呢？以上的方法可否或如何幫你解決眼前的困難？

- **自我認識：**有組員會選擇在「累積食物份數」較少時「吃下」，以減少拿到「吃不下了」的機會；有些組員的選擇剛好相反。工作員可與組員反思其處事風格是較穩健保守還是較積極冒險。

一「棋」一會：桌遊小組故事

筆者曾與高小學生玩此遊戲，他們常利用功能牌來鎖定攻擊某一人，因而令那人覺得被針對，內心感到憤怒及無助。此外，有組員利用功能牌把食物作多次推走，令其中一方無力還擊，最後無奈抽牌離場並輸掉遊戲。筆者在解說過程中，引申此情況至組員的生活，如：組員在日常生活中會面對不同的壓力，大家總希望把壓力釋出，以減輕自己的負擔，可是壓力總是接踵而來，終有一天會吃不消。組員最後意會到，在適當的時間接受適當程度的壓力，能起推動自己向前的作用。

⇄ 程序變化

- **增加難度：**工作員可因應組員的反應，調整遊戲的規則，如：每回合在牌庫中增加 1-2 張的「吃不下牌」，以增加難度。

Bb41.
拔毛運動會 Zicke Zacke

撰文：葉文俊

⚠ 執行須知

- 👥 人數：2-4 人
- 🕐 需時：20-30 分鐘
- 🔗 物資：蛋形卡、角形卡、小雞（連羽毛）
- ✂ 設置：蛋形卡圍圈排列，所有角形卡面朝下置於圈內
- 📖 出版：Marek Zoshl, Swan Panasia Games

📋 講解技巧

1. 把蛋形卡排列成大圓形，相鄰的卡必須不同；
2. 把所有角形卡置在圓形中央，面朝下；
3. 按遊戲人數設定小雞公仔的位置，依順時針方向擺放：
   a. 2 人：每隻小雞相距 11 張蛋形卡；
   b. 3 人：每隻小雞相距 7 張蛋形卡；
   c. 3 人：每隻小雞相距 5 張蛋形卡。（圖 1）
4. 遊戲開始，組員輪流翻開 1 張角形卡：
   a. 若角形卡的圖案與小雞前方的蛋形卡相同，可移前一格，並繼續再開 1 張角型卡（圖 2）；
   b. 若角形卡的圖案與小雞前方的蛋形卡不同，回合完結。
5. 如前方有其他組員的小雞，只要翻開下 1 張蛋形卡就可前進；
6. 成功越過某一人的小雞，就可以拔下對方的羽毛，插在自己的小雞上；
7. 勝利條件：拿掉所有小雞羽毛者獲勝，遊戲也結束。

🔧 帶領技巧：介入經驗

- **增加難度**：過程中，由於組員會很容易記著所有角形卡的位置和圖案，所以遊戲中段可再洗勻角形卡，以增加趣味及難度；
- **關顧感受**：遊戲的勝出條件是要拔掉對方小雞的羽毛，因此過程中很容易引起組員間的衝突及情感投射。工作員應時刻留意組員間的溝通及情感表達，並作出適時的介入。

❓ 解說技巧：功能與主題

- **破冰熱身**：遊戲設計簡單，組員容易投入並產生互動的效果，適用於小組初期來建立小組的凝聚力；
- **自我管理（學習）**：透過翻牌的機制，促進組員集中精神參與遊戲，加強他們的專注力及記憶力。

⇄ 程序變化

- **人多處理**：遊戲設定的基本人數是 4 位，若人數較多，可 2 人一隊，以增加組員間的溝通和合作。

Bb42. 綿羊爭牧場 Battle Sheep

撰文：吳偉林

執行須知

- 人數：2-4 人
- 需時：20-30 分鐘
- 物資：場地板、綿羊牌
- 設置：每名組員持 4 塊場地板，順序逐張擺放並組成場區，新擺放的場地板須有最少一邊與在場的其他場地板相連。完成後，每名組員取 16 個一色的綿羊牌，疊成一棟並放在遊戲場地邊緣的任何一格（圖 1）
- 出版：Francesco Rotta, Blue Orange Games

講解技巧

1. 由其中一人以順時針次序開始遊戲，每回合組員可執行以下兩個行動：
   a. 選一格屬於自己的綿羊牌並把它分成兩份，每份數量不拘，但每份最少要有一個綿羊牌（圖 2）；
   b. 把其中一份綿羊牌由該格向六個方向之一直線移動一次，須一直前進至抵達場地板邊緣或任何其他綿羊牌前，另一份則留在原地；如果某格的綿羊牌只得一個，則不可以再分成兩份或移動。
2. 完成後，由下一位組員繼續，直至所有人沒有可再移動的綿羊牌為止（圖 3）；
3. 勝利條件：點算自己綿羊牌所佔的版圖格數，最多者獲勝；如遇平手，則以綿羊牌所佔的連續格數較多者獲勝。

帶領技巧：介入經驗

- 聲音介入：工作員可在遊戲過程中觀察組員的移動是否正確，直接提示他們綿羊牌需一直前進至抵達場地的邊緣；
- 間接介入：在組員移動綿羊牌前，工作員可用問題提醒組員留意及分析不同方向。

解說技巧：功能與主題

- **目標設定**：獲勝關鍵在於組員是否有規劃、有目標。遊戲能反映組員在執行中是否有周詳的規劃，而非純粹靠運氣取勝：
  - Facts：你如何設置自己的起點？過程中你又設定了甚麼目標？
  - Feelings：能完成自己設定的目標，你有甚麼感受？
  - Findings：訂立目標對勝出遊戲有幫助嗎？
  - Future：現實中你有何目標？你又會如何走向目標？

程序變化

- 預設目標：遊戲分兩局進行。按上述規則完成第一局並作解說分享後，以及在第二局開始前，工作員提示組員先設定自己希望佔領的區域，並嘗試在過程中積極達成目標。另外，工作員可在解說過程中凸顯預先設定目標對結果的影響；
- 促進交流：分 2 人一隊進行，以增加組員間的溝通及合作。

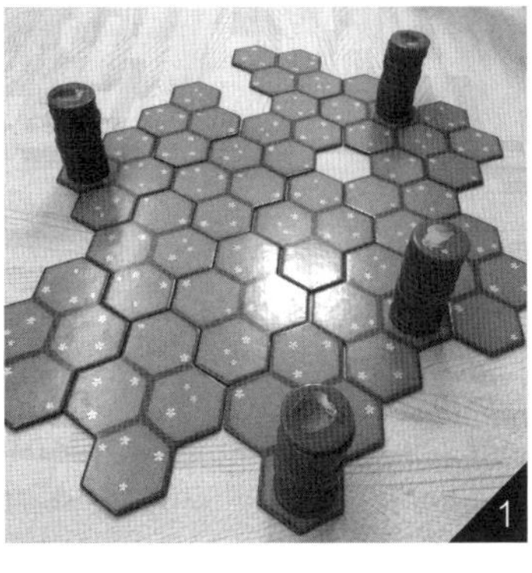
1

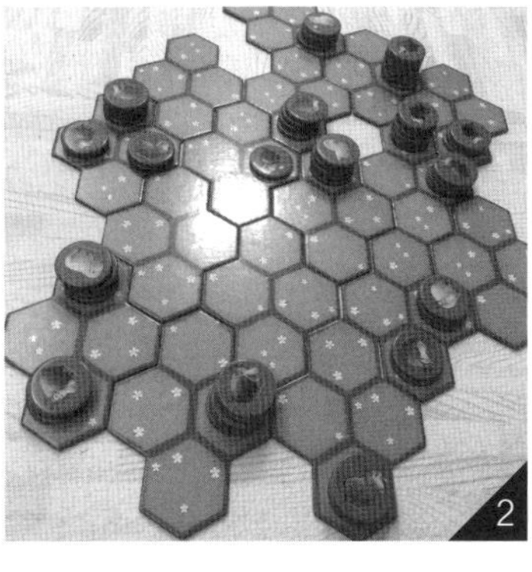
2

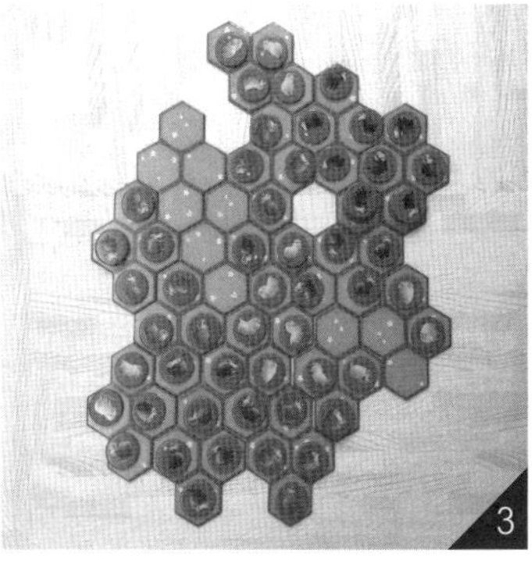
3

Bb43.
真心話

撰文：梁林輝、張偉楠

⚠ 執行須知

- ☻ 人數：4-10 人
- ⏱ 需時：20-30 分鐘
- ◆◆ 物資：撲克 1 副
- ✂ 設置：分派每人 1 張紅色牌、1 張黑色牌

📋 講解技巧

1. 工作員講出一個題目，如：有否抽過煙？有否食過狗肉？；
2. 各人用牌作答（紅牌「是」，黑牌「否」），並覆蓋牌面交予工作員；
3. 工作員集齊各人的牌後洗勻；
4. 組員再猜工作員手上有多少張紅牌，並以手勢標示數目；
5. 工作員隨後展示所有牌；猜對者可以私下選一人剩下的牌觀看，但看畢後不能透露牌的內容（工作員也可視乎組員的意願及成熟度即時投票，選其中一人公開其手牌）；
6. 一局完結後，工作員收回所有撲克，洗勻後重新派發每人黑色及紅色牌各 1 張，再開展新一局的遊戲。

🔝 帶領技巧：介入經驗

- 設定常規：遊戲開始前，工作員要與組員訂立保密協議，並討論組員會否介意給其他人知道自己的立場，以及提醒組員要自覺和誠實，相信其他組員，不應質疑對方的答案；
- 關顧感受：如果組員不想回答或對題目有意見，可另改題目。此外，當小組氣氛高漲時，組員可嘗試發問問題，只要大家沒有反感並一同評估認為合適後，即可繼續討論。

❓ 解說技巧：功能與主題

- **互相認識**：更深入地認識不同組員的價值觀或經歷；
- **自我認識**：組員或許未曾思考過某些問題，這是一個反思價值觀的機會；
- **任何主題**：因應小組主題而度身訂造以立場或看法為主的問題，適用於德育、性教育及公民教育的小組。以性教育小組為例，在建立足夠的信任後，可以問：拍拖經驗、能否接受婚前性行為、接受同居生活？

⇄ 程序變化

- **二元問題**：紅黑撲克不但可以代表是或不是，也可以因應問題調整答案，如，題目為「大家希望伴侶是外向還是內向？」，紅牌可代表外向，黑牌代表內向，按此回答；
- **人多處理**：可用投影機展示題目；
- **私隱處理**：留意小組的發展階段，若未有足夠的信任，工作員可取消看牌的獎勵，並在得出投票結果後，邀請組員自由分享看法。

Bb44. 實話實說 2

撰文：梁林輝、盧春茹

講解技巧

1. 按人數選出相應組數（3 人選 3 組、4-5 人選 4 組）的卡牌，洗勻後成為牌庫，再平均派發卡牌作手牌（3-4 人發 8 張，5 人發 7 張）；
2. 先觀看自己的手牌，把認為最適合形容某人的牌面向下放到該人面前（3 人組派每人 2 張、4 人組派每人 1 張、5 人組派每人 1 張），再把剩下的牌收妥；
3. 每人把收到的卡牌向外放在牌架上，只可讓其他人看到（圖 1）；
4. 由其中一位組員開始，輪流去猜自己牌架上的卡牌內容，猜對即由其他人取出，猜錯到下一位，直至有人猜對自己所有卡牌者，便可勝出。

帶領技巧：介入經驗

- **聲音介入**：卡牌的字義源自台灣的本土文化，工作員可向組員解釋一次卡的字義才開始；
- **間接介入**：開始前先問：「大家覺得怎樣參與才能良好地接受意見？」設定互相尊重的常規，以防猜牌時會質疑其他人。

解說技巧：功能與主題

- **自我認識**：參考 Johari Window 的向度，在遊戲完結後，每人輪流在別人送給自己的卡中選出「最認同」和「有疑問」的卡各 1 張。若組員願意，可詢問其他組員的意見，從「別人知」來擴大「開放區」及縮減「盲點區」，提問例子見 Bb11. 妙語說書人；
- **領袖風格**：可用 A、I、J 來討論不同帶領團隊的風格，手法同上；
- **經驗反思**：工作員可因應小組的發展，選用不同的內容，小組中期，宜用較正面的字眼（如：A、I）或以物件作比喻（如：C、K），強化組員的關係；到小組後期，組員之間建立一定的信任時，可再詢問組員是否願意嘗試一些內容較直接及較多評論字眼的卡（如：B、E、G、L），來總結在小組中的反思（圖 2）；
- **創意思維**：讓組員因應小組的主題，以及組內觀察到不同人的優點和強項，自行創作 H 組的卡牌。

一「棋」一會：桌遊小組故事

此遊戲較適用在長期小組（如：義工組）的中期或後期，引導組員檢視自己的強項及肯定自己的成長。工作員可用卡紙複印詞語表，並在遊戲期間請組員用螢光筆塗上別人對自己的形容字眼，完成後再為組員的卡紙過膠，並在小組最後一節送贈組員，作為紀念及日後自我鼓勵之用。

程序變化

- **人多處理**：合併 2 盒實話實說，可供 12 人進行遊戲。

執行須知

- 人數：3-5 人
- 需時：20-30 分鐘
- 物資：卡牌、牌架、詞語表、鉛筆
- 設置：108 張卡牌按英文字母 A 至 L 分成 12 組，每組 9 張，每人各取一牌架
- 出版：Two Plus

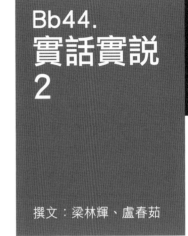

Bb45.
動物
疊疊樂
Animal Upon
Animal

撰文：吳偉林

！執行須知

- 👥 人數：2-4 人
- 🕐 需時：20-30 分鐘
- ◆◆ 物資：鱷魚底座、動物棋、骰子
- ✂ 設置：放置鱷魚底座在組員中間，每人取其餘各種動物棋 1 隻
- 📖 出版：Klaus Miltenberger, HABA

📋 講解技巧

1. 組員輪流擲遊戲骰子來決定自己的行動（圖1）：
   - a. 一點：選 1 隻動物棋放上鱷魚底座，如果底座上有其他動物，就一直疊上去；
   - b. 兩點：與一點相同，但需要把 2 隻動物放上鱷魚底座；
   - c. 手掌：選 1 隻動物交予一人代為放上鱷魚底座上，若倒塌則由該人承擔後果；
   - d. 問號：其他人指定你手上其中 1 隻動物放上鱷魚底座；
   - e. 鱷魚：選 1 隻動物觸碰並擴大鱷魚底座，其他人可放動物。
2. 擺放時，動物方向須與鱷魚底座一致和平衡，不可交叉地放；
3. 倒塌的後果：
   - a. 若 1-2 隻動物倒下，放動物者要接收倒下的動物；
   - b. 若多於 2 隻動物倒下，該人要接收其中 2 隻，並移走其他動物。
4. 勝利條件：最快把手上所有動物放到鱷魚底座者獲勝。

🔱 帶領技巧：介入經驗

- 示範講解：遊戲開始前，先示範擺放動物的方向；
- 用途廣泛：這個遊戲能有很多變奏，可作競技性或合作性遊戲，亦可因應組員的年齡、認知能力，以及對桌遊的熟悉程度等因素，採用不同的玩法，達到不同的介入目標。

❓ 解說技巧：功能與主題

- **自我認識**：曾有組員因為其他人擺放動物的位置令遊戲難度提高而感到不滿，可引申討論面對不可控制的變數時，自己會用怎樣的心態去面對（如：當對方擺放動物的位置未如預期時，可先和對方溝通，或自己隨時調整策略）：
  - Feelings：遇到困難時你有甚麼感受？
  - Facts：過程中遇到甚麼困難？
  - Findings：是甚麼因素／誰人造成這些困難？生活中，你遇到困難／逆境時，以上的歸因能幫到你度過逆境嗎？又會有甚麼限制？
  - Future：未來再遇到逆境時，你會用甚麼心態去面對？
- **合作解難**：先選定一定數量的動物給組員，讓他們合力挑戰放上鱷魚底座，行動前給予 3 分鐘討論。若組員一起成功地疊起動物塔，可邀請全組與成品一同拍照留念，相片可用於小組較後期，提醒組員解難的心態和過往成功的經驗。

⇄ 程序變化

- 增加難度：把鱷魚骰面的功能替換作其他功能（如：作為一點或兩點），或把動物跌倒時須回收到手上的動物數量增加；
- 減低難度：不用遊戲骰子，各組員輪流放一隻動物，如有動物掉下，仍須按 B 項的規則回收到手上，取勝方法不變。

📋 講解技巧

1. 由一人開始，在「生涯卡」中，選最重要的 10 項價值觀；
2. 其他組員選 1 張當事人用心經營的價值觀，可把該張卡向上推，並説出這一年來對當事人的觀察；
3. 當事人再想想，未來一兩年，有哪一張想退下來，哪一張想做多點，調整一下不同卡的位置；
4. 拿出「能力強項卡」（圖1），其他組員每人選 1 張認為有助當事人實現剛才的這些新目標牌的能力，並分享對他 / 她的觀察；
5. 當事人可再在「能力強項卡」中再選 2 張「自己缺乏但可能學會的」，並詢問其他組員意見，以便他知道可如何發揮和補足。

🔨 帶領技巧：介入經驗

• 聲音介入：慢慢放卡，並邀請組員一同讀出自己選擇的卡。

❓ 解說技巧：功能與主題

• **生命覺察**：適用於小組中期，由於組員間已有基本的認識和印象，所以能用輕鬆的方法去分享彼此的生涯價值，也可邀請其他人隨時把當事人的其中一張卡翻轉，再問當事人的感覺，如：「如果這部份的你消失了，那麼其他的卡片也會跟著消失嗎？」然後可以再討論：
  - Facts：大家平日觀察到甚麼而認為他最重視這價值觀？
  - Feelings：聽到他對你的看法，你有何感受？
  - Findings：這個價值觀對你來說有何意義？如何滿足你的需要或目標？
  - Future：你們認為他有那些能力去實現這些價值觀？
• **自我認識**：參考 Bb11. 妙語説書人 的玩法，每人選 5-10 張卡，其他人用棋子猜估並投選當事人最重視的價值觀，再以 Johari Window 作為框架，在小組中引導人際回應，來擴展盲點區；
• **經驗反思**：參考 Bc04. 送禮高手 的玩法，在小組完結時，讓組員互相送出生涯卡作鼓勵；
• **家庭關係**：因應小組主題，再混合使用愛情卡，討論對親密關係的看法。

🔁 程序變化

• **時間控制**：如活動時間較短，可將生涯卡內的文字打出來做工作紙，給參加者剔出自己最重視的 10 項價值觀（詳見 Facebook 專頁）；
• **年齡調節**：可因應組員的需要及成長階段，選用或合併使用青少年版生涯卡、能力強項卡、職業憧憬卡或熱情渴望卡。
• **轉用物資**：可改用由香港人研發的圖卡 VIEWER 並運用以上的玩法，VIEWER 以圖像為主，網址：www.mapdream.org。

Bb46.
生涯卡

撰文：廖美梅、黃幹知

❗ 執行須知

👥 人數：5-8 人
🕐 需時：30-40 分鐘
◆◆ 物資：生涯卡、能力強項卡，購買網址：

✂ 設置：/
📖 出版：黃士鈞

Bc01.
卡卡城
Carcassonne

撰文：梁林輝、吳偉林

⚠ 執行須知

- 👥 人數：2-5 人
- 🕐 需時：50-60 分鐘
- ◆◆ 物資：版圖、人形棋子、計分版、起始版圖
- ✚ 設置：每人取同色棋 8 名，把 1 名棋子放在計分版 0 分位置，抽取起始版圖放於中央位置，覆蓋其他版圖並洗勻後放在一旁成牌庫
- 📖 出版：Klaus-Jürgen Wrede, Swan Panasia Games

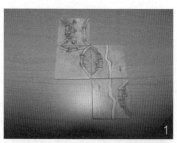

📋 講解技巧

1. 由其中一人開始，從牌庫中抽取 1 塊版圖並擺放到桌上，而版圖須有最少一邊與場上既有的版圖相鄰，且圖案必須吻合，即道路接道路、城堡接城堡、草原接草原（圖1）；
2. 把 1 名棋子放在該人剛擺放的版圖上，棋子在版圖上所放置的位置代表不同的角色（圖2）；
   a. 放在道路上立正為盜賊，每條路只可有一位盜賊；
   b. 放在城堡內立正為騎士，每個城堡只可有一位騎士；
   c. 放在草原躺臥著為農夫，每個草原只可有一位農夫；
   d. 放置在版圖的教堂上立正為僧侶，每間教堂只可有一位僧侶。
3. 若有任何得分須立即結算：
   a. 盜賊：完成一條完整的道路（連接兩個建築物或自成一個循環均可），即可收回盜賊，該條道路經過的版圖每塊計值 1 分；
   b. 騎士：完成一座完整的城堡（護城牆合上後沒有缺口，城內亦無未擺放其他的版圖），即可收回騎士，該城堡所佔版圖每塊計值 2 分；
   c. 農夫：最後才結算，在該草原中接觸到已完成的城堡，每座計值 3 分；
   d. 僧侶：教堂版圖外圍的八塊版圖全部放上，即可收回僧侶並得到 9 分。
4. 若該城、該草原或該道路因擺放版圖後而連接，出現多於一個相同職業的棋，分數會給予最多棋者（如：完成一個城堡後，城內出現 2 隻白棋及 1 隻藍棋，該城堡的分數便屬於白棋），若棋子數目相同，則同時得分；
5. 擺放所有版圖後，進行最後的結算，最高分數者獲勝；
6. 完成後輪到下一位組員重複以上的流程，直至擺放完所有的版圖為止；
7. 勝利條件：進行結算，最高分數者獲勝。

🚩 帶領技巧：介入經驗

- 間接介入：有組員或因希望對方無法完成，而不停擴大對方的城堡，工作員以提問引導組員分析這個做法的利弊，如：「一旦完成該城後，是否能取得可觀的分數？」；
- 連結組員：工作員可用旁敲側擊方式，傳遞合作的意識，因為此遊戲要在合作建立城堡或道路的情況下，方可得到最高的分數；
- 關顧感受：組員或會因為不幸地不停抽中道路以致減低分數而感到氣餒，工作員可提醒他除了作為盜賊外，還可考慮以農夫身份作取分方法。

❓ 解說技巧：功能與主題

- 自我認識：組員抽取版圖後就已知道應該擺放在何地，工作員要觀察他們是在抽取版圖後才觀察大環境，還是先觀察大環境後再抽取版圖。然後工作員可帶領組員分析兩者的分別，並提醒他們要了解自身的環境，才能在人生作出較好的抉擇；
- 合作解難：組員會發現與人合作建城堡／道路，會得到最高的分數。這個遊戲的樂趣就在於要運用眾人合作的力量去達到個人的

高峰：
- Facts：有無人嘗試過與其他人合作奪取更高分數？
- Feelings：當有人在過程中與你合作，你有甚麼感覺？
- Findings：在遊戲中你如何形容自己與其他組員的關係？
- Future：未來你會如何與人建立合作的關係？

- **組織結構**：如何分配棋子很重要，即使抽到理想的版圖而沒有棋子可用，就有點浪費。工作員可讓組員分享沒有棋子可用的感受及體會，再套入組織領導中如何作最好的準備及把握機會；

- **目標設定**：不同的職業各有結算時間，騎士、盜賊較為即時，而僧侶及農夫是在最後才結算，他們都是需要長期投資但得分高的角色。若效果不明顯，可指示組員輪流選 1 隻棋子放在大版圖上，能為自己爭取最多分數（農夫），使他們明白長期投資的重要：
- Feelings：當最後結算分數時，你有何深刻的感受？
- Facts：你認為哪隻棋為你帶來重要的分數？
- Findings：在遊戲過程中，你有沒有安排這類角色的棋子？
- Future：長期投資對於你重要嗎？你如何經營你的長期投資？

一「棋」一會：桌遊小組故事

遊戲過程中，把城堡與城堡連接上時，會出現多於一人的棋子佔有城市，如果其中一人的棋子數目多過其他組員，即可獨佔分數，其他組員多數會感到不爽而與得分者對罵。工作員可以先讓失分者分享其感受，再邀請得分者猜估失分者感受背後的原因和需要，並思考下次有類似情況時，可以作出甚麼的策略和決定。

⇄ 程序變化

- 減低難度：首次試玩時，可移除農夫，因農夫得分機制較難理解，當掌握基本規則時，才加入農夫的角色；
- 促進交流：為促進組員間的合作，工作員可取消多人得分制，只要該城堡或道路完成後有多於一個組員的棋子時，可共享分數，而非棋子較多者得分；工作員亦可把組員分為 2 人一隊，進一步加強組員間的溝通。

Bc02. 明槍你錢 Cash & Guns

撰文：霍景昇

! 執行須知

- ☻ 人數：3-6 人
- ⏱ 需時：40-50 分鐘
- ◆◆ 物資：手槍、角色牌、角色子彈卡、鈔票卡、受傷標記、屈辱標記
- ✗ 設置：每人取 1 張角色牌、1 張專屬子彈卡及 1 把手槍，鈔票卡翻轉洗勻後平均分成 8 疊放在桌中
- 📖 出版：Ludovic Maublanc, 戰棋會有限公司

☰ 講解技巧

1. 以說故事開始：「一班銀行劫匪，成功搶劫後到廢棄的倉庫商議『分贓』。相信大家都聽過『五個人吃西瓜砍三刀』的結果，僧多粥少分贓不均下，各人立心調轉槍頭，以子彈解決問題。有勇有謀的當老大，無膽色者只好替大家白白地幹活。」
2. 遊戲分 8 個回合，每回合重複以下三個階段：

上彈階段：

3. 翻開一疊共 5 張的鈔票卡，讓各人知道本回合贓款總額；
4. 各人直立角色牌並選 1 張子彈卡覆蓋放於角色牌下方而不讓人知道；
5. 子彈卡分三種：虛彈卡（沒有殺傷力）、實彈卡（有殺傷力）及快槍卡（可優先射殺）（圖1）。

開戰階段：

6. 各人假想一個目標組員，工作員數三聲後各人把手槍瞄準該目標；
7. 工作員再數三聲，決定「逃走」的組員可把自己角色牌推倒並得「屈辱標記」一個（如已有 3 個「屈辱標記」者不能再逃走），瞄準已「逃走」目標者可放下手槍；
8. 用「快槍卡」的組員可先翻開子彈卡把目標擊傷，已開槍或被擊傷者可放下手槍；其餘組員也翻開子彈卡，遭「實彈」瞄準的組員被擊傷；
9. 被擊傷者得 1 個受傷標記（集齊 3 個後被淘汰），並把自己的角色牌推倒；
10. 角色牌仍然站立者可進入分錢階段。

分錢階段：

11. 角色牌直立者可平均分得該回合的贓款，若未能平分，餘下贓款將留待下一回合結算，倖存者重新直立角色牌進行下一回合；
12. 勝利條件：完成 8 個回合後，最多鈔票的倖存者獲勝。

🚩 帶領技巧：介入經驗

- 講解步驟：先講解遊戲規則後才分發手槍，以免組員分心；
- 連結組員：工作員可強化語氣，如：「Double or Nothing」、「Buy now or cry later」、「又要威又要帶頭盔」、「留得青山在，哪怕無柴燒」等，把形勢形象化地呈現在組員面前；
- 關顧感受：有人因受過兩次傷，逼於無奈下選擇「逃走」而感到挫敗，工作員可欣賞該組員的耐性。如遊戲中途出現強弱懸殊的情況，工作員可先暫停並結算成績，不單可營造團隊氣氛，還可一同鋤強扶弱，讓身處弱勢者能夠分一杯羹，重新鼓勵他們堅持下去；
- 引導討論：不論組員的成績如何，先不要判斷其對與錯，而是把焦點放在他的取向背後的想法和意圖，鼓勵他要勇於表達自己。

? 解說技巧：功能與主題

- 面對衝突：Kenneth Thomas（1976）用關係及自我兩個維度，提出了五種衝突管理的風格矩陣，工作員可以 A3 紙把這個矩陣列印出來，並引導解說不同的遊戲經驗或時刻，讓組員放置自己

角色卡牌到矩陣上，再從放置的位置去展示當時處理衝突的風格：(1) 逃避型（烏龜）、(2) 爭勝型（鯊魚）、(3) 忍讓型（玩具熊）、(4) 妥協型（狐狸）、(5) 協作型（貓頭鷹），圖檔下載：

- Feelings：當你被手槍威脅時，你有甚麼感覺？
- Facts：你會如何決定該「逃走」還是冒險？
- Findings：遊戲中發生衝突時，你會如何處理？你認為現在的處理方式有效嗎？
- Future：現實生活中面對衝突時，你會關注自己的目標還是關係多一點？這個經驗對於你未來再有機會與人衝突時有何啟示？（討論生活例子）

> **一「棋」一會：桌遊小組故事**
> 工作員要小心分析小組的發展階段，才決定是否玩此遊戲，因為這個遊戲較適合中期、後期或關係較成熟的小組進行。筆者認為此遊戲可讓工作員評估小組動力，尤其注意誰人在組內是代罪羔羊，若組員在小組中呈現了平日的欺凌情況，可以上述「面對衝突」的主題加以處理。

⇄ 程序變化

- 增加難度：可加入身份角色牌的進階玩法（圖 2），詳見說明書；
- 人多處理：合併 2 盒明搶你錢桌遊，便可容納最多 12 人參與；
- 年齡調節：對專注力較弱的組員，可選擇收起手槍，改用手槍手勢代替。

Bc03.
柯爾特快車
Colt Express

撰文：吳偉林

⚠ 執行須知

⚫ 人數：2-6 人

🕐 需時：40-50 分鐘

◆ 物資：火車模型、角色卡、人型棋子、角色行動牌（每人 1 份，每份 6 張）、角色子彈卡（每組員 1 份，每份 6 張）、警長子彈卡、回合牌、錢袋珠寶及手提箱指示物

✖ 設置：火車頭和車卡與小組人數相同（圖1），在火車頭車卡放置手提箱及警長（黃色），並依標示擺放相應的錢袋/珠寶。行動牌面朝下洗勻放在面前。警長子彈牌放在火車頭旁備用。另按人數（2-4 人/5-6 人）從 7 張回合牌中抽出 4 張牌，面朝下洗勻，並從 3 張車站牌中抽出 1 張牌，面朝下放在回合牌的底部

📖 出版：Christophe Raimbault, 栢龍玩具

☰ 講解技巧

1. 每人選一角色，取相應顏色的棋子、角色行動牌及子彈牌。隨後報數，單數者把棋子放在最後一節車卡內，雙數者把棋子放在尾二車卡內，子彈牌面朝上順序放面前。每人開始時獲發一個 $250 的錢袋作戰利品（圖2）；

2. 每回合開始時翻開最頂的一張回合牌，執行牌上的出牌規則，並分以下兩個階段：

計劃：

3. 各人在自己的行動牌庫抽出 6 張牌作手牌；

4. 按回合牌所指的方式，輪流從手牌中出牌 3-5 輪不等；正常以面朝上打出 1 張牌；而特別出牌方法，包括：面朝下出牌、每次面朝上出 2 張牌、逆方向正面向上打出 1 張牌等；

5. 每輪組員可選擇「出牌」或「從自己的行動牌庫中多抽出 3 張牌作手牌」；

6. 出牌時，各組員在桌中央打出卡牌，使之成為一個「待執行的行動牌庫」，以便之後順序執行。

執行：

7. 按在「計劃」階段打出的卡牌，順序逐張「執行」行動牌，效用如下：

   a. **移動**：在車卡內前/後移一個車卡，若在車頂即可前/後移動三個車卡；

   b. **升降**：把角色由車卡內移動到車頂（或相反）；

   c. **警長**：只能於車卡內活動，組員可把警長前/後移一個車卡，如其他任何角色在同一車卡內遇到警長，要馬上跳到車頂上，並取一張警長子彈牌放到自己的行動牌庫中（警長子彈牌作為行動牌並沒有任何效果）；

   d. **開槍**：可射擊其角色所身處車卡前或後一個車卡內的另一人，但不可以射擊同一個車卡內的其他角色；若其角色在車頂，就可射擊同層的組員，方向及距離不拘。惟目標與自己所處車卡的車頂上不可有其他角色（同車卡的目標和其他角色被視為站在同一點），被射中者會收到子彈牌，並放入自己的行動牌庫中（子彈牌作為行動牌並無任何效果）；如已用畢自己的子彈牌，不能再開槍；

   e. **搶劫**：取得與自己同車卡及同層一個錢袋/珠寶/手提箱指示物；

   f. **埋身肉搏**：攻擊與自己同車卡及同層的一人，攻擊者會從中取得一個錢袋、珠寶或手提箱指示物，並放到出事的車卡內/車頂上，另攻擊者會決定把被攻擊者前/後移一個車卡。

8. 完成發動回合牌的特殊事件，把手上未用的手牌放回行動牌庫，洗勻後再抽出 6 張，開始下一回合；

9. 勝利條件：完成 5 個回合後，取得錢袋、珠寶或手提箱指示物的總值最高者獲勝。

⬆ 帶領技巧：介入經驗

- 間接介入：工作員可用問題提醒組員出牌時留意及分析自己與其他人的動向和形勢變化；

- 暫停任務：第一回合完結後，工作員可叫暫停，並讓組員整理第一回合的經驗、難處及策略，然後才開始第二回合。

❓ 解說技巧：功能與主題

- **目標設定**：可把勝利目標比喻作人生目標，每回合的特殊事件則是生命中的突發事件，亦可比喻作不同人對自己的期望、讚賞或機會，從而引導組員討論如何達成自己的目標：
  - Facts：你最初計劃要如何取得最多金錢？你怎樣運用每回合出現的事件？這些事件對你來說是助力還是阻力？
  - Feelings：得到金錢時，你有何感覺？
  - Findings：對你來說，遊戲中的「金錢」代表著現實生活的甚麼？你對自己的生活有甚麼期望？當其他人對你有不同的期望時，你會怎樣面對？
  - Future：短期內，你有何目標？又你有何計劃和行動去達成這個目標？
- **合作解難**：把組員分成兩組對壘，規則不變，每回合間引導組員反思互相合作的方法和策略是否有效，最終結算時以全組的收入計分，完結時可討論組員如何求助、互相協助、分工合作去達成目標：
  - Facts：組員間做了甚麼而獲勝？你們怎樣決定何時要做甚麼？
  - Feelings：組員互相支援時感覺如何？
  - Findings：你覺得如何合作才有最大的效果？
  - Future：日常生活中你有多經常要與人合作？今次對你未來與人合作有何啟示？

Bc04.
送禮高手
Gift Trap

撰文：黃幹知

⚠ 執行須知

- 👥 人數：3-8 人
- 🕐 需時：40-50 分鐘
- ◆ 物資：四色禮物卡、評分卡、數字卡、棋、顏色袋
- 🔧 設置：版圖放中央，四色禮物卡放在旁
- 📖 出版：Nick Kellet, Swan Panasia Games

📋 講解技巧

1. 開始時，每人先選一個載有所有配件的顏色袋；
2. 隨意抽一顏色的禮物卡，並放在版圖上的九宮格內；
3. 每人用手上的數字卡把版圖上對應位置的物品送給其他人（圖1）；
4. 完成後，每人再分別用評分卡表達對各份禮物的喜愛程度（太棒了 +3、真不錯 +2、還可以 +1、我不要 -4）（圖2）；
5. 組員輪流翻開收到的禮物卡，送禮者按收禮者的喜愛程度得分；
6. 在版圖上移動棋子來計分（宜聚焦於各人的回應多於計分）。

🔰 帶領技巧：介入經驗

- **人數處理**：按人數決定抽取卡的數量，比組員人數要多 1 張；
- **聲音介入**：圖卡文字只有一個方向，部份座位的組員可能看得較辛苦，主持可以慢慢放卡，並邀請每人輪流讀出；
- **引導討論**：建立輕鬆傾談的氣氛，讓組員自發地對話；
- **連結組員**：提到送禮的人時，應稱呼對方的名字而非顏色。

❓ 解說技巧：功能與主題

- **互相認識**：適合小組初或中期，以收發禮物來認識各人的喜好：
  - Facts：你為何會送這份禮物給他？
  - Feelings：你收到這份禮物時有何感受？
  - Findings：猜他有何興趣 / 理想？這禮物滿足了甚麼需要？
- **自我認識**：結算收禮分數，可參考 Johari Window，以禮物作隱喻並接受人際回應來探索「別人知」的領域，例如經常收到討厭的禮物，或許是反映「盲點區」或「秘密區」很大：
  - 你送這份禮物給他的用意何在？
  - 你認為是甚麼令他喜歡你這份禮物？
- **經驗反思**：由組員選一張認為適合的卡來分享小組的學習；在最後一節，組員選出不同的卡，送給每一位組員（主題：欣賞他成長了的地方、未來的鼓勵等）。在分享環節中，組員選出一些有興趣了解更多的卡，並聆聽別人的回應。

> **一「棋」一會：桌遊小組故事**
> 筆者曾在聖誕節進行的小組進行此活動，一來配合節日交換禮物的傳統，二來也可減少不必要的消費。過程中，不會有很強的計分和競賽氣氛，不管勝負也可愉快地完成整個遊戲。

⇄ 程序變化

- **年齡調節**：與長者進行此遊戲時，或要稍稍解釋，但亦可因應組員的背景及活動目的，決定使用四個類別的其中之一：當中從生活化到昂貴、真實到幻想、現實到浪漫，一應俱全；若與兒童玩此遊戲，則要抽起部份兒童不宜的禮物。

📋 講解技巧

1. 每人獲發 1 張人物卡（圖 1），面朝上放面前，另發 5 張行動卡作手牌；

2. 開始時，組員可選以下其中一個行動：
   a. 從牌庫抽出 2 張行動卡作手牌（最多 12 張），再到下一位行動；
   b. 擲骰並按點數移動金錢標示物，跳過已被景氣卡覆蓋的格數。擲骰者可參考格內交易需要甚麼人物及有多少利潤等資訊（格內利潤數字 x 景氣卡的金額）（圖 2），交易流程如下：
      - 擲骰者為該次交易主持談判並有最終交易的決定權；
      - 邀請擁有格內指定人物卡者參與交易，商討如何分配利益；
      - 只要主持集齊符合交易格要求的人物，並就利益分配數額達成共識，交易即告完成，可從銀行提款後按大家共識的比例分配。

3. 談判時，其他人可用不同的行動卡來改變交易狀況，數量不限：
   a. 旅行卡：出牌者可指定卡上顯示的人出國，不能參與是次交易；
   b. 招募卡：須同時打出 3 張，招募一名投資者至自己旗下；
   c. 我是大老闆卡：出牌後即成為該交易主持，可重新決定交易安排；
   d. 停止卡：能抵銷以上 3 張行動卡的功能。

4. 不論交易成功與否，須把該局的景氣卡面朝上蓋於交易格內，並把所有已打出的行動卡棄牌至棄牌庫，並由下一位組員繼續下一回合，直至所有交易格都蓋有景氣卡。
   ** 以上為簡單玩法，詳細玩法見該遊戲的説明書。

🔝 帶領技巧：介入經驗

- 聲音介入：工作員可鼓勵組員多觀察場內形勢，並主動向交易主持自薦參與，一同在談判過程中討價還價並分享利潤；
- 連結組員：規定打出行動卡才生效；談判時可決定是否向交易主持展示手牌或行動卡來作討價還價的籌碼；
- 關顧感受：交易談判過程中，應留意全體組員是否能適切地參與其中，避免組員有被忽略或針對的感覺，並適時介入。

❓ 解說技巧：功能與主題

- **領袖風格**：單憑一人難以獨力完成整個交易，因此要與其他人合作及共享成果，引申現實生活中作為領袖如何與隊員及其他組員協作。提問例子見 **Bb29. 石器部落**；
- **面對衝突**：交易過程中，組員時常要與其他人商討，如：利潤的分配、功能牌的使用等，有時候會因此而發生爭執。遊戲過後可討論及反思如何面對及處理人際的衝突：
  - Facts：商討交易時，你有試過被拒絕或遇到衝突嗎？
  - Feelings：對方打出「我是大老闆卡」時，你有甚麼感受？
  - Findings：大家分別有甚麼需要？
  - Future：在生活中遇到不同觀點時，你會如何照顧各方的需要？

Bc05. 我是大老闆 I'm the boss

撰文：吳偉林

⚠️ 執行須知

- 👥 人數：3-6 人
- 🕐 需時：50-60 分鐘
- ◆◆ 物資：人物、行動、景氣及現金卡、金錢標示物、骰子
- ✄ 設置：版圖置於中央，行動卡面朝下洗勻成牌庫。景氣卡面朝上順序（1 最上、15 最下）置於版圖中央，金錢標示物放在任何一格上，現金卡放銀行
- 📖 出版：Sid Sackson, Swan Panasia Games

Bc06.
印加寶藏
Incan
Gold

撰文：盧春茹

執行須知

- 👥 人數：3-8 人
- 🕐 需時：30-40 分鐘
- ◆ 物資：卡牌、寶石
- ✖ 設置：5 張神器卡面朝上以「品」形放於桌子中央（圖1）；分發每人營地、火炬及帳篷卡各一
- 📖 出版：Alan R. Moon & Bruno Faidutti, Swan Panasia Games

講解技巧

1. 每回合先把 1 張神器卡放入探索卡中洗勻成為牌庫（圖 2）（如神器卡在上一回合未被翻出，則繼續留在卡堆中）；
2. 在探索階段，從牌庫抽 1 張牌打開，並執行其效果：
   a. 寶藏卡：根據卡上顯示的寶石總值，把寶石（綠松石 1 分；黑曜石 5 分；黃金 10 分）平均分配給參予探險的組員（獲得的寶石置於組員的帳篷外），餘數就留在該寶物卡上；
   b. 災難卡：某種災難卡首次出現時，探險可繼續。如該種災難卡第二次出現，本回合立即結束，組員將失去帳篷外所有寶石；
   c. 神器卡：若之後的選擇階段只有一人返回營地，則該組員能獲得所有神器卡（每張 10 分），若多於一人返回則不能取神器卡。
3. 選擇階段：
   a. 翻開探索卡後打出火炬或營地卡，數三聲後全組同時翻開（圖3）；
   b. 翻開營地卡者可把之前放在寶物卡上的寶石平均分配後取走（餘數依舊留在該寶物卡上），並把所有帳篷外的寶石放入營內；
   c. 翻開火炬卡的組員可在之後繼續探險。
4. 重複以上階段，直至全組返回營地或有 2 張相同災難卡出現為止；
5. 勝利條件：5 個回合後結算帳篷內所得寶物的分數加神器卡價值，最高分者獲勝。若分數相同，則擁有較多神器卡者獲勝。

帶領技巧：介入經驗

- 聲音介入：細節甚多，可試玩一回合，並時刻提醒卡牌的功能；
- 循序漸進：待初學者熟習遊戲玩法後，才加入神器牌的規則；
- 留意過程：注意組員返回營地的時間，有助向組員提問事實；
- 關顧感受：曾有較年幼的組員表示很害怕災難卡的圖案，於是工作員決定收起災難卡。也曾有組員取笑最先決定返回營地者為「無膽鬼」，工作員宜多留意組員的感受並適時分享和處理。

解說技巧：功能與主題

- **自我管理**：遊戲有助組員反思自己執行決定時背後的原因：
  - Facts：你用甚麼準則來決定去留？你曾下錯過決定嗎？
  - Future：在你的日常生活中有出現相類似的情況嗎？
  - Findings：如何才能讓你作出更準確的決定？
- **自我認識**：每回合開始前，先送每人 2 粒寶石並放在帳篷外：
  - Facts：場中有多於 4 張災難卡時，你是否選擇繼續探險？
  - Feelings：每當翻開災難卡時，你有何感覺？
  - Findings：你平日是一個較勇於挑戰還是較謹慎小心的人？
  - Future：這次遊戲的經驗對你日後面對生活事件有何啟示？

程序變化

- 調節速度：要求組員於限時內作決定，以貼近生活現實。

Bc07.
卡坦島
Catan

撰文：林浩文、吳兆基

講解技巧

1. 由其中一人作起始者，在版圖上選一個六邊形的角位放置 1 個村莊，然後在村莊相鄰的一邊鋪設一條道路。其他組員輪流重複上述動作，直至最後一人完成後，再由最後一人開始以相反方向重複一遍，直至回到起始者為止（圖 1）；

2. 每位組員可按村莊的所在地獲得相對應之資源；

3. 組員輪流擲骰，兩顆骰子的點數相加，對應卡坦島上的數字標記產出資源，周邊的村莊與城市便能獲得相關資源；資源產出後，組員便可在自己的回合與其他組員交易資源、建築、購買或使用發展卡，並須按以下條件進行：
   a. 建造新的村莊（值 1 分）：須相隔最少 2 條道路的距離；
   b. 建造新的城市（值 2 分）：須由村莊加建而成；
   c. 使用港口貿易：須在港口上（海邊有資源圖案或問號圖案的點上）建築村莊，才能依港口上所示進行貿易；
   d. 若未有港口，可使用 4 個相同資源換取任意 1 個資源；
   e. 與其他組員交易：交易成本不能等於或大於與港口或系統貿易。

4. 如果兩顆骰的總和為 7，即有以下行動：
   a. 手牌多於 7 張的組員，把手牌棄一半；
   b. 擲骰者可把盜賊公仔放到任何一個板塊上，使其停止產出資源；
   c. 在上述板塊的村莊 / 城市的組員須抽取 1 張資源卡。

5. 遊戲中擁有最長道路或最多騎士者可獲額外獎勵：
   a. 最長道路：由最先建 5 條道路者獲得，其後若有人建造更長的道路，便可從他手中奪過此獎勵，該獎勵價值 2 分；
   b. 最多騎士：由最先打出 3 張騎士的組員獲得，其後如有其他人打出的騎士比他多，可奪過此獎勵，該獎勵價值 2 分。

6. 勝利條件：最先獲得 10 分者獲勝。

帶領技巧：介入經驗

- 循序漸進：與初學者玩此遊戲，可先以 6 分為目標，待他們熟習後，再以 10 分為目標；
- 聲音介入：開始時，工作員要提示組員目標為最快奪得 10 分，在建築村莊時要選定自己的策略，例如：如何善用港口貿易、壟斷甚麼資源最有利、集齊 5 種資源以平均發展等；
- 關顧感受：在各回合中的交易時段，組員間會有很多交流，甚至有紛爭，工作員宜多留意並作出適時的介入；
- 間接介入：以提問促進組員使用「發展卡」或進行交易等，例如「你猜猜對方需要甚麼？」使組員能有效地說服其他人。

解說技巧：功能與主題

- **組織結構**：如何尋找合作目標？除了清楚自己的目標外，還要易地而處去了解別人的需要，並運用有效的談判技巧，以達到雙贏的局面：
   - Facts：過程中你曾和誰交易？
   - Feelings：你們對這次交易有何感覺？

執行須知

- 人數：3-4 人
- 需時：50-60 分鐘
- 物資：地形板塊、數字標記、骰子、資源卡、發展卡、盜賊公仔
- 設置：洗勻 19 張地形板塊後砌成一個六角形，按字母次序逆時針放上 18 個圓形數字標記（除沙漠地形外），然後把盜賊公仔置於沙漠板塊，再用海洋邊框包圍放在桌子中央，資源卡及發展卡則放在旁邊
- 出版：Klaus Teuber, Swan Panasia Games

1

- Findings：你用甚麼技巧來與其他人交易，並促成大家都能夠雙贏？
- Future：這次遊戲的經驗對於你日後和其他組織談判或協作有甚麼啟發？
- **生命覺察**：組員之間有充份的互動，能反思自己生命中曾經有過的經驗及解決困難的方法。要勝出遊戲，組員就需善用自己的資源，以及與其他人做合宜的交易：
  - Facts：遊戲中你缺少甚麼資源？你用甚麼方法去獲得這些資源？
  - Feelings：能夠得到自己需要的資源，你有何感受？
  - Findings：現實生活中有甚麼場景，你要去作類似的交換？
  - Future：未來你又會作甚麼調整來達到自己的目標呢？

一「棋」一會：桌遊小組故事

筆者曾與一班青少年玩此遊戲，他們彼此認識很久，大家都了解甚深，但在交易時仍會翻舊帳，如：「你之前曾經騙過我，所以我不相信你，不會和你交易」等。筆者在遊戲時看到這情況，並沒有加以阻止，而是在事後的分享中，問及他們玩遊戲的目的是否只是為了勝利？不肯合作交易會有何結果？「鷸蚌相爭，漁人得利」是否他們想要的結果？如果再有機會，他們會如何進行這遊戲？另外，筆者亦曾帶領組員參加此遊戲的公開比賽，令組員在交易及受壓時更認識自己是用甚麼方法去處理的，至於實際的經歷加上適切的解說，都是非常有助組員的成長。

⇄ 程序變化

- **增加難度**：組員熟習這個遊戲後，可增加卡坦島其他的擴充版本。

📋 講解技巧

1. 每人獲一色的車廂及 4 張車廂卡，另翻開 5 張車廂卡置放於版圖旁（圖 1）；
2. 工作員再向每人派發 3 張任務卡，組員須保留最少 2 張；
3. 遊戲開始，組員輪流執行以下其中一項行動：

   a. 收集車廂卡，以下方法三選一：
      - 直接從牌庫取 2 張車廂卡；
      - 在已翻開的車廂卡中取 1 或 2 張，從牌庫補回相應數量；
      - 取已翻開的彩虹色車廂卡 1 張，可替代任何顏色的車廂卡。

   b. 興建鐵路：
      - 一般鐵路：按每條路線要求打出指定顏色與數量對應的車廂卡，並把自己的火車車廂放上該路線（圖 2）。若該路線已被其他組員佔用便不可興建；
      - 灰色鐵路：按版圖鐵路的車廂數目，任意打出同色車廂卡；
      - 渡輪鐵路：每 1 具火車頭代表需要 1 張彩虹色車廂卡；
      - 隧道鐵路：按版圖上的車廂數目，打出相同顏色的車廂卡，並從牌庫中抽取 3 張車廂卡，若出現對應自己車廂顏色的車廂卡，才能興建鐵路，否則該回合作廢；
      - 按遊戲版圖指示加分。

   c. 領取新的任務卡：抽取 3 張任務卡，並須保留最少 1 張；

   d. 建築車站：每個城市只可興建 1 個車站，用作連結已被其他組員使用之鐵路，並按遊戲規則打出指定數目的車廂卡（第 1 個車站 1 張，第 2 個車站 2 張，如此類推）。

4. 當其中一人手上少於 3 個車廂時，遊戲便進入最後一輪；
5. 結算分數：

   a. 完成任務卡，可獲取卡上分數；未能成完者即扣去卡上分數；
   b. 最長路線可額外獲得 10 分；
   c. 未有使用的車站指示物，每個加 4 分。

🚦 帶領技巧：介入經驗

- **聲音介入**：遊戲以「先到先得」的機制，先集齊車廂卡的組員便可興建鐵路，組員很易專注自己的手牌而忽略當前的形勢。過程中，工作員可適時向組員說明形勢，如：哪些城市的鐵路已經被佔據，讓組員能及早預備，並構思對應的策略；
- **關顧感受**：組員在收集車廂卡時，要評估不同的風險及設計路線，會花去不少時間，而且有時所計劃的路線未必能完成或早已被他人佔用，此時會很容易感到氣餒，工作員應適時作出介入；
- **最後結算**：計分環節較繁複，建議工作員到完結時才協助已興建鐵路者，一邊移除版圖上的火車車廂一邊計分。

❓ 解說技巧：功能與主題

- **目標訂立**：這個遊戲要求組員完成自己訂立的目標。「任務卡」好比人生目標，有不同難度，組員要按自己的能力，選擇不同的目標及任務。現實生活中，組員亦要按自己的能力去訂立不同的目標；而在遊戲中，組員可把「任務卡」的路線分拆成不同的小任務，如：先完成兩個相鄰的城市再連接其他城市而成為路線，

Bc08. 鐵道任務——歐洲版
Ticket to Ride-Europe

撰文：葉文俊

❗ 執行須知

- 👥 人數：2-5 人
- 🕐 需時：50-60 分鐘
- ◆◆ 物資：車廂卡、任務卡、車站指示物、火車車廂
- ✂ 設置：版圖置於中央，各人的計分標記放在起點
- 📖 出版：Alan R. Moon, Swan Panasia Games

完成小目標後，可以進一步把以後的目標分為短、中、長期，或大、小目標等，確保能順利完成；完結後可與青少年一起訂立自己的目標，如：工作目標、暑期目標，並邀請他們分享完成目標的方法：

- Facts：遊戲中你有完成「任務卡」嗎？你是如何完成的？
- Feelings：完成自己所訂立的目標後，你有何感受？
- Findings：你剛才如何完成自己訂立的目標？你用的方法和現實生活中所用的方法相似嗎？
- Future：你未來有何目標？你計劃如何完成？

- **自我管理（時間）**：讓組員認識「時間管理矩陣」（詳見 Bb19. 騎士學院），學習在完成目標的同時先處理緊急的事情。過程中組員分秒必爭，並按當時的情況以及緩急先後來處理，如：城市間只剩下一條可建的鐵路，組員要先處理這一段；

- **自我認識**：規劃鐵路好比現實生活中組員規劃自己的人生。要勝出遊戲，就必須先擁有足夠的「資源」（即車廂卡）。高分者往往是先訂立路線，並在遊戲中不斷收集所需要的車廂卡，待準備就緒才興建路線。工作員可與組員反思遊戲經驗有何隱喻，如：認識自己的能力（先清楚自己擁有的車廂卡及目標卡）→認識外在環境（了解自己目標卡上城市的位置）→初步制訂實行的方法（計劃鐵道路線）→裝備自己（收集所需之車廂卡）→修訂實行的方法（因其他組員佔用鐵路而需要修改原先路線）→實踐計劃（打出相關的車廂卡以興建鐵路）。

一「棋」一會：桌遊小組故事

筆者曾在中學帶領生涯規劃小組玩此遊戲，效果相當理想。由於是小組初期，工作員並未熟悉所有組員，所以這個遊戲成為了很好的評估工具（assessment tool），去了解青少年實踐目標和計劃的方法。過程中，很多組員都是「見步行步」，邊收集車廂卡邊計劃路線，也缺乏整全的計劃。同時，有一位組員不久便「半途而廢」，未完成手上的目標卡便魯莽選擇更多的目標卡。遊戲結束時，這位組員因為手持多張未能完成的目標卡而成為大輸家。在分享環節中，他也表示自己在日常生活中，很易便放棄，未能完成自己所訂立的目標。工作員引導小組和他一起了解這個習慣的由來、背後的需要，並為未來思考更多的可能，從而作出改變。

⇄ 程序變化

- **增加難度**：此遊戲有其他版本可供選擇，原版鐵道任務（Ticket to Ride）中的配置是沒有「車站指示物」的。可移除車站指示物，讓組員在實踐目標時有更深的體會，例如：當中的無力感。

講解技巧

1. 發展卡上顯示該卡所需花費寶石的數量及種類（圖2），左上方的數字代表該卡的分數；
2. 由其中一人開始，按順時針次序，同時選擇以下其中一個行動：
   a. 取 3 顆不同顏色的寶石；
   b. 取 2 顆相同顏色的寶石（該顏色的寶石須最少有 4 顆以上）；
   c. 取 1 顆黃金寶石（可當作任何顏色寶石使用）及保留場上 1 張發展卡於手上（每人最多可保留 3 張，多出的牌棄掉）；
   d. 購買 1 張場上的發展卡 / 購買 1 張手上的發展卡：支付發展卡上要求的寶石數量及種類就可購買，該卡會為你帶來某種顏色寶石的獎勵（看卡的右上方），之後購買其他發展卡時，可減少 1 顆該類寶石的花費，完成後從牌庫補回 1 張發展卡；
3. 回合結束時只能保留 10 顆寶石，如場上有發展卡被取去則從牌庫補回發展卡；
4. 若組員滿足了貴族卡（圖3）上對於發展卡種類及數量的要求，就可取得該貴族卡，而且不需要消耗行動；
5. 勝利條件：當某一人的發展卡及貴族卡上的總分達 15 或以上時，遊戲將在起始者的上一位組員行動後結算成績，最高分者勝出。若平手時，則購買最少發展卡者獲勝；
6. 2 人或 3 人的設定：

2 人	3 人
- 每種顏色的寶石各移除 3 顆 - 黃金寶石數量不變 - 只翻開 3 張貴族卡	- 每種顏色的寶石各移除 2 顆 - 黃金寶石數量不變 - 只翻開 4 張貴族卡

帶領技巧：介入經驗

- **公平處理**：因組員的行動很受上 / 下一位組員的影響，所以在選擇起始者及處理行動次序時應公平對待，避免組員之間互相指責及抱怨不公；
- **聲音介入**：由於組員須取得比其他組員更多的分數才可獲勝，所以工作員可提示組員在已知的發展卡內容來決定其遊戲策略，亦可先行保留較高級的發展卡作為目標，一步步透過儲蓄寶石和購買發展卡以達成目標；
- **間接介入**：待組員熟習遊戲規則後，可刻意詢問組員的上家想要甚麼發展卡來讓他們學習了解其他組員的思想，預計其他組員的下一步，避免因為與他選同一策略而難以取得高分數。

解說技巧：功能與主題

- **目標設定**：組員須觀察場上的發展卡並作全盤的規劃，例如考慮應否購買大量低成本發展卡來取得貴族卡？還是一次過購買高成本且高分數的發展卡？
  - Facts：你剛才有何目標？你是怎樣設定目標的？
  - Feelings：被別人打亂了自己的計劃時有何感受？
  - Findings：你當時如何應對或調節？
  - Future：如果再玩一次，你會用甚麼方法應對？現實生活中如

Bc09. 璀璨寶石 Splendor

撰文：林浩文

執行須知

- 人數：2-4 人
- 需時：40-50 分鐘
- 物資：（綠 / 藍 / 紅 / 白 / 黑 / 黃金）寶石、貴族卡、（低 / 中 / 高）級發展卡
- 設置：每個等級的發展卡分別洗勻成為牌庫，然後每個等級各自翻出 4 張卡牌；隨機翻開 5 張貴族卡，寶石放在旁備用（圖1）
- 出版：Marc André, 栢龍玩具

有其他因素打亂你的計劃，你會如何應對？

- **自我管理（時間）**：勝負通常只是繫於一兩個行動，可把行動類比成時間。組員要評估整個遊戲，善用自己的每一個行動及資源：
  - Facts：如果給予你多一個或兩個回合，你能勝出遊戲嗎？
  - Feelings：你在最後一個回合有何感受？
  - Findings：你認為最後一個回合重要嗎？原因為何？
  - Future：這個經驗對你生活中管理時間有何啟示？
- **同感共情**：其他人的行動對自己的計劃有決定性的影響。了解其他人購買發展卡／收集寶石的取向，採取不與人重複的策略，避免兩敗俱傷，較易勝出遊戲：
  - Facts：有沒有試過與別人爭奪某張高級發展卡時失敗？
  - Feelings：在爭奪失敗時，你有甚麼感受？
  - Findings：觀察其他人的行動中了解其動機取向有多重要？
  - Future：這個經驗對你與人相處有甚麼幫助？

一「棋」一會：桌遊小組故事

筆者曾與一班高功能的自閉症組員玩此遊戲，他們每個人的計算能力都很強，在資源管理上做得非常好，還會善用每一個動作，而且目標也很清晰。為了盡快得到15分，他們不會考慮是否阻礙到別人的發展，只是一心想著如何令自己取得高分，完全沒有理會要防守其他人所作的行動。整個遊戲只有筆者在嘗試妨礙其他人；但即使受阻，他們也沒有因計劃被打斷而發愁，而是即時想出另一方法去解決，令遊戲進度加快，增加了不少刺激感。這種目標為本的玩法，很值得讓較為情感主導的組員參考。

程序變化

- **簡化玩法**：先不用學「保留發展卡」的行動，集中讓組員熟習「儲寶石——買發展卡」的玩法。工作員可給每位組員設定1張較高級的發展卡作為目標，只要成功購入便勝出，使組員在設定或達成目標方面更明確，而且在解說時可提供另外的方向。

📋 講解技巧

1. 展示不同角色的卡（圖 1），並講解各自的目標：
   a. 好人：成功開闢一條通往寶藏的隧道；
   b. 壞人：用盡任何方法阻止好人由起點開路至收藏寶藏的地點。
2. 分配身份卡並重複唸：「有字的是壞人」，並須把身份保密。
3. 講解 9x5 格的概念，起點和終點之間有 7 張卡的距離（圖 2）；
4. 組員在每輪只有一個動作：可以出 1 張路卡、功能卡或棄牌（把一張卡面向下拋棄），完成後取 1 張新卡成為手牌；
5. 說明路卡的使用規則：如旁邊有路卡，隧道必須能互相連接；必須打橫使用，不得打直放；
6. 按以下的次序說明不同的功能卡：
   a. 地圖卡：組員可抽選其中 1 張終點卡給自己看一眼；
   b. 禁卡、解禁卡：令對手不能打出路卡及回復其中一人有關能力（因有三款，初學者很難理解，宜先叫組員記著紅色的是禁、綠色是解禁，到有人執行時，才說出須有對應符號的綠色卡來解禁）；
   c. 山泥傾瀉：令隧道倒塌（很多人會誤以為壞人才能使用，筆者多數會放兩張卡，來示範好人和壞人的分別）。
7. 勝利條件：直至有人由起點至終點建成隧道，並成功打開金塊，好人獲勝（圖 3）；或一直玩至所有人無牌可打，壞人獲勝；
8. 成功者會抽取金卡，每張金卡有不同數量的金塊，重複以上流程2-7，共進行三輪，最後結算每人手上金塊的數量。

🚦 帶領技巧：介入經驗

- **方便理解**：可以 A3 紙或橫額布製作一個 9x5 格的底板；
- **引導討論**：主持參與，用眼神傳訊息予疑似盟友，促進溝通。

❓ 解說技巧：功能與主題

- **同感共情**：各人對於別人眉頭眼額的敏感度都有所不同，宜留意表情、動作等身體語言所反映的情緒；
- **組織結構**：在組織內留意小組動力，或在組織外建立策略聯盟：
  - Facts：剛才你是否有留意到誰是好人、誰是壞人？
  - Findings：我們的組織中有沒有類似的場景？如何留意到誰是你的盟友？發現了盟友之後你會如何做？
  - Feelings：和盟友裏應外合，你有何感受？
  - Future：你會如何處理不同組員之間的關係？

一「棋」一會：桌遊小組故事

筆者曾在展翅青見計劃的人際溝通技巧單元訓練中玩此遊戲，由於組員較多是剛離校的青少年，所以他們對這遊戲印象深刻，引發組員討論如何辨識和應付未來職場中友好或麻煩的同事，以及過往和同事建立關係的技巧（向同事表達自己的狀況及難處，和遊戲中的表現十分對應，如：眼神、清晰說明自己有何手牌及部署）。

Bc10. 矮人礦坑 Saboteur

撰文：黃幹知

⚠️ 執行須知

- 👥 人數：3-10 人
- 🕐 需時：40-50 分鐘
- ◆◆ 物資：角色卡、路卡、功能卡、金卡、起終點卡
- ✂ 設置：9x5 格（起點卡及 3 張面朝下的終點卡）
- 📖 出版：Fréderic Moyersoen, Swan Panasia Games

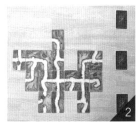

應用篇

B5
ADHD初中生自我管理小組

林俊鴻、梁林輝

B5.1 社群需要分析

根據 Salomone et al.（2015）所說，「注意力不足 / 過度活躍症」（Attention Deficit/ Hyperactivity Disorder, ADHD）是一種神經精神症狀，患者注意力不能集中，會有過度活躍或衝動的行為。在香港，ADHD 在兒童期的發病率為 6.1%，而在青少年期則為 3.9%（Cheung et al., 2015）。Salomone et al.（2015）還指出，許多患 ADHD 的青少年會較易有抑鬱症或觸犯法例。Cheung et al.（2015）表示及早診斷和介入，對患 ADHD 的兒童來說很重要，因為若症狀持續到青少年期，會對他們的學業成績產生負面影響，而其不適當的社交技巧更會妨礙人際關係的發展。

Barkley（2002）的分析，患有 ADHD 的青少年有以下的徵狀：動作太多、難以持續專注、容易衝動、不遵守指示，令行為表現不穩定。在日常生活中，他們做事時常會走捷徑和願意冒險，甚至出現理財困難。Barkley 最後指出，他們最需要是抑制衝動行為，並學習管理自己的身體動作。

目前，精神科醫生最主要是處方藥物作為治療方案（Salomone, 2015）。但研究發現藥物治療對處理 ADHD 患者的行為問題成效有限，也有不少的副作用，例如：食慾不振、失眠、精神呆滯等，而且要長期服用，成本會較高。因此，藥物治療應與小組輔導雙管齊下，才是理想的做法。

為了減少 ADHD 患者的衝動行為、提升他們的專注力和協助他們克服學習上面對的困難，有研究人員建議向他們提供幫助從而可以完成任務，例如：把任務拆分為小步驟。此外，可向他們提供處理問題方法的流程圖，讓他們參考流程圖來思考「誰可以來幫助他們」、「甚麼是可行的解決方案」和「使用這些解決方案後可能出現的後果是甚麼」等，讓他們透過視覺提示，仔細地分析情況，幫助他們掌握應付問題的技巧（教育局，2014）。

執行功能（executive functioning）是一組能夠管理自己的認知功能（Dawson & Guare, 2004），幫助人去集中精神、思考、採取適當的行動或抑制衝動行為（Diamond, 2012）。一般來說，執行功能有三個核心的範疇，包括抑制反應、工作記憶和認知靈活性（Diamond, 2012）。由於 ADHD 患者在執行功能上較弱，因此可提供相關的訓練，令他們的行為得到改善。

小組招募了 6 位已確診患有 ADHD 的初中生。他們會有一些衝動行為，包括：不太注意自己的行動或說話、較難專心聆聽；此外，他們也較健忘，容易忘記帶書本、功課，或常在某處遺留東西。他們受學業成績差影響，在學校中自我形象低落，部份甚至找不到生命的價值和意義，更嚴重的甚至有輕度的抑鬱或想過自殺等。故此，小組希望增強青少年 ADHD 患者的執行功能，並建立他們的自我效能感。

B5.2 為何用桌遊介入？

對比傳統的認知行為治療，桌遊明顯會更吸引青少年；也曾有人發展一些專為 ADHD 患者而設的桌遊（Bridges, 1989; Streng, 2008）。亦有研究指出桌遊對於 ADHD 患者的選擇性與持續性專注力、自我概念、人際互動及情緒處理皆有正面的影響（鍾玉玲，2013；蔡瑜君，2015）。桌遊過程中，組員須遵守規則、注意遊戲的細節，以及管理自己的身體動作和衝動行為，才可完成桌遊的任務和得分。

對青少年來說，桌遊與學業相比，壓力會較小，所以小組希望利用桌遊去幫助 ADHD 患者在不同方面增強信心和建立積極的態度。桌遊過程中，他們會不知不覺地成功抑制自己負面的行為，而且感到勝任的快樂，相信自己能好好管理自己，漸漸去除了「壞學生」的標籤。

桌遊能模擬一個微型的社交場景，讓組員經歷不同的人際互動，在互相交流的過程中，發展溝通能力。在遊戲後的解說環節中，組員也要欣賞和鼓勵他人，保持良好的友誼關係。組員留意到自己在活動中的進步變化，可灌注希望，強化改變的動力。雖然有些組員於桌遊中未必有明顯的進步，但他們之間也會互相影響、觀察和學習，在他人鼓勵下，會繼續嘗試和努力。

B5.3 小組目標

1. 增強組員管理自己行為的自我效能感（self-efficacy）；
2. 增強組員自我抑制衝動的執行功能。

B5.4 程序設計

小組節數：6 節，每節 90 分鐘

小組設計：

第一節

目標：

1. 讓組員破冰及互相認識
2. 了解組員的期望並共同建立小組規則
3. 提升組員對自己的情緒及身體的覺察

時間	目標	活動內容	注意事項
20 分鐘	- 互相認識名字 - 提高專注力	熱身遊戲： **Ba38. 紙牌心臟病**	- 用大張的撲克讓組員清楚看到 - 讓組員逐一介紹自己的名字並提醒他們專心記著各人的名字，因為會對之後的遊戲有利

時間	目標	活動內容	注意事項
20 分鐘	- 澄清期望 - 共建小組常規	定立常規遊戲: **Ba34. 大家來找碴**	- 工作員先示範翻牌並讓組員猜估,之後才邀請組員去翻,每次翻完而又猜對者要分享圖案聯想到的規則 - 提醒組員在小組中不只是玩桌遊,更會有分享和學習環節
30 分鐘	提高專注力控制	主題遊戲: **Ba07. 指定動作**	- 工作員除了觀察及評估各個組員的身體及情緒控制能力外,還要作為組員的模範
20 分鐘	重溫名字及規則	解說及總結	

第二節

目標:

1. 提高組員的專注力
2. 加強組員抑制衝動行為的能力

時間	目標	活動內容	注意事項
10 分鐘	鞏固經驗及所學	回顧上節內容	
20 分鐘	- 營造緊張的氣氛 - 強化組員的專注力	熱身遊戲: **Ba11. 動手不動口**	聚焦於組員按圖卡成功做到而非做錯的動作
40 分鐘	- 學習抑制衝動行為	主題遊戲: **Ba08. 打蒼蠅**	在反思中,以錯拍蒼蠅牌失去獎勵來隱喻在學校中未能管理行為會帶來的後果
20 分鐘		解說及總結	

第三節

目標:

1. 提高組員自我管理的技能

時間	目標	活動內容	注意事項
10 分鐘	鞏固經驗及所學	回顧上節內容	
20 分鐘	- 營造緊張的氣氛 - 強化組員的專注力	熱身遊戲: **Ba28. 籤籤入扣**	用合作模式讓組員互相協作,以減少之後的競爭性
40 分鐘	學習抑制衝動行為及觀察環境	主題遊戲: **Bb05. 一網打盡**	遊戲後,可由金錢的減少或虧蝕引申討論在學校無法管理行為的後果
20 分鐘		解說及總結	

第四節

目標:

1. 讓組員在比賽期間更覺察自己的行為
2. 強化組員對環境及其他人的觀察能力

時間	目標	活動內容	注意事項
10 分鐘	鞏固經驗及所學	回顧上節內容	
20 分鐘	- 學習抑制衝動行為 - 營造緊張的氣氛 - 強化組員的專注力	熱身遊戲： **Ba14. 豬朋狗友**	強調只有集齊正確的朋友才可得分，因此準確較快速更為重要
40 分鐘	增強觀察環境的能力	主題遊戲： **Bb20. 作弊飛蛾**	提醒組員對環境及其他人要有更多的觀察，從中學會適時指揮自己的身體和行為
20 分鐘		解說及總結	

第五節

目標：

1. 肯定組員在專注力上的進步
2. 肯定組員在抑制行為上的進步

時間	目標	活動內容	注意事項
10 分鐘	鞏固經驗及所學	回顧上節內容	
20 分鐘	- 營造緊張的氣氛 - 強化組員的專注力	熱身遊戲： **Ba17. 快手疊杯**	強調只有把杯子快而準地排列才得分，考驗手眼協調
40 分鐘	學習有效地運用自己的身體動作	主題遊戲： **Bb45. 動物疊疊樂**	鼓勵組員在擺放動物棋時嘗試集中注意力
20 分鐘		解說及總結	認同組員可以控制自己，讓他們知道自己是身體的主人

第六節

目標：

1. 肯定組員在自我管理上的能力和進步
2. 總結及轉化小組所學

時間	目標	活動內容	注意事項
10 分鐘	鞏固經驗及所學	回顧上節內容	
20 分鐘	- 營造緊張的氣氛 - 強化組員的專注力	熱身遊戲： **Ba26. 伐木達人**	提醒他們是身體的主人，嘗試調節自己的身體力度 這活動可讓組員熱身，準備他們在下一活動——「垃圾山」中，能更有效指揮身體
40 分鐘	- 學習有效地運用自己的身體動作 - 讓他們知道同路人的重要	主題遊戲： **Bb38. 垃圾山**	- 用合作模式來一起完成任務 - 欣賞組員的付出，若他們成功完成任務，可用即影即有相機拍照留念，並請他們寫下一句自我管理的反思心得，作為日後的提醒和鼓勵
15 分鐘	互相欣賞	解說及分享	
5 分鐘	小組總結及檢討	問卷收集意見	

B5.5 程序設計考慮

- 小組時間方面，由於患 ADHD 的初中生很難長時間集中精神，所以工作員設定每節的時間為 90 分鐘。而在整體的程序設計方面，也很難要求他們專注聆聽遊戲規則，因此建議每節編排兩個遊戲，讓他們多嘗試幾次。但他們對重複參與會感到沉悶，因此要不停增加難度或調整規則，讓他們繼續投入。常見的變奏技巧，可見〈B4. **桌遊的結構**〉。

- 在選取熱身的桌遊方面，工作員可選擇能帶動情緒和營造高漲氣氛的遊戲，使組員在模擬真實的情況下，體驗指揮身體動作的過程，好讓在之後的解說時，與組員討論管理衝動行為的重要性。

- 由於患 ADHD 的青少年所做的「好」行為需要立即獎勵（教育局，2014），所以在選取熱身遊戲時，宜同時仔細考慮桌遊本身的獎罰機制，包括：善用獎勵去鼓勵能有效管理自己衝動後才行動的組員，也可善用遊戲的自然後果，例如：扣分、輸、未能完成等，讓他們發現謹慎思考行為和後果的關係。

- 在選取主題遊戲時，工作員可選擇營造較平靜氣氛的遊戲，讓組員思考在遊戲中的勝利條件，並規劃如何才能達成自己的目標，製造更多抑制衝動行為的成功經驗。

B5.6 小組介入策略及反思

- 工作員在講解遊戲時，可先把所有物資集中在自己面前，吸引組員的目光，待講解所有規則後才分發物資，以防他們把注意力投向其他地方。

- 除了賞罰要分明外，工作員也需給予組員清晰而具體的「視覺提示」，讓他們即時知道自己的活動情況及結果，從而調整心態。此外，工作員亦可於解說環節中，展示討論的重點和指引，讓組員能更清楚明白，加深印象。

- 組員經常會重複發問，尤其是在工作員講解遊戲過後，他們因為未有專注聆聽或完全理解，就會出現這種情況。工作員宜先了解組員為何重複發問，並強調如果是因為組員不專心所致，就不會重複解說遊戲玩法，而且要求組員自己觀察遊戲過程來學習，或再自行詢問其他組員。

- 工作員可在每次遊戲開始前或後運用口號，增加氣氛之餘，也加深組員的記憶。這次小組中，工作員不停地呼喊「留意自己、留意他人、留意環境」的口號來提醒組員留意自己的行為。

- 組員在過去的生活中因經常被罰或被罵，造成自我形象低落，小組宜創造更多成功經驗，如：在遊戲當中能成功抑制自己衝動行為、專注聆聽全部遊戲規則、察覺自己於活動中的行為等，從而提升自我效能感。

- 組員在桌遊的過程中未必能準確完成任務，尤其在玩 **Ba14. 豬朋狗友**時，他們往往在不限時的情況下找來了七個錯誤的朋友，甚至未試過找對朋友，工作員要調整難度，例如：在不限時下找五個正確的朋友，以增加他們成功的機會。

- 組員很容易在遊戲後的解說和分享環節中，只顧與其他的組員私下傾談或做些與小組無關的行為動作，工作員宜即時暫停，並以此為題材作即時介入，讓他們從中學習管理自己的行為。同時，工作員要盯著組員的眼睛，以示認真處理他的行為，並詢問他知不知道自己正在做甚麼、行為背後有何目的、背後想達到甚麼，使他更覺察自己的行為。

B5.7 小組限制

- 由於大部份青少年都已經發展出較獨立的思維,有自己的想法和意見,並可能不願意遵循建議來處理自己的問題和困難,因此,教育局(2014)建議以面談作介入。筆者則建議小組前,工作員與潛在的組員先作個別的面談,讓他反思日常生活中的行為,並一起設定目標。這種方法對中學生會有積極的作用,因他們可以與工作員先建立關係,有助更好的互動及溝通。在小組的過程中,工作員可討論他們面對的困難和執行目標的情況。這有助他們更有效地管理時間,懂得在學業與遊戲之間作取捨,從中提高他們的自信和自我意識。

- 因組員較健忘或粗心大意,所以需要長時間訓練集中注意力,才會有明顯的進步;而且單靠小組活動未必能讓他們充分掌握所學習的技巧,故建議透過個別跟進的方式,讓組員能在日常生活中運用所學的技巧,並透過朋友、老師或父母的鼓勵及提示,持續改善自己的行為。

- 小組主要安排於放學後舉行,但因組員經常欠交功課或測驗考試不達標而被老師罰留堂,這樣不單影響他們參與小組時的心情,有時甚至更加無法出席,故開展小組前宜和校方及老師溝通及協調。

參考資料

Barkley, R. A. (2012). *Executive functioning and self-regulation: Extended phenotype, synthesis, and clinical implications*. New York: Guilford Publications.

Bridges, B. A. (1989). *Stop, relax and think game*. Wilkes-Barres, PA: Childswork/Childsplay.

Cheung, K. K. W., Wong, I. C. K., Ip, P., Chan, P. K. L., Lin, C. H. Y., Wong, L. Y. L., & Chan, E. W. (2015). Experiences of adolescents and young adults with ADHD in Hong Kong: Treatment services and clinical management. *BMC Psychiatry, 15*, 95.

Dawson, P., & Guare, R. (2004). *Executive skills in children and adolescents: A practical guide to assessment and intervention*. New York: The Guilford Press.

Diamond, A. (2012). Activities and programs that improve children's executive functions. *Current Directions in Psychological Science, 21*(5), 335-341.

Dovis, S., Vander Oord, S., Wiers, R. W. & Prins, P. J. M. (2015). Improving executive functioning in children with ADHD: Training multiple executive functions within the context of a computer game. A randomized double-blind placebo controlled trial. *PLoS ONE, 10*(4).

Drabick, D. A. G., Gadow, K. D., & Sprafkin, J. (2006). Co-occurrence of conduct disorder and depression in a clinic-based sample of boys with ADHD. *Journal of Child Psychology and Psychiatry, 47*(8), 766-774.

Salomone, S., Fleming, G. R., Shanahan, J. M., Castorina, M., Bramham, J., O'Connell, R. G., & Robertson, L. H. (2015). The effects of a Self-Alert Training (SAT) program in adults with ADHD. *Frontiers in Human Neuroscience, 45*(9).

Streng, I. (2008). Using therapeutic board games to promote child mental health. *Journal of Public Mental Health, 7*(4), 4-16.

教育局（2014）。《執行技巧訓練指導計劃》。香港：特區政府。

蔡瑜君（2015）。《社交技巧方案結合桌上遊戲課程對增進 ADHD 學童社交技巧歷程之研究》。台灣：國立東華大學特殊教育學系。

鍾玉玲（2013）。《桌上遊戲對國小 ADHD 學生注意力之影響》。台灣：國立臺灣師範大學特殊教育學系在職進修碩士班。

B6
高中生涯規劃小組

廖美梅、葉文俊

B6.1 社群需要分析

生涯規劃是人生命歷程中一項重要的任務。對青少年來說，從學校生活過渡到工作世界，要面對很多人生的抉擇，包括：升學選科、培訓進修及選擇職業等（Worthington & Juntunen, 1997; 梁湘明等，2002）。青少年在實踐升學或事業計劃時，亦要掌握和運用不同的能力，例如：認識自己和環境來作出抉擇、自我管理、求職技巧等。當他們步入職場後，更要尋覓工作在人生中的意義及角色、處理同事間的人際關係、執行時間管理等，都是充滿挑戰的人生任務（Gysbers et al., 2003）。若擁有生涯規劃的態度、知識和技巧，便能有效處理這些在成年階段出現的任務。

Spokane（1991）整理了五類生涯規劃的介入策略及方向：

1. 提供生涯和職業資料；
2. 當事人自主的探索活動；
3. 生涯教育課程；
4. 生涯輔導小組；
5. 個人輔導。

現時香港的教育制度規定，青少年就讀中三時必須選科，為高中作出規劃。學校一般會在上學期開始，為中三學生進行生涯規劃活動，包括：「提供生涯及職業資料」及「當事人自主的探索活動」，例如：由老師為學生進行職業性向測試、邀請校外機構進行模擬社會處境遊戲等，讓青少年及早認識自己並作出規劃。踏入高中後，學生要忙於應付公開試，而學校會為他們提供職業資訊、工作實習及「個人輔導」，例如：走訪不同職場，讓他們對不同的職業及工作有更深入的了解。

一般中學較少為學生提供「生涯輔導小組」，因為高中生普遍忙於應付課後活動，而學校亦難以給課堂時間予學生作小組用途。不過，生涯輔導小組能為高中生帶來莫大的益處。與初中生比較，高中生更有覺察能力去進行自我探索。梁湘明（2005）指出，生涯輔導小組較著重青少年個別的分享及自我探索，而較少運用授課的方式。透過小組，青少年能探索和認識自己的個人特質，包括：價值觀、需要、目標、夢想 / 理想、興趣和技能等（Holland 1997; Gysbers et al., 2003），為規劃職志方向作好準備。

整體而言，生涯規劃的目的是希望青少年能認識、面對及處理自己的優點和限制，並澄清自己的價值觀，知道自己的需要與目標，同時了解時代的趨勢、掌握社會的脈搏，窺探在現今的多元化生活形態下，如何發揮自己的優點並達成目標。

B6.2 為何用桌遊介入？

桌遊能帶引組員親身體驗不同的情境，投入其生涯規劃的旅程。而在小組中用桌遊作介入工具的原因如下：

1. 吸引青少年持續參與：很多學校未必能提供課堂時間來開展生涯規劃小組，而且小組又多數在放學後舉行，但不少學生放學後忙於補課或其他課外活動，故在放學後留校參與小組的動機會減低。因此，桌遊隨時都能進行的特性便成為賣點，可以提升青少年投入參與的動力。
2. 桌遊是理想的分享工具：很多青年工作者明白，有些中學生不擅表達自己的想法和感受，對於分享自身對將來的願景更是難以啟齒。在小組中運用桌遊，有助促進青少年分享感受，例如：運用棋子、指示物、卡牌圖案等來協助表達。同時，部份桌遊為青少年製造共同經歷，透過實體的遊戲來促進他們分享及回饋。
3. 增加組員間的互動：坊間很多主流的生涯規劃活動都是單向地傳授知識，組員間的互動較少。以桌遊作為工具，組員內心的掙扎得以呈現，並可增加組員間的溝通及交流不同的觀點，通過對話來豐富他們的故事。

B6.3 小組目標

1. 透過了解自己的特質，協助組員探索自己的職志方向；
2. 讓組員更認識自己的能力，增強他們作出抉擇時的信心；
3. 連繫組員，促進他們成為生涯規劃路上互相支持的伙伴。

B6.4 程序設計

小組節數：6 節，每節 90 分鐘

小組設計：

第一節

目標：

1. 為組員參與小組作出導向
2. 加強組員對自己及生涯規劃的認識

時間	目標	活動內容	注意事項
20 分鐘	澄清及調整組員對小組形式和內容的期望	- 組員、工作員互相認識 - 設定小組規則	宜先澄清生涯規劃的目的並非協助他們找一份「好工」
20 分鐘	熱身、引導組員熟習及進入桌遊經驗	熱身遊戲： Ba19. 故事骰	強調組員的多樣性，提醒往後在小組中分享時要互相尊重
30 分鐘	分享對生涯規劃的認知	主題遊戲： Bb04. 雙城爭霸	鼓勵組員了解自己決策時訂定優次和作出取捨的背後原因

時間	目標	活動內容	注意事項
20 分鐘	轉化遊戲經驗至日常生活經驗	解說及總結	除反思遊戲經驗外，亦可了解組員對小組形式的感覺及首節的回饋

第二節

目標：

1. 促進組員認識自己的能力
2. 協助組員訂立短、中及長期的目標

時間	目標	活動內容	注意事項
10 分鐘	鞏固經驗及所學	回顧上節內容	
30 分鐘	- 促進組員之間的認識及互動 - 鞏固組員對自己能力的認識	熱身遊戲： Bb24. 傳情畫意	- 多連繫參與度較低的組員，使組員能於之後的主題遊戲中更易分享個人感受 - 建議解說提問： 1. 你何時發現有這種能力？ 2. 這種能力如何協助你發揮自己？
30 分鐘	促進組員認識自己的能力	主題遊戲： Bb46. 生涯卡 （能力強項卡）	- 鼓勵組員表達，同時邀請他們專注聆聽別人的分享 - 工作員可連繫有相同想法或能力的組員 - 建議解說提問： 1. 擁有這種能力對你有甚麼幫助或益處？ 2. 你會如何培養或發揮這種能力？
20 分鐘	協助組員訂立目標	組員撰寫個人目標	

第三節

目標：

1. 提升組員對價值觀的認識
2. 連繫組員

時間	目標	活動內容	注意事項
10 分鐘	- 回顧上節內容 - 介紹活動內容	簡單分享上節內容	
30 分鐘	促進組員間的認識及連繫組員	熱身遊戲： Bb46. 生涯卡 （Viewer 卡）	- 打開每張卡牌，使所有人都能清楚看見並參與其中 - 按小組發展，先邀請組員自行尋找選了類似卡牌者，2-3 人一組互相分享

時間	目標	活動內容	注意事項
10 分鐘	認識自己的價值觀	分享： 「人生最重視的 10 個價值」	可改用工作紙的形式進行
30 分鐘	認識自己及促進組員之間的連繫	主題遊戲： **Bb46. 生涯卡** （生涯卡）	鼓勵組員專注聆聽他人的分享，並連繫有類似想法或能力的組員
10 分鐘	深化是次學習	分享及總結	

第四節

目標：

1. 了解職場環境的限制
2. 促進組員認識社會上的職場需要，從而協助他們尋找適合自己的位置

時間	目標	活動內容	注意事項
10 分鐘	- 回顧上節內容 - 介紹活動內容	簡單分享上節內容	
30 分鐘	了解環境上的限制	主題遊戲： **Bb23. Red 7**	- 鼓勵未能出牌的組員盡力參與，加強他們對環境限制的反思； - 建議解說提問： 　1. 未能按規則打出手牌，你感到無力嗎？ 　2. 你如何對抗這種限制？
10 分鐘	認識社會上的職場需要	職場冷知識 - 工作員講解及分享，例如：職場的相處技巧等	
30 分鐘	轉化所學，並應用至職場上	求職廣場 - 請組員尋找一兩份自己喜愛的工作，如廣場內沒有心儀的工作，可交由他們自行寫上	建議解說提問： 1. 你選擇這工作的原因？首要考慮的條件？ 2. 你認為性格、興趣和能力與工作性質的配合重要嗎？為甚麼？
10 分鐘	深化是次學習	分享及總結	

第五節

目標：

1. 認識職場上他人對自己的期望
2. 在學習撰寫履歷表的過程中檢視自己

時間	目標	活動內容	注意事項
10 分鐘	- 回顧上節內容 - 介紹活動內容	簡單分享上節內容	

時間	目標	活動內容	注意事項
20 分鐘	認識職場上他人對自己的期望	我是老闆： 1 位組員扮演不同公司的老闆，其他組員擔任應徵者	工作員預先列印不同職業需要的軟技巧
20 分鐘	了解及檢視自己的人生追求	主題遊戲： **Ba23. 香蕉猴王**	可聚焦於組員在高位時的經歷，並轉化遊戲經歷至人生追求及目標。
30 分鐘	學習撰寫履歷表及認識面試技巧	- 履歷表找錯處 - 面試技巧分享	- 撰寫履歷表的小貼士 - 面試的 Dos and Don'ts
10 分鐘	深化是次學習	分享及總結	

第六節

目標：

1. 轉化上節所學的技巧，並應用至職場上
2. 鞏固組員多節的得著

時間	目標	活動內容	注意事項
10 分鐘	- 回顧上節內容 - 介紹活動內容	簡單分享上節內容	
50 分鐘	整合面試技巧	- 模擬面試 - 小組面試	- 可因應組員的程度，決定是升學還是工作的面試 - 面試後互相分享及回饋
30 分鐘	小組總結	收集意見	

B6.5 程序設計考慮

- 工作員於執行小組前，宜先與校內老師溝通及個別約見組員，進行組前面談、互相認識及評估，詳細了解組員的特性、職志想法、學業成績等，以便設計小組時更能對應組員的需要。生涯規劃小組與一般成長輔導小組不同，每位組員各有不同的需要及職志方向，很難歸納成具體的小組介入策略。

- 是次小組主要採取「先認識、後探索」的模式進行，初期先協助組員認識自己，發掘他們的強弱及能力。在中後期，經過自我檢視後，再促進他們探索不同職業上所需要的技巧和能力，使他們能夠在經歷中作出個人的生涯規劃及反思。

- 校內老師或會期望組員參與小組後，能夠完成生涯規劃相關的裝備，並達到目標。因此，是次小組中除了使用桌遊來促進組員的分享外，也裝備了求職的軟技巧，包括：撰寫履歷表、面試技巧、職場冷知識等。透過撰寫履歷表，能加強組員反思及重新檢視自己的想法，例如：自己所擁有的能力、對工作的期望等，有助他們思考將來的職志方向。這種自我探索的旅程，能協助組員進入自我認識，探索自己的能力、興趣、價值觀以及對事業、工作、社會的看法的旅程。同時，小組的最後一節為「模擬面試」，目的是讓組員透過具體的工作面試把從小組所習得的技巧應用出來。這個例子說明，桌遊只是小組工作其中一個介入手法，應與其他介入方式靈活及交替使用。

B6.6 小組介入策略及反思

- 小組進行期間，工作員較難處理有特殊學習需要之組員的提問及回應。是次小組的對象為區內排名較高的中學，學生的學業成績屬優良，但仍然有少量特殊學習需要的學生，其中一位組員患有自閉症，筆者與他進行組前面談時，他會很仔細地詢問工作員各樣問題，尤其在小組期間，他對於不同的情境問題都表示不明白，亦很難代入「生涯卡」的分享。最後，工作員與組員花了不少時間，協助他理解及明白。在中學推行生涯規劃已為大勢所趨，但卻缺乏針對特殊學習需要學生的生涯規劃訓練。

- 生涯規劃小組需要組員的積極參與，能力高或學業成績優良的組員不代表他們較願意表達自己的想法。因此，工作員於分享時要多觀察組員的表現，並先邀請願意分享者先表達，或可借用桌遊中的卡牌或配件，協助組員表達抽象的感受。分享過程中，每位組員對於他人的感受、想法或故事，未必都感興趣，也不願意聆聽他人的分享，工作員要嘗試找出他們有共鳴的議題再深化討論，以促進他們從其他組員身上互相學習。

B6.7 小組限制

- 是次小組的人數為 8 人，筆者認為是理想的小組規模。以桌遊作為介入工具，工作員需留意遊戲人數，使每位組員都能獨立地經歷遊戲。因此，工作員需看情況而對人數作出調節或微調，上限最多為 8 人，因為小組要給予足夠時間讓每位組員有效地進行分享。若小組人數太多，組員分享的機會相對減少，輪候的時間亦會增加，影響組員的參與。

- 是次小組由筆者與學校老師協調，因此能夠利用課堂時間舉行，這對小組十分有利。筆者於第一節小組中因組員投入遊戲而令小組超時，不少組員於該節完結時表示需要準時離開，出席校外補習或課外活動。因此，若於校內舉行同類小組，宜邀請學校配合，盡量避免在放學後進行，以免影響組員的參與。

參考資料

Gysbers, N. C., Heppner, M. J., & Johnston, J. A. (2003). *Career counseling: Process, issues, and techniques*(2nd ed.). Boston: Allyn & Bacon.

Holland, J. L. (1997). *Making vocational choice: A theory of vocational personalities and work environments* (3rd ed.). Englewood Cliffs, NJ: Prentice Hall.

Splkane, A. R. (1991). *Career intervention*. Englewood Cliffs, NJ: Prentice Hall.

Worthington, R. L., & Juntunen, C. L. (1997). The vocational development of non-college-bound youth: Counseling psychology and the school-to-work transition movement. *The Counseling Psychologist*, *25*(3), 323-363.

周詠禧、黎柏然（2012）。《棋代夢想   Board Game x 青年工作》。香港：香港聖公會福利協會。

梁湘明、黃美微、李淑賢、林建榮（2002）。〈生涯規劃：青少年的事業發展與輔導〉。《青年研究學報》，第 5 卷第 2 期，頁 38-49。

梁湘明（2005）。〈生涯規劃：跨理論假設與實施策略〉。《亞洲輔導學報》，第 12 卷第 1 及 2 期，頁 79-93。

B7
職青精神病康復者
——職場技巧訓練小組

吳偉林、黃幹知

B7.1 社群需要分析

這個小組的服務對象為 30 歲或以下曾受精神病困擾的康復者，當中大部份在青少年期已發病，而這個階段，正是他們建立社交能力和個人身份認同的時候（Papalia, Olds, & Feldman, 2007）。

學校無疑是一個十分重要的場景去發展上述這些技巧。有不少研究發現受精神病困擾的青少年因在學業成績不如其他學生，進而影響自信及身份認同的建立。此外，他們在社交方面亦得不到同輩的接納，導致他們較難在學校有效發展社交能力及建立身份認同（Wahl et al., 2012; Balagna, Young, & Smith, 2013）。研究也引證了在青少年期病發的人，或會因家長過多的保護，以及受朋輩孤立而顯得抽離，這些都影響了他們發展有效的社交技巧，減低了他們長大後應對生活壓力等事件的能力（Kopelowicz, Liberman, & Zarate, 2006）。相反，理想的人際關係，有助於青少年預防情緒困擾、抑鬱甚至自殺行為（Rose, Hawes, & Hunt, 2014）。這亦與我們在精神健康服務中觀察到的情況相符——在青少年期病發的康復者礙於在就學時期出現的情緒困擾而較難在學校建立穩定的人際關係，甚至因病退學或未能繼續升學。

若精神病困擾是由青少年期持續至成年期，這種獨特的發展經歷很可能限制康復者的人際交往、職場溝通等能力（Ahmed & Goldman, 1994），令他們難以與同事建立長遠的關係；加上缺乏工作經驗及相關學歷，也令他們很難找到或維持一份穩定而有前景的工作，大大影響他們的生活質素（Mueser, Foy, & Carter, 1986）。長遠而言，康復者可能會因病發初期缺乏社交生活而出現自我認識及社交技巧上的不足。

過往有不同的小組，嘗試以職場技能訓練作場景，提升康復者的社交技巧。訓練的主題主要是基本的人際溝通技能，令他們可以在職場上生存，包括：聆聽和表達的溝通技巧、個人儀容及清潔等；進階的技巧包括：在面試時留下良好的印象、在漫長又困難的求職過程中維持動機、與上司和同事維持良好的工作關係、應對不同工種的技巧等（Kelly et al., 1979; Mueser, Foy, & Carter, 1986; Tsang, 2001）。另有研究也證實，小組的方式，包括練習、角色扮演及引導人際間的回應，都有助提升康復者的言語溝通及社交技巧（Ahmed & Goldman, 1994）。Lang（2010）綜合不同的關於社交能力的研究，提出了八項社交能力的要素，即：

1. 對自身特質的感知；
2. 對他人特質的感知；
3. 自我管理的能力；
4. 自我導向；
5. 建立恰當社交互動的能力；
6. 察覺互動的規範從而掌握社交提示和模式；

7. 在關係中表現敏感度及同理心；及
8. 可以與其他人一起參與及建設集體組織。

這個小組因應職青康復者的背景及需要而設，主要的目標是希望組員提高對自己及他人的認識，以及提升組員自我管理、有效溝通、團隊合作和解難能力，從而協助他們發掘自己的路向並建立支援網絡。

B7.2 為何用桌遊介入？

過去已有研究證實，桌遊能協助受精神病困擾的人發展解難、溝通技巧及自我管理病症，尤其能顯著改善人際功能、工作及社交抽離等（Torres et al., 2002）。就筆者的經驗而言，使用桌遊介入精神病康復的組員，與歷奇輔導有類似的優勢（Tucker et al., 2013）：

- 桌遊本質上是以行動為主，能帶領組員進入陌生的遊戲環境和設定，並以遊戲內的各項行動（例如：決策）作為解說及反思的素材；

- 組員亦需在遊戲中尋解（追求勝利），而工作員在過程中不會以「專家」的態度引導組員參與，而只會引領組員發揮自己的能力去爭勝；

- 桌遊本身的設計相當精美，很容易吸引組員投入其中；

- 遊戲的機制可作為日常生活的一種隱喻，組員在遊戲中會出現情感、行為、策略等心理活動，能與他們日常的思路互相對照，令工作員從中得到許多素材，在解說的部份引導組員作出反思及改變。

B7.3 小組目標

1. 提升組員認識自我的特質來選取合適的工作；
2. 加強組員在職場上的社交能力。

B7.4 程序設計

小組節數：4 節，每節 90 分鐘

小組設計：

第一節
目標：

1. 為組員參與小組作出導向
2. 提升組員在自我管理及導向方面的社交技巧

時間	目標	活動內容	注意事項
20 分鐘	澄清及調整組員對小組形式和內容的期望	- 組員、工作員互相認識 - 設定小組規則	宜先向組員講解小組與一般康樂性桌遊小組的分別

時間	目標	活動內容	注意事項
20 分鐘	- 熱身 - 引導組員熟習及進入桌遊經驗	熱身遊戲： **Ba17. 快手疊杯**	留意組員的認知及運動能力會否有很大的差異，以便調整日後的遊戲選擇
30 分鐘	社交技巧： - 提升自我管理的能力 - 自我導向	主題遊戲： **Ba01. 水瓶座**	鼓勵組員了解自己的決策過程，同時引導組員反思裝備自己，以符合特定工種需求的重要性 例如：遊戲中要如何計劃才可把所屬的圖案串連起來？在求職上你要怎樣做才令自己更容易得到心儀的工作？
20 分鐘	轉化遊戲經驗至日常生活	解說及總結	除反思遊戲經驗外，還可了解組員對小組形式的感覺，以加強投入程度

第二節

目標：

1. 提升對自身特質的感知，以強化自我認識
2. 提升對他人特質的感知，以強化社交技巧

時間	目標	活動內容	注意事項
10 分鐘	鞏固經驗及所學	回顧上節內容	
20 分鐘	- 熱身 - 加強組員間互相觀察	熱身遊戲： **Ba36. 掃毒**	按組員的投入程度調節遊戲時間的長短，以便騰出足夠時間進行主題遊戲
15 分鐘	社交技巧： 對他人特質的感知	解說	
25 分鐘	社交技巧： 對自身及他人特質的感知	主題遊戲： **Bb11. 妙語說書人**	鼓勵組員了解自己和他人眼中的自己有何分別，組員亦可透過他人的回饋中了解到自己的特點和專長，以便在求職過程中說服潛在的僱主 例如：剛才哪位組員對你的形容令你印象深刻？你覺得你哪方面的特質使人有這樣的感覺？你覺得這樣的特質會怎樣協助你面對工作 / 提升工作能力？ 可引導組員嘗試在較隱晦的語境中掌握對方的意見，以加強職場中的社交能力 例如：剛才出牌時的形容是清晰易懂還是較為隱晦？你面對隱晦的說話通常會有怎樣的感覺？又會如何處理？你會用甚麼方法處理工作環境內較不直接的溝通方法？
20 分鐘	轉化遊戲經驗至日常生活	解說及總結	可用 Johari Window 協助解說

第三節

目標：提升組員社交及人際互動的基本技巧

時間	目標	活動內容	注意事項
10 分鐘	鞏固經驗及所學	回顧上節內容	
20 分鐘	- 熱身 - 加強組員間互相觀察	熱身遊戲： **Bb20. 作弊飛蛾**	按組員的投入程度調節遊戲時間的長短，以便騰出足夠時間進行主題遊戲
40 分鐘	社交技巧： - 建立恰當的社交互動 - 察覺互動的規範從而掌握社交提示和模式	主題遊戲： **Bc01. 卡卡城**	- 兩人一組，鼓勵互相協調策略 - 在職場中，組員很難單靠一人之力完成工作要求，故此有效的人際技巧（如：表達、同理心、談判），將有助組員提升與人一同工作的表現 例如：剛才你和同伴在過程中的目標一致嗎？當出現不一致時，你們如何處理／決定？你們對這個過程有何感覺？你覺得怎樣做才比較容易達成共識？你覺得如果在工作上也具備這種特質，對你會有何幫助？
20 分鐘	轉化遊戲經驗至日常生活	解說及總結	可聚焦於組員處理分歧、互相說服的解難過程

第四節

目標：轉化上節所學的社交技巧，並應用至職場上

時間	目標	活動內容	注意事項
10 分鐘	鞏固經驗及所學	回顧上節內容	
35 分鐘	社交技巧： - 在關係中表現敏感度及同理心 - 察覺互動的規範從而掌握社交提示和模式	主題遊戲： **Bc10. 矮人礦坑**	鼓勵組員間互動以及不同陣營要如何互相協作完成目標
20 分鐘	轉化遊戲經驗至職場上	矮人礦坑解說	可聚焦於組員如果在不揭露身份的前提下揣摩其他組員的陣營分佈，會有甚麼情況出現，並帶引他們把經驗轉化至如何接收及解讀職場上較為隱晦的人際提示
25 分鐘	小組總結及意見收集	反思活動： **Ba19. 故事骰**	故事骰可協助組員分享感受

B7.5 程序設計考慮

- 工作員於小組前期曾嘗試在一節小組內進行三個遊戲，但其後發現組員掌握遊戲規則的時間比預期長。一節三個遊戲的設計會令小組的流程甚為倉促，建議讀者如有需要，可考慮先引導組員試玩遊戲並同時介紹規則，亦可選擇先以每節兩個遊戲為起點，在有限的小組時間內盡量豐富解說的內容，或在同一遊戲內採取「遊戲經驗→解說→遊戲經驗→再解說」的模式，以便組員可將解說時的所學立即應用。

- 在小組前或小組初段，工作員宜先掌握組員的能力水平及特質，例如有個別組員的動作反應較其他組員慢，在考反應的遊戲上可能較難投入。工作員應避免使用相關遊戲，甚至選用其他遊戲，以維持組員的投入程度。

- 是次小組的遊戲選擇及先後安排，主要以互動程度由少至多作為考慮，因為在觀察中，精神病康復者的社交圈子一般都較為狹窄，如果在早期即以互動多或身份猜測類的桌遊為主，組員在掌握遊戲玩法及節奏方面均可能未如理想，從而影響投入程度及解說質素。因此，小組首兩節選擇的遊戲均是規則較直接、每回合需時較短的遊戲，以便工作員在回合間按組員需要提供引導或調節遊戲難度。

- 由於小組組員在參與服務單位的活動均較活躍，他們之間又早已認識及有一定程度的了解，因此工作員在第二節已選用 Bb11. **妙語說書人** 作為主題遊戲；如果組員間的關係尚未建立，互相認識不多，則建議考慮將 Bc01. **卡卡城** 及 Bb11. **妙語說書人** 的位置對調，務求先令組員加深認識，才容易在 Bb11. **妙語說書人** 中互相指出對方對自己或他人的盲點。

- 在小組後期，工作員可選用互動程度較高的遊戲，或透過兩人一組鼓勵組員加強交流，遊戲本身的策略性亦可較高，使組員間出現更多需處理的分歧，鼓勵互動。

- 事實上，只要工作員在解說時調整焦點，同一款遊戲也可作為不同的目的使用；筆者曾嘗試邀請組員提供感興趣的遊戲，預先了解玩法及可行的解說方向，然後融入小組中使用。

- 主流的小組多數是六至八節，但筆者是次設計的小組只有四節，主要的考慮如下：

  - 在筆者的工作場景中，組員的流動性相對較高，出席率容易受不同的因素影響，包括：需要覆診、參與中心其他活動、成功求職或求學、組員的個人身體或精神狀態波動、組員是否準備好作不同程度的個人反思等等。對服務使用者而言，承諾出席為時可能長達兩個月的小組或會感到猶豫；減少節數似乎較能維持組員的出席動機。但這個做法的壞處是，小組的信息只能蜻蜓點水，工作員需要在每節用較多時間回顧上一節小組的內容，或安排呼應上節內容的熱身遊戲，以作彌補。

  - 面對以上的困難，筆者的策略是將桌遊小組分拆成較短期的小組（每個四節），並以「模組化」的形式先後推行（其他模組的主題可以是有關「自我認識」、「人際溝通」、「兩性關係」等），用意是透過不同期數的小組去累積一定數目的組員。這些組員可能是對「桌遊」這個介入手法產生興趣，或是對小組的目標有共鳴。當累積較穩定的「班底」後，工作員則可按他們的需要再設計對應的小組。

  - 筆者認為工作員可以考慮在服務單位的條件允許下，在小組完結後嘗試與組員有非正式的「重聚」。此舉除有助工作員在小組後鞏固組員對小組的經驗及得著外，還能逐漸累積一定數量對桌遊有興趣的組員，以便將來推行後續的小組。

B7.6 小組介入策略及反思

- 小組過程中，工作員觀察到組員較難掌握抽象的概念（例如：規則），亦容易忘記不同遊戲功能牌的功能；若組員經常直接詢問工作員這兩方面的問題，除了有機會令其他人知道該組員的手牌外，還可能影響小組進程及遊戲效果。因此工作員可在小組前將規則、特定卡牌的功能製成簡報，以便遊戲期間投影給組員觀看。

- 此外，曾有組員因為未能在遊戲中取勝而出現負面情緒及參與動機下降。工作員可考慮在小組中強調小組的目標並非單純取勝，而是透過遊戲提升自己，亦可鼓勵組員分享他 / 她提升自己遊戲表現的方法，並待適合時機將這些策略和解說的重點扣連，以引導組員加強社交能力及自我覺察。

- 根據過去的經驗，組員通常會在檢討小組成效的過程中表達對小組形式的意見，至於小組的內容、個人在小組中的感受或轉化，則較少著墨。因此工作員在小組最後，使用了**Ba19. 故事骰**，協助組員分享感受。工作員會先邀請一位組員擲骰（顆數視乎組員能力水平及時間而定），其後請組員按結果聯想他 / 她在小組玩過的其中一個遊戲，並向其他組員分享他在該遊戲中的感受、得著或轉化；或分享他參與小組的感受和印象深刻的片段。筆者觀察到組員分享的內容比較廣泛，於是集中重提某些小組片段或解說要點，這樣比較聚焦；工作員可加入分享他見到組員的轉變，以進一步鞏固小組經驗。

- 小組過程中，康復者經常會表現得悶悶不樂。工作員在解說時嘗試了解組員遇到的問題。該組員表示自己對於桌遊並不在行，故此遇到同組有其他桌遊高手時便很容易敗陣。該組員還表示雖然明白小組並非著眼於誰勝誰負，但欠缺成功經驗仍然使他覺得難以投入遊戲。筆者當時陷入兩難：一方面，小組內不同組員各有擅長的桌遊，個別的組員明顯較容易成為「長勝將軍」，對其他組員而言可能會感到不是味兒，甚至影響參與小組的動機；另一方面，如果工作員在小組初期向組員表明遊戲勝負並不重要，有些組員更長期使用自己方式來進行遊戲而不行使任何策略，對遊戲的解說可能會造成困難。筆者的對應做法是，加強使用「遊戲經驗→解說→遊戲經驗→再解說」的小組進行模式，一方面如上文所述，此模式有助組員較快了解遊戲的玩法及重整策略，另一方面對上述的組員而言，工作員亦能將重點由「組員間的勝負」轉移至「組員個人的反思和進步」，從而提升成功感。筆者亦同時邀請組員分享成功方法，以便其他組員參考，令其他組員可在其後的遊戲經驗中提升表現，從而協助組員明白競爭對手也可以是自己的良師益友，提升抗逆能力。

B7.7 小組限制

是次小組的經驗中，筆者發現康復者在參與桌遊小組時的互動較少，亦傾向將遊戲經驗約化成個人策略的使用，較少與其他組員作出有建設性的互動（例如互相陳述己見、說服、引導他人等），這項觀察與「社群需要分析」的發現不謀而合。筆者認為工作員可嘗試從旁多加鼓勵，甚至示範如何在組員間發揮不同的影響力，以促進互動。在累積到足夠數目的組員後，工作員就可考慮設計節數較多的小組，使組員間的關係更穩固，甚至建立穩定的朋輩支援網絡，令小組的信息有充足的時間在小組不同的節數內發酵及鞏固。

參考資料

Ahmed, M., & Goldman, J. (1994). Cognitive rehabilitation of adults with severe and persistent mental illness: A group model. *Community Mental Health Journal, 30*(4), 385-394.

Balagna, R. M., Young, E. L., & Smith, T. B. (2013). School experiences of early adolescent Latinos/as at risk for emotional and behavioral disorders. *School Psychology Quarterly, 28*(2), 101-121.

Kelly, J. A., Laughlin, C., Clalborne, M., & Patterson, J. (1979). A group procedure for teaching job interviewing skills to formerly hospitalized psychiatric patients. *Behavior Therapy, 10*, 299-310.

Kopelowicz, A., Liberman, R. P., & Zarate, R. (2006). Recent advances in social skills training for schizophrenia. *Schizophrenia Bulletin, 32*(1), 12-23.

Lang, N. (2010). *Group work practice to advance social competence a specialized methodology for social work.* New York: Columbia University Press.

Mueser, K. T., Foy, D. W., & Carter, M. J. (1986). Social skills training for job maintenance in a psychiatric patient. *Journal of Counseling Psychology, 33*, 360-362.

Papalia, D. E., Olds, S. W., & Feldman, R. D. (2007). *Human development* (10th ed.). New York: McGraw-Hill.

Rose, K., Hawes, D. J., & Hunt, C. J. (2014). Randomized controlled trial of a friendship skills intervention on adolescent depressive symptoms. *Journal of Consulting and Clinical Psychology, 82*(3), 510-520.

Torres, A., Mendez, L. P., & Merino, H., & Moran, E. A. (2002). Improving social functioning in schizophrenia by playing the train game. *Psychiatric Services, 53*(7), 799-801.

Tsang, H. W. H. (2001). Social skills training to help mentally ill persons find and keep a job. *Psychiatric Services, 52*(7), 891-894.

Tucker, A., Javorski, S., Tracy, J., & Beale, B. (2013). The use of adventure therapy in community-based mental health: Decreases in problem severity among youth clients. *Child & Youth Care Forum, 42*(2), 155-179.

Wahl, O., Susin, J., Lax, A., Kaplan, L., & Zatina, D. (2012). Knowledge and attitudes about mental illness: A survey of middle school students. *Psychiatric Services (Washington, D.C.), 63*(7), 649-654.

B7. 職青精神病康復者──職場技巧訓練小組

B8
長者認知障礙症早期預防性小組

吳偉林、趙軒瑋

B8.1 社群需要分析

這個小組的服務對象為 65 歲以上的長者，他們大多已退休或一直料理家務。長者在面對人生較後期的階段，除了面對大大小小的變化，如：退休、子女成婚遷離、親友甚至伴侶的離世等，亦要面對生理上的逐步衰退。林林總總的健康問題當中，認知障礙症是其中一種甚難識別或處理的病症，對長者的生活及家人帶來很多困擾。

研究發現在中港地區的人口中，約有 5-9% 的人有不同程度的認知障礙症（Wu, Brayne, & Matthews, 2015）。認知障礙症的患者會在不同的神經認知（neurocognitive）能力範疇，包括：執行能力、記憶、語言、感知與動作整合、整體注意力及社交認知中出現缺損，進而影響獨立生活的能力（APA, 2013）。由於認知障礙症多數會逐漸惡化（Stokes, Combes, & Stokes, 2015），僅可透過藥物治療及訓練減慢病情惡化，因此早期的識別和介入十分重要。不同的研究均指出，加強社交、認知、體格的活動，均有助減低認知障礙症病發的機會（Fritsch et al., 2005; Leung et al., 2011; Küster et al., 2016）；不過，長者在退休後的認知活動及社交生活逐漸減少，令人很難發現早期的認知障礙問題，即使識別後，日常保持認知能力的活動也明顯不足。

B8.2 為何用桌遊介入？

雖然有關參與桌遊與認知能力衰退的研究明顯較少，但 Dartigues et al.（2013）在研究中發現桌遊對長者的認知能力下降有保護的作用。不同的學者亦使用了「認知儲備」（cognitive reserve）的概念，認為擁有較高學歷或日常參與較多需要動腦筋活動之長者，他們的「認知儲備」會較多，長遠而言可能有助減慢認知能力衰退（Verghese et al., 2003; Fritsch et al., 2005; Leung et al., 2011）。

本書〈B1. 桌遊與社會工作小組概論〉中曾介紹桌遊的幾個特質，包括：具有特定的結構、明確規定的形式（如：特定指示物的功能、數量及放置位置，在桌上的遊戲範圍）等，而每當組員執行決定，移除或移動指示物時，都會影響遊戲大局。同時，桌遊設有外在機制以增加不確定性，促使人與人在現實生活中進行面對面的互動。

此外，桌遊複雜多變的機制和設計，也要求參加者在過程中不斷進行「計劃→執行→形勢會因其他人的行動/遊戲的隨機過程（如擲骰）出現改變→更改計劃→改變行動→形勢再出現改變……」的過程，因而需要使用不同面向的認知能力，以適應遊戲的進度。以下筆者列出不同的神經認知能力範疇及各自的能力指標，並配以本書不同桌遊的特點，嘗試展示桌遊如何為 DSM-V 中所述之長者認知能力（APA, 2013）提供相應的刺激：

認知能力	具體指標	桌遊例子
執行能力	決策	**Bb45. 動物疊疊樂**：擲骰後要決定擺放棋子的人物、形狀和位置
	計劃	**Bb45. 動物疊疊樂**：提前考慮要擺放的動物棋子及計劃擺放的位置
	工作記憶	**Bb01. 出包魔法師**：不時計算桌上不同數字魔法牌的數目，以估計自己面前有何魔法牌
	從回饋中學習	**Ba01. 水瓶座**：從不斷改變的形勢和回饋中學習遊戲運作的機制，以提升自己的表現
	凌駕／克制自己既有的習慣和自然反應	**Ba40. 七級豬**：有意識地克制自己回應其他人說話的習慣
	認知彈性	**Bb23. Red7**：同時兼顧卡牌上的數字、顏色和規則三個元素，有需要時自由變換卡牌的用法
整體注意力	持續專注	所有桌遊均需組員集中專注來跟上遊戲形勢的變化
	選擇性專注	**Ba30. 快手鬼鬼**：專注於指定的條件而不受卡牌上其他不必要資訊影響，如：形狀／顏色干擾
	分散性專注	**Bb20. 作弊飛蛾**：同時留意自己要打出的牌，並提防其他人偷偷棄牌
記憶能力	即時記憶力	**Ba17. 快手疊杯**：看完卡牌後馬上把手上的杯按序排列
	近期記憶力	**Ba09. 鯊口餘生**：回憶其他人曾打出的數字牌，以免打出同數字的卡牌而被鯊魚咬到
語言能力	表達性語言	**Bb14. 你說我畫**：準確地用語言形容圖像上的位置、大小、形狀、特點
	文法及句法	**Bb18. 教父風雲**：有條理地使用語言去引導其他組員
	接收性語言	所有桌遊都要接收工作員的語言指示（規則及提示），並將之變成遊戲中的行為
感知與動作整合能力	視覺感知	**Bb24. 傳情畫意**：要從他人的繪畫中認出特定的事物
	視覺空間建構	**Ba27. 動物泛舟**：眼手協調，把動物棋放入木筏
	感知與動作整合	大部份桌遊均需組員透過自己的感知去做有意義的動作，如：移動、移除、擺放指示物
	實踐能力	**Ba07. 指定動作**：模擬卡牌上出現的動作
	感悟能力	**Ba13. 靈犀一點**：透過幾個不同的問題及答案，組員要從中整合出一個主題
社交認知能力	情緒認知	**Ba19. 故事骰**：從骰面的圖案或組員分享的故事中，識別和指出不同的情緒和社交提示
	心靈認知	透過桌遊後的解說，引導組員了解其他人的心理狀況

B8.3 小組目標

1. 提升組員運用認知能力的動機；
2. 強化組員運用認知能力的技巧。

B8.4 程序設計

小組節數：6 節，每節 90 分鐘
小組設計：

第一節

目標：

1. 為組員參與小組作出導向
2. 加強組員的「整體專注力」

時間	目標	內容	注意事項
10 分鐘	- 澄清及調整組員對小組形式和內容的期望	小組簡介及目標	
10 分鐘	- 熱身 - 引導組員熟習及進入桌遊經驗 - 加強「選擇性專注」	熱身遊戲： **Ba30. 快手鬼鬼**	- 工作員可藉此觀察及評估組員的整體認知能力及特質，以便調整其後節數的目標及遊戲 - 工作員可以按照組員的能力、特質和興趣，選擇不同的遊戲以訓練「感知與動作整合能力」（其餘節數均同）
20 分鐘	- 加強「分散性專注」	主題遊戲： **Ba08. 打蒼蠅**	- 工作員可先統一每張卡為一分，然後根據組員能力決定是否按卡牌所示分數計分
20 分鐘	- 建立組員間的關係 - 以交流加強語言及社交認知能力	由組員分享感覺及技巧	- 工作員可鼓勵組員在表達想法時，用語盡量清晰及具體，亦宜邀請其他人重組語句（paraphrase），以加強語言認知能力（其餘節數均同）
20 分鐘	- 加強「整體注意力」	重玩	
10 分鐘		小組總結	

第二節

目標：

1. 加強組員的「記憶能力」

時間	目標	內容	注意事項
10 分鐘		- 回顧上節小組內容 - 簡介今節小組流程	
10 分鐘	- 熱身 - 加強「即時記憶力」	熱身遊戲： **Ba17. 快手疊杯**	- 工作員可給予組員 5 秒時間記卡牌，之後將牌收起後組員才開始疊杯 - 在記牌期間，工作員可按圖案顏色的排列順序讀出來，協助組員記憶
20 分鐘	加強「近期記憶力」	主題遊戲： **Bb41. 拔毛運動會**	工作員可口頭提醒組員嘗試記卡牌位置
20 分鐘	以交流加強語言及社交認知能力	由組員分享感覺及技巧	
20 分鐘	加強「記憶能力」	重玩	
10 分鐘		小組總結	

第三節

目標：

1. 加強組員的「記憶能力」
2. 加強組員的「社交認知能力」

時間	目標	內容	注意事項
10 分鐘		- 回顧上節小組內容 - 簡介今節小組流程	
10 分鐘	- 熱身 - 加強「近期記憶力」	熱身遊戲： **Ba36. 掃毒**	工作員可口頭提醒組員嘗試記其他組員曾打出的卡牌，以加強組員記牌的動機
20 分鐘	加強「社交認知」	主題遊戲： **Bb11. 妙語說書人**	工作員可要求組員所出的題目符合其生活經驗的主題（如：組員年青時喜歡的流行曲 / 歌手等），既可加強組員的長期記憶，還有助組員互相建立關係，打開話題
20 分鐘	- 以交流加強語言及社交認知能力	由組員分享感覺及技巧	
20 分鐘	- 加強「社交認知」	重玩	
10 分鐘		小組總結	

第四節

目標:

1. 加強組員的「感知與動作整合能力」

時間	目標	內容	注意事項
10 分鐘		- 回顧上節小組內容 - 簡介今節小組流程	
10 分鐘	- 熱身 - 加強「視覺空間建構」及「感知與動作整合」	熱身遊戲: Ba27. 動物泛舟	- 可按組員能力調節時限,開始前亦可以讓組員把玩動物棋,以掌握其形狀及大小 - 工作員應避免讓組員「試砌」動物棋,以免組員及後只是以「試砌」的經驗進行遊戲
20 分鐘	加強「視覺感知」	主題遊戲: Ba18. 毛塵寶寶	工作員可先玩簡單版,並在初期輔以口頭提示,協助組員熟習遊戲,但應避免使用過多口頭提示,以免組員減少使用視覺感知的能力
20 分鐘	以交流加強語言及社交認知能力	由組員分享感覺及技巧	
20 分鐘	加強「實踐能力」	主題遊戲: Ba07. 指定動作	取消記分機制,鼓勵未懂做出相應動作的長者嘗試完成任務
10 分鐘		小組總結	

第五節

目標:

1. 加強組員的「語言能力」

時間	目標	內容	注意事項
10 分鐘		- 回顧上節小組內容 - 簡介今節小組流程	
10 分鐘	- 熱身 - 加強「表達性語言」	熱身遊戲: Bb14. 你說我畫	- 可以按組員能力調節時限 - 工作員可以準備組員認識的圖像作為題目
20 分鐘	加強「文法及句法」	主題遊戲: Ba19. 故事骰	工作員可以請組員輪流擲骰,並按擲骰結果逐漸延長故事
20 分鐘	以交流加強語言及社交認知能力	由組員分享感覺及技巧	
20 分鐘	加強「語言能力」	重玩	
10 分鐘		小組總結	

第六節

目標：

1. 加強組員的「執行能力」

時間	目標	內容	注意事項
10 分鐘		- 回顧上節小組內容 - 簡介今節小組流程	
10 分鐘	- 熱身 - 加強「認知彈性」及「凌駕/克制自己既有的習慣和自然反應」	熱身遊戲： Ba40. **七級豬**	
20 分鐘	加強「決策」及「計劃」	主題遊戲： Ba45. **動物疊疊樂**	
20 分鐘	以交流加強語言及社交認知能力	由組員分享感覺及技巧	
20 分鐘	加強「從回饋中學習」及「工作記憶」	主題遊戲： Ba01. **水瓶座**	
10 分鐘		小組總結 問卷調查	

B8.5 程序設計考慮

- 筆者設計是次小組時，在選用桌遊方面主要考慮以下數點：

  - 切合組員的認知能力水平；

  - 明確地刺激 B8.2 表中所列的組員特定的認知能力範疇；

  - 能讓組員在遊戲中感到樂趣。

- 筆者決定每節重點的先後次序時，較傾向將訓練「語言」和「執行」能力範疇的桌遊放在小組後期（第五節）才進行，因為組員間需要有較深厚的關係，才可以鼓勵他們在桌遊之中以語言交流。

- 由於「執行能力」牽涉較多抽象的思維過程和形勢應變，相關的桌遊亦可能較複雜，對組員的認知能力要求較高，所以亦放在小組後期（第六節），待工作員在小組初期評估組員的能力和特質後，才選用合適的桌遊。

- 是次小組與本書介紹的其他小組有所不同。一般的情況之下，以桌遊作為介入工具的小組主要以遊戲來建構「經驗」作媒介，並經由「解說」把「遊戲經驗」轉化為「生活應用」。但在是次小組之中，桌遊的結構和機制，即為介入的主要手法及工具，選擇對應的桌遊便更形重要，如欲認識更多，見〈**B4. 桌遊的結構**〉。即使如此，筆者認為遊戲後的解說及分享也同樣重要，可以聚焦於鼓勵組員表達自己的想法及經驗，以加強組員的「記憶」、「語言」及「社交認知」方面的能力。

- 由於不同的組員在認知能力的差異可以很大，工作員在決定組員的組合時，應考慮組員的認知能力，以免玩遊戲的過程中，出現某些組員覺得太簡單，某些則覺得很難掌握。

- 工作員宜在小組的第一節及最後一節，以問卷的方式評估組員的轉變和小組的成效，坊間有一些現成的量表，可從網上下載。對早期的認知障礙症長者，可考慮使用「蒙特利爾智力測試」（Montreal Cognitive Assessment, MoCA）。

B8.6 小組介入策略及反思

- 筆者在小組中遇到的主要問題，是組員覺得很難去掌握遊戲的規則。筆者認為首要的解決方法是在選擇桌遊時，盡量遷就組員的水平。另一方面，工作員在講解時可利用組員熟悉的事物（例如：麻將）來協助，以便他們更易理解遊戲規則。

- 由於是次小組中個別組員已經呈現早期認知障礙症的癥狀，而這些癥狀可能會在小組的進程中不斷惡化，所以工作員需面對組員在小組後期時認知能力出現下降的情況，作出個別的跟進。工作員可持續評估組員的狀態，在小組過程中按情況改變計劃。

- 面對陌生的桌遊經驗時，工作員可強化組員的參與動機，包括選擇較多合作類的遊戲，或將桌遊的罰則減少，並提供更多語言上的鼓勵或認同，增加組員的成功感。

B8.7 小組限制

這個為期六節、每節 90 分鐘的小組，對組員的訓練效果始終有限。Küster et al.（2016）指出，較活躍的生活習慣比一些指定的訓練小組模式對認知障礙症有較明顯的保護效果。設計精美、充滿樂趣的桌遊已有先天的優勢，能吸引長者持續參與。工作員在小組過程中要營造歡樂的氣氛，令組員對桌遊產生興趣，即使在餘暇時，也會和朋友或鄰居主動玩桌遊，使桌遊成為他們生活的一部份，變相地讓他們每天都自行鍛鍊認知能力，訓練效果將大幅提升。因此，機構開展小組時宜同時有相應的配套，例如在單位中開設「桌遊圖書館」，鼓勵他們在是次小組後可定期外借遊戲，回家與朋友分享。

在此，筆者亦進一步反思，或許麻雀耍樂，對長者才是最有效的「預防認知障礙小組」，既訓練執行能力、專注力，也是與人交流的社交活動。不過，有不少機構都會將麻雀標籤為賭博，敬而遠之。所謂「小賭怡情」，日本有老人院把其中一層改建成模擬賭場，利用假籌碼，讓長者通過麻將、撲克牌等活動來促進腦部活化。其實，只要禁止金錢交易，就已經沒有賭博的顧慮了。這例子提醒了我們，如何有效地把我們的介入目標轉化為組員生活的一部份，並創新地變成一些對應需要的服務或設施，都值得社工深思。

參考資料

American Psychiatric Association [APA]. (2013). *Diagnostic and statistical manual of mental disorders* (5th ed.). Arlington, VA: American Psychiatric Association.

Dartigues, J. F., Foubert-Samier, A., Le Goff, M., Viltard, M., Amieva, H., Orgogozo, J. M., Barberger-Gateau, P., & Helmer, C. (2013). Playing board games, cognitive decline and dementia: A French population-based cohort study. *BMJ Open*, *3*(8).

Fritsch, T., Smyth, K. A., McClendon, M. J., Ogrocki, P. K., Santillan, C., Larsen, J. D., & Strauss, M. E. (2005). Associations between dementia/mild cognitive impairment and cognitive performance and activity levels in youth. *Journal of the American Geriatrics Society*, *53*(7), 1191-1196.

Küster, O. C., Fissler, P., Laptinskaya, D., Thurm, F., Scharpf, A., Woll, A., & Kolassa, I. (2016). Cognitive change is more positively associated with an active lifestyle than with training interventions in older adults at risk of dementia: A controlled interventional clinical trial. *BMC Psychiatry*, *16*(1).

Leung, G. Y., Fung, A. T., Tam, C. C., Lui, V. C., Chiu, H. K., Chan, W. M., & Lam, L. W. (2011). Examining the association between late-life leisure activity participation and global cognitive decline in community-dwelling elderly Chinese in Hong Kong. *International Journal of Geriatric Psychiatry*, *26*(1), 39-47.

Stokes, L., Combes, H., & Stokes, G. (2015). The dementia diagnosis: A literature review of information, understanding, and attributions. *Psychogeriatrics*, *15*(3), 218-225.

Verghese, J., Lipton, R. B., Katz, M. J., Hall, C. B., Derby, C. A., Kuslansky, G., Ambrose, A. F., Sliwinsky, M., & Buschke, H. (2003). Leisure activities and the risk of dementia in the elderly. *N Engl J Med*, *2003*(348), 2508-2516.

Wu, Y., Brayne, C., & Matthews, F. E. (2015). Prevalence of dementia in East Asia: A synthetic review of time trends. *International Journal of Geriatric Psychiatry*, *30*(8), 793-801.

B9

「我家舍‧我桌遊」
——組織住宿青少年設計桌遊作倡議的小組經驗

吳子聰

B9.1 理念：服務背景及對象需要分析

香港兒童住宿照顧服務，是為 21 歲以下因個人或家庭緣故暫時未能得到適當照顧而需要遷離家庭者，提供居所及照顧。當中兒童之家的服務對象則為 4 至 18 歲的兒童（Social Welfare Department, 2015）。此服務始於十九世紀中葉，主要為協助無家可歸的孤兒及被賣為奴婢的少女而設，由於她們均迫切地需要實質照顧支援，故服務多以拯救或保護兒童為主（Ting, 1997）。現時，不少住宿照顧服務同工（下稱「同工」）均繼承此服務的傳統精神——視住宿兒童如自己的子女般加以保護。同工穩定、有規律、高反應的照顧，確實為不少兒童提供了替代的心理依附及安全感作成長的基礎（Ainsworth, 1997）。但當兒童進入青少年階段，他們的需要亦隨之而轉變，高保護、高反應的照顧，則開始不太對應他們的需要。

青少年的認知能力會隨成長遞增，他們運用邏輯思維，推理出更多的可能性，並且開始質疑照顧者的觀點及指示，也會挑戰權威，而非如以往般把其他人的說話照單全收，甚至很容易與同工發生衝突（Piaget & Inhelder, 1968）。同時，青少年要面對身份認同的成長危機，除了從他人身上獲取認同外，他們亦需要自主地去選擇及學習承擔責任，從中建立自我身份（Erikson, 1968）。可是，同工一般都有多年的住宿照顧服務經驗，因此很容易墮進一個「保護情意結」——為免青少年受到傷害，會婉拒或限制他們的自主選擇。

其次，青少年對事物愈加敏感，愈容易令情緒變得複雜及不穩定。他們在日常生活中遇到挫敗或被拒絕時，常會感到悲傷、失落、沮喪、抑鬱、自責等，並以發脾氣、故意不順服及反抗權威等行為來表達（Hall, 1904）。因此，青少年需要空間去探索、處理及表達情緒。可是，在現時有限的服務人手編制下，同工在接納及引導青少年的情緒上，顯得力有不逮；結果是青少年因需要未獲滿足而感到沮喪或惱怒，經常與照顧他們的同工出現磨擦。

此外，香港目前只有少量住宿照顧服務的研究，引用住宿兒童及青少年的主觀經驗，這現象反映了服務缺乏聆聽住宿青少年的聲音，較少從他們的角度了解他們的經驗，容易忽略了他們的感受（Save the Children Fund, 1995; HKSKHSCH,2005; Wong, 2016）。因此，服務研究過程上應該要有住宿兒童及青少年的參與，從而讓外界更了解他們的需要及關注。

B9.2 介入理論：以「參與式行動研究」來設計桌遊

「我家舍‧我桌遊」小組（下稱「本小組」）以「參與式行動研究」（participatory action research）為藍本，由社工與青少年以平等協作的方式，共同探索社群中的資訊，繼而一同討論，運用集體智慧轉化為有意義的行動，以達到改變的目的（Reason & Bradbury, 2008）。本小組以設計桌遊的手法作參與式行動研究，原因有三：

一、桌遊具故事性，例如：「大富翁」以壟斷土地剝削基層為題等，其設計出的背景、題材及玩法，讓青少年可從中分享自己的故事；

二、桌遊形式較輕鬆，可促進青少年平等地參與、分享及共同決策；

三、組員之前一直有參與一個桌遊成長小組及其他外間的桌遊比賽，因此他們對設計桌遊抱很大的期待，會更投入參與本小組去發展這方面的興趣。

組員參與設計桌遊時，能把自身的住宿經驗及關注，設定成桌遊的背景及題材，並透過印刷、出版、發佈及推廣，轉達給服務的持份者，促使同工重新認識青少年的經歷、關注及能力，推動他們步出「保護情意結」，並回應青少年的需要來提供服務及制訂政策。

本小組從三方面回應住宿青少年的需要：

一、透過遊戲設計的經驗，讓住宿青少年發展表達及協商的能力；

二、透過設計及發佈過程所得之認同，讓住宿青少年肯定自我及提升效能感；

三、透過平等參與及共同決策的設計及倡議經驗，為住宿青少年充權，啟發他們思考如何在接受服務的同時平等地參與提供服務，以回應自身的需要及關注。

B9.3 小組程序計劃邏輯

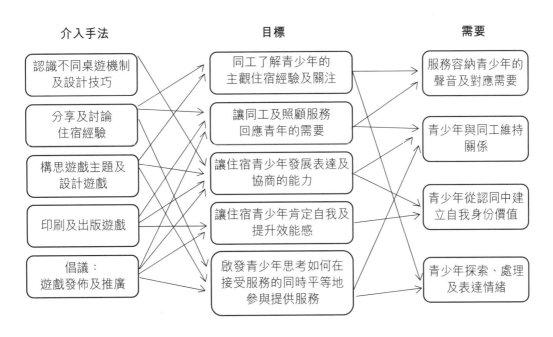

B9.4 小組設計、內容及結構

在籌備階段，社工先與不同持份者，包括：機構管理層及兒童之家的單位社工，分享構思並了解不同角度的考慮，調整計劃。這個討論的過程，既讓同工給予組員空間發揮及倡議，也讓他們明白小組用意及減低不安，確保在發佈會中給予正面的回應，令組員感到被尊重，更易達到充權的效果。此外，社工要聯絡使用桌遊作介入的機構及本地的桌遊印刷商，分別支援設計桌遊機制及印刷出版。

節數	主題	主要程序及內容
1-2	設計桌遊技巧	- 體驗不同的桌遊機制，見〈B4. 桌遊的結構〉 - 學習桌遊的設計技巧
3-4	分享及討論住宿經驗	- 實際生活、正面經驗、負面經驗、適應技巧 - 討論：遇事爭取的經驗
5-14	桌遊設計、測試及修改	- 討論桌遊的主題：青少年的關注 - 設計桌遊內容及機制以呈現主題 - 組員互相報告、測試及回饋 - 顧問團回饋、與組員討論顧問團的意見 - 組員批判的討論及修訂
15-18	討論及籌備發佈會	- 討論推廣桌遊的形式及效果 - 決定形式後籌備推廣計劃，包括：試玩教學及分享
19	機構內發佈會	- 組員介紹桌遊及分享關注信息 - 管理層、同工及兒童試玩體驗 - 參加者回饋分享
20	回顧經驗及前瞻	- 反思及檢討發佈會經驗 - 分享機構的邀請：加印桌遊及推廣 - 討論進一步的計劃及行動
21-24	籌備推廣計劃	- 預備試玩教學及分享
25-26	推廣計劃	- 試玩教學及分享經驗，對象：照顧服務同工及兒童
27-31	籌備推廣計劃	- 預備試玩教學及分享 - 拍攝及製作教學短片
32	推廣計劃	- 試玩教學及分享經驗，對象為社福界同工

時間結構方面，參與式行動研究著重組員分享經驗，思考及討論決策行動，每個過程均需時甚長。由於不少青少年在參與小組前曾有過嘗試爭取但徒勞無功的經驗，習得無力感甚強烈，認為改變是不可能的，因此在組員分享住宿經驗後，社工應預留充份時間讓他們批判地反思其處境、討論改變的可能行動及可行性，從而灌注希望並提升組員推動改變的意識。其次，在設計過程中要反覆討論題材與玩法、測試及調整，也需預留足夠的時間。最理想的安排為在四個月內進行 16 節小組，但亦可考慮在暑假期間組員較空閒的時間進行。

小組組成結構方面，組員來自同一桌遊成長小組，故延續這能力和經驗近似的組合。小組由 7 人組成，平均年齡為 13 歲，當中分別有一名 9 歲及一名 17 歲的組員。由於組員年齡相近，經驗及關注都很類似，討論時很快就建立起共同目標及凝聚力。到設計階段，考慮了組員能否互相合作，以及能力可否互相補足，於是把小組分開兩個小隊，分別為 4 人和 3 人。

規範結構方面，社工與組員在組前進行會面，詳細講解小組的目的及內容，了解組員的擔憂並作出澄清。此外，在第一節亦用上一個小時，讓組員分享參與小組的考慮，並共同制訂規

範來回應。由於小組以組員分享個人的主觀經驗和感受為主,須謹慎處理保密原則,故建立安全的環境、列寫保證不會追究的條款,可令他們更安心分享;有需要時同工更可與組員簽訂契約,增加安全感。此外,大家也要遵守共同參與及決策的原則——組員及社工在未得雙方同意下,不能擅自就倡議作行動。

B9.5 小組進程及結果

組員用八個月的時間設計了兩款桌遊:「回家 Quickly」及「家舍之旅」:

	**回家 Quickly** **主題**:住宿青年期望能早日回家與家人團聚,奈何現實中困難重重,因此遊戲中青年需要完成任務及盡早回家以取得分數。 **玩法**:運用行動點數決定抽牌、移動、做任務、回家任務等以完成上述目標,遊戲結束時最高分數者獲勝。 **時間**:30 分鐘起 **人數**:2-6 人 **適齡**:6 歲以上
 	**家舍之旅** **主題**:住宿青年期望生活中得到更多協商、自主決定的機會,並分享日常生活中透過不同方式滿足自主時的考慮和掙扎。 **玩法**:每回合要考慮回報、風險、形勢等,從自律、違規、協商三個行動卡中選用技能以取得「自主」。在情景區討論了解大家的需要及尋求處理的方法,遊戲結束時得到較多「自主」者獲勝。 **時間**:45 分鐘起 **人數**:4-11 人 **適齡**:9 歲以上

隨後小組在機構內舉行發佈會,當日有 20 多位住宿兒童及青少年,面對 20 多位機構同工,包括:機構總幹事層、服務督導、家舍社工及家長等。同時,我們亦邀請了一位關注兒童照顧服務的中大社工系教授及機構所屬教會的主任聖品牧師出席,藉具身份及影響力的持份者,讓組員感到受重視。組員在當日先介紹遊戲的主題、玩法及倡議信息,其後再帶領參加者即場試玩,反應甚為踴躍;參加者親身體驗後清楚了解組員的經驗,在回饋時就更能認同組員的動機和能力。

發佈會完結後,機構管理層認同此桌遊的作用,故提議印刷各 100 套作推廣及公開發售,扣除成本後的收益撥歸組員作個人發展用途,又邀請組員擔任推廣大使並分享其關注。此外,社工還分享代表小組出席西班牙研討會的情況,並把國際學術界肯定這兩個桌遊設計的消息告知組員,都令他們更有動力繼續進行倡議。隨後,組員再在香港舉行發佈會,向其他社福界同工帶領此桌遊,並分享設計、倡議的經驗,再次得到業界讚賞,更有社工邀請組員到其

所屬機構再作分享，組員均感到自豪。

B9.6 檢討與評鑑

社工在桌遊出版並以發佈會進行倡議後，以個別訪談方式，從質性層面了解青少年參與小組的主觀經驗，回饋節錄如下：

主題	組員回饋
提升能力感及自信	-「創作一個遊戲真係玩到，仲印咗出嚟，大家話好玩，好有成功感。」 -「係發佈會度好多人讚我哋上得大場面，得到大家認同會好開心，覺得自己真係得（有能力）……」
經驗重視及尊重	-「可以有機會俾人明白我哋，仲要係有身份、有影響力嘅高層，會覺得好被重視……」 -「其實從來都無咁認真咁講我哋嘅住宿經驗，今次真係有個地方去講，仲要可以印埋出嚟……」
抒發情緒	-「係發佈會可以俾人聽到、明白我地嘅經歷，終於有機會講到出嚟，會覺得好舒服……」 -「可以抒發到係家舍嘅唔開心……唔洗屈住屈住……」
灌注希望	-「幫到我表達想回家囉，我諗對於返屋企都有幫助……」

由此反映組員在小組中建立了能力及效能感，並在倡議過程中經驗到充權，可見小組具一定的成效。建議讀者進行類似的小組時，可再進一步透過量表作前後測，以評鑑小組在提升組員效能感方面的成效。

同工回饋節錄如下：

主題	同工回饋
理解青年的經驗及感受	「頭先青年主持提我要抽任務卡去保障自己拎到回家點數，我真係好努力咁不停抽，但係我最終竟然一張都抽唔到，我突然之間發現原來我幾努力都好，我都係返唔到屋企，個一刻真係好無奈，我估佢地面對回家都係一樣無奈……」
肯定青年的動機及能力	「係遊戲入面，我睇到設計師嘅用意，遊戲反映咗佢哋真係想一齊有一啲討論點樣去協商，讓到（社工和同事）同青年處理成長事宜嘅時候有一啲好好嘅參考，討論過程好輕鬆、又好有幫助……」

照顧服務的同工在體驗桌遊後，對組員的主觀經驗及關注有進一步的了解，惟需要更長時間了解在倡議過後，住宿服務安排是否有實質的改變。

B9.7 經驗反思及前瞻

B9.7.1 服務使用者向提供者進行倡議的要訣

小組協助組員表達在服務當中的經驗並帶來改變，其分享內容必然涉及服務提供的情況。在決定倡議之前，因組員仍然接受服務提供者的照顧，因此須考慮提供者能否開放地接納組員的批判，否則若因倡議而破壞組員與同工的關係，則對雙方都是很大的傷害。其次，遊戲會公開推廣，即在公眾前分享機構內部提供服務的情況，因此事前要徵得機構管理層的同意，

並公正地表達機構的實際情況。

社工並非要審查組員的意見後才設計桌遊，但要有技巧地平衡組員的需要、其他持份者對行動的理解以及這個項目對組員的潛在影響，從而作出有建設性的倡議行動。筆者參考Gutierrez（1990）推動充權小組的提議再引申應用：在分享階段接納組員的定義和世界觀，讓組員隨意抒發感受；在行動階段，社工宜適當引導組員更宏觀地討論行動策略，包括：表達是否基於事實而非單純的情感發洩、使用甚麼字眼和形式去表達會最易得到大眾的明白、如何避免誤會或怎樣做才最有可能為服務帶來改變；社工緊記要開放地讓組員的經驗得到充份聆聽、考慮及有機會被小組採用。即使協商時組員的意見未被採用，他們也不會感到被否定，並把這個經驗延續到生活中去，有需要時仍會繼續表達意見及協商。

B9.7.2 社工的權威影響及角色

本小組的參與式行動研究，是「由成年人發起，兒童平等參與及共同決策」（Hart, 1997）。社工需注意權力的影響，包括：表達個人意見時的立場及態度，避免組員因社工的權威而被迫妥協或放棄原有的立場及意見，形成「由成人決定後通知兒童」的情況（Hart, 1997）。此外，社工與組員建立良好的關係，無形中會令組員因出於尊重而認同社工的意見，間接妨礙組員的主導性。因此，社工要在過程中留意給予意見時組員的反應，並鼓勵他們批判地思考社工提出的意見。社工也可定期以開放的心態，諮詢組員希望社工擔當甚麼角色的意見，並彈性地調節。

B9.7.3 小組的步伐及結構

上文提及，意識提升是倡議的第一步。如果議題未得到小組充份討論，會令組員感到被強加意願而抗拒參與。小組的節奏如能顧及組員的步伐，可提升組員的歸屬感。

小組要有足夠的空間去照顧理解及反應能力都不同的組員。討論時，個別組員會表示「沒有所謂」或「沒有意見」，而事實上，他們當刻正需要時間去思考及組織想法，但這並不代表他們真的沒有意見。正如社工與組員討論桌遊的推廣形式時，曾提出多個建議以刺激討論，如：發佈會、製作短片、撰寫信件等，惟組員當時表示「沒有所謂」而決定選用發佈會這形式。不過，在籌備過程中，他們就充份體會到很多的困難；若在決定前有足夠的時間仔細分析不同形式的優劣，他們未必會選擇發佈會。最後，本小組中有部份的修訂意見是經由社工及顧問討論後直接告訴組員，組員對權威的意見均表示同意或沒有意見，似乎變成「成人諮詢後通知兒童」（Hart, 1997）的情況。因此，筆者建議社工預留足夠的時間給小組進行討論，那麼原來由社工及顧問所提出的意見，便可經組員討論後自行發現，有助提升組員的參與。

在節數安排上，除了預留充足的時間讓組員完成設計外，也要設定合宜的階段性目標及時限，以免組員在過程中因為未能完成任務而感到洩氣。在本小組中，組員每每都是在討論修訂遊戲構架並預視修改需要的時間後，訂立具體的時間表，全個小組便會加快完成任務，可見階段性目標具有推動組員參與的作用。

根據組員的回饋，他們認為設計及籌備發佈的過程並不簡單，特別當小組要追趕進度時，他們需加倍集中及思考。因此筆者建議設計桌遊時，宜建立輕鬆的氣氛來促進組員的發揮，避免因時間匆促而對組員構成過大的壓力。

B9.7.4 小組的組合及分工

本小組分兩個小隊，在決定設計主題後，其中一隊有一位組員詢問是否要如此真實地反映其經驗，對此他感到有點憂慮，深思熟慮後表示自己較希望調到另一隊。社工即時與整個小組討論這個請求，在全組同意下讓該位組員調往另一隊。現在回想起來，社工當時應立即回應

組員的不安，例如邀請該組員分享抗拒的原因、其他組員有否同感或類似的經驗，透過互相理解及共同分擔來降低孤立感，集思廣益，一同協助該組員解決疑難。結論是有效地處理過程，或會令組員留在原隊並有較理想的發揮。

在分隊的安排上，宜在討論設計主題後才按組員的關注去分隊。組員對現況的關注及尋求改變的動機，會影響投入度及發揮；相反，能力及年齡在本小組經驗當中的影響並不明顯，所以不用刻意以能力互補原則來分小隊，而組員的合作關係亦可在設計過程中建立。

理想而言，若各組員能個別設計一款桌遊，對該群體的主觀經驗及關注會有更全面的理解。現實是小組要共同製作兩款遊戲。雖然組員的關注近似，但部份人還是需要妥協。其中一位組員所關注的主題和小隊稍有不同，但礙於和其他組員的友誼，也理解到其他組員的關注，所以期望在倡議中協助他們促成改變而繼續參與行動。因此，建立組員的互助關係，讓他們找到共同的參與意義，十分重要。

B9.7.5 設計桌遊手法的應用和限制

由於桌遊呈現的題材及故事，部份仍有賴「文字」這個非常具體的媒介來表達。而過於**直接的表達**或許會令組員憂慮其他持份者誤解，這是以設計桌遊來倡議改變服務的一大限制，因此要特別注意這手法會否阻礙組員的表達。其次，構思桌遊時，除了設計內容和信息外，還要兼顧遊戲機制，因為機制考量不周而未能準確表達關注，會影響倡議的效果。再者，理想的參與式行動研究應由組員共同討論及決定倡議的行動形式，例如常見使用的表達藝術形式、影像發聲（PhotoVoice）等，而不應事先規定以設計桌遊作為行動的形式，這樣更能形象化或象徵性地突出組員的情感經驗。而以設計桌遊這手法應用在較離身的社區議題，如：社區無障礙設施、環境保護等議題時，其具趣味且清晰的表達對倡議則最有利。

B9.8 總結

在兒童住宿照顧服務中，邀請青少年參與討論服務的提供，對於回應其需要及建立他們的能力感均有正面的效果。現時不少社會服務均以專業人士由上而下推展，期望業界可在年度計劃中，邀請服務使用者由下而上來參與服務的設計，這樣既能讓使用者在提出個人的經驗時作自我完善，也可為他們充權以建立正面的自我形象。此外，本地亦開始有以設計桌遊的手法來進行倡議，但大多以專業桌遊設計師或公眾人士比賽的形式參與，盼望業界肯定服務使用者的能力，讓他們主導倡議自身的議題。

參考資料

Ainsworth, F. (1997). *Family centered group care: Model building.* England: Ashgate Publishing Ltd.

Bradbury, H. (2007). *The SAGE handbook of action research: Participative inquiry and practice.* London: SAGE Publications.

Erikson, E. (1968). *Identity: Youth and crisis.* New York: Norton.

Gutierrez, L. M. (1990). Working with women of color: An empowerment perspective. *Social Work, 35*(2), 149-153.

Hall, G. S. (1904). *Adolescence: Its psychology and its relations to physiology, anthropology, sociology, sex, crime, religion, and education (Vols. I & II)*. New York: D. Appleton & Co.

Hart, R. A. (1997). *Children's participation: The theory and practice of involving young citizens in community development and environmental care*. New York: UNICEF.

Hong Kong Sheng Kung Hui St. Christopher's Home, & Centre on Behavioral Health, the University of Hong Kong. (2005). Research report: Resilience and mental health of children and house parents of small group homes of Hong Kong Sheng Kung Hui St. Christopher's Home. Hong Kong: Hong Kong Sheng Kung Hui St. Christopher's Home.

Piaget, J., & Inhelder, B. (1968). *The psychology of the child*. New York: Basic Books.

Save the Children Fund. (1995). *Are we really listening? Children in foster care in Hong Kong, their rights, our responsibility*. London: Save the Children Fund.

Social Welfare Department. (2016). Residential child care services. Retrieved November 11, 2016, from http://www.swd.gov.hk/en/index/site_pubsvc/page_family/sub_listofserv/id_residchildcare/

Ting, L.H.F.A. (1997). Residential child care services in Hong Kong—Achievement and future challenges. In N. Rhind & K. T. Chan (Eds.), *Sharing residential child careservice—The Hong Kong experience* (pp. 9-26). Hong Kong Student Aid Society: Hong Kong.

Wong, M. C. (2016). The lived experiences of children in care with the going home process in a Chinese context: An exploratory study. *The Open Family Studies Journal*, 8(1), 1–12.

B9.「我家舍・我桌遊」——組織住宿青少年設計桌遊作倡議的小組經驗

B10
在中心發展桌遊介入的裝備

梁林輝、黃幹知、葉文俊

本文總結了幾位筆者在青少年中心服務單位開展桌遊工作前的準備心得和注意事項，希望幫助有興趣在自己的工作單位中開展桌遊介入的讀者，包括以桌遊作為介入手法的小組，或在中心的偶到服務中增添桌遊的工具等。本文雖以青少年中心作例子，但在不同的場景和對象，如：中心、院舍或學校的同工亦可參考及應用。所有接受服務者，包括：小組的組員、中心偶到服務的街坊或會員、宿舍的舍友等，在本文一律統稱為「參加者」。

B10.1 購買及選取合適的桌遊

- 開始時，先主要購買一些簡易上手、短時間可完成及不需太多策略的桌遊（例如：**Bb32. 禮物、Bc10. 矮人礦坑、Bb01. 出包魔法師**等），這些遊戲節奏明快而又刺激，可引起參加者的興趣；同時，可以購買少量需要簡單策略的桌遊（例如：**Bc01. 卡卡城、Bc05. 我是大老闆、Bc06. 印加寶藏**等），讓一些已經熟習遊戲的參加者，可以嘗試挑戰更高難度，以免他們感到無聊；

- 如成功建立長期小組，組員或許想挑戰高難度的桌遊，屆時可再因應組員的興趣來決定是否選購需時較長及考驗策略的桌遊；

- 由於桌遊成本不菲，可先到坊間的桌遊咖啡室並在指導下試玩，然後再決定購買哪一款，又或先購買一套，試試參加者是否有興趣後，才購買多一兩套（Crews, 2011）。

B10.2 工作員的自我裝備

- 工作員要先熟悉即將使用的桌遊之規則，尤其在帶領時如能因應組員當下的反應或能力來調節規則或遊戲難度，會更能應對參加者的需要並帶出介入目標；

- 工作員不必是桌遊的「專家」，但要對官方的說明書有充份的理解。若規則一致，會更方便有興趣再嘗試的參加者在工作員不在場的時間，與他人分享及試玩同一桌遊，把桌遊的介入效果不斷推廣及延伸。

B10.3 硬件配套

- 「桌遊」，顧名思義，是在桌上進行的遊戲。桌子是其中一個十分重要的配套：
  - 桌子面積不宜過細，因桌遊本身配件較多，需要足夠的空間擺放，但也不宜過大，因會阻礙組員接觸桌遊；

- 長方形的桌子會使工作員及組員與桌遊的距離不一，難以觀察各人的遊戲情況，不宜使用。正方形或圓形的桌子，都能令所有參加者投入遊戲；
- 若參加者為幼兒或小學生，工作員宜使用較矮身的桌椅。

- 設立一些公開空間，例如在中心大堂中讓會員玩桌遊，某程度上是向其他街坊推廣（Crews, 2011）。如欲在中心的偶到服務發展桌遊的借還系統，中心的大堂也要配備多點不同大小和高矮的桌椅，方便不同年紀的參加者使用。

B10.4 評估需要、招募組員並發展成長期小組

- 可先觀察中心大堂內的會員有何活動，尤其注意玩三國殺及集玩式紙牌（例如：遊戲王 Yu-Gi-Oh、少年突破 Battle Spirits、先導者 Vanguard）的人，因為他們對紙牌遊戲已有一定的認識及興趣，對桌遊的接受程度比一般人高，會較易招募他們加入長期桌遊義工組（下稱「長期小組」）；
- 經常在中心流連或賦閒的會員，他們有一優勢，就是空閒的時間較多，也需要他人的關注，工作員可先與他們嘗試一些簡單、快速、考驗反應的熱身桌遊來吸引他們（例如：Ba02. 心心相引、Ba14. 豬朋狗友、Ba17. 快手疊杯、Ba30. 快手鬼鬼等），這些遊戲需時較短，能以最短時間建立成功感，吸引參加者初嘗桌遊的滋味。在學校或社區以街站等宣傳及招募組員同樣適用。隨後再循序漸進，選擇難度適中的桌遊，讓他們感到有挑戰性，慢慢建立他們對桌遊的興趣，這也有助招募他們成為長期小組的組員；
- 定期向參加者收集意見，並由他們決定及參與選購新種類的桌遊；
- 在青少年中心，宜先組織一群中學生參與桌遊小組，並把它慢慢演變為長期小組，目標在於動員他們定期為中心做義工，包括在其他桌遊小組或偶到服務中，教授年紀較小的參加者學習桌遊，漸漸更可發展他們成為中心桌遊服務的骨幹，同時成為青少年社交技巧、領袖和社會責任小組的核心組員。《棋代夢想》作者在青少年中心所發展的「棋舖」就是一個成功的例子（周詠禧等，2015）；
- 社工開展的桌遊小組必然會有介入目標及主題，工作員在小組前要先調整組員的期望，事先告知他們小組會有分享及反思的部份，以免組員誤會為康樂組或興趣班；
- 組員的數量應盡量限制在 4 至 6 人，宜因應人手及桌遊數量訂立小組的人手比例，讓每位組員都可以充份經歷桌遊的過程，而不只是旁觀而已。

B10.5 建立靈活的借還機制

- 讓參加者可輕易借用桌遊，使他們能在小組以外的時間與他人分享；
- 可按本書中的短、中、長時間，為單位的桌遊分類；亦可因應對象的年紀來分類，例如在青少年中心，把桌遊分作推介給青年或兒童，但不要因此而限制了借用者的年齡，方便不同對象借用合適的桌遊。就筆者的經驗，有些小學生會嘗試高難度的桌遊，而有些青少年只喜歡玩簡單的桌遊，不能一概而論；
- 推介專櫃中，除了推薦給不同年紀者外，也可定期介紹不同的桌遊及其背後的學習信息，或會吸引部份家長的興趣；

- 隨後把桌遊編碼分類,方便中心同工以及參加者識別和借用;

- 以青少年中心為例,可把桌遊的照片按序放入一本 4R 相簿,參加者借用時可把會員證放入相應的照片袋中,在以下之附表簽收,隨後歸還時可在當中取回會員證。這既可有效管理借還,也可讓其他人知道哪些桌遊已被暫時借走而考慮借用其他桌遊。

- 在盒面貼出清晰的配件清單,並在歸還時與當值同工覆核,以確保配件及數目完整。這樣做除了能讓參加者學習責任感外,亦能促進保持桌遊的配件完整,使後來的借用者能順利進行遊戲。

- 宣傳及教育參加者愛惜桌遊的文化,例如:在桌遊的盒面、借用櫃,或玩桌遊的桌子、區域上,貼上「愛惜桌遊」的提醒字句,讓桌遊可持續地供借用者使用;

- 組織長期小組的義工,協助保養及管理單位的桌遊,例如:過膠、加保護套等;

- 影印所有說明書,把兩份複本放在盒內,方便多位參加者同時閱覽;正本儲存在同一文件夾,一旦弄丟了說明書亦可在文件夾內尋回(Crews, 2011)。

B10.6 在團隊中推廣桌遊成為一個專業的介入手法

- 尋覓一些對桌遊有興趣的同工,聚集一起試用一些新的桌遊並討論在工作上如何應用(Crews, 2011),讓他們熟悉及認同桌遊這介入手法;

- 推介幾個快速、易學又有趣的桌遊,給其他同工在中心大堂當值時,可用來與會員建立關係;

- 主動與主任或隊長溝通,尋求他的認同以桌遊作介入工具,以及協助定期在團隊會議或同工訓練中,加插學習和分享桌遊的元素,並不時分享不同的桌遊可回應甚麼小組的主題(Crews, 2011);

- 鼓勵同工按單位的制度借用桌遊,在中心、社區、入校小組或大型活動中使用,嘗試以反應類的桌遊作熱身去取代傳統的小組破冰遊戲。

附表:借用桌遊表格

借用桌遊名稱	借用人	借用日期 / 簽名	歸還日期 / 簽名	備註
例:一網打盡	小明	1/2/2016 小明	7/2/2016 小明	

參考資料

Crews, A. (2011). Using games to support the curriculum: Getting teachers on "board". *Knowledge Quest*, *40*(1), 10-13.

周詠禧、黎柏然、唐詩雅、陳鳳明(2015)。《棋代夢想 II:Board game x 社會工作》。香港:聖公會馬鞍山青少年綜合服務。

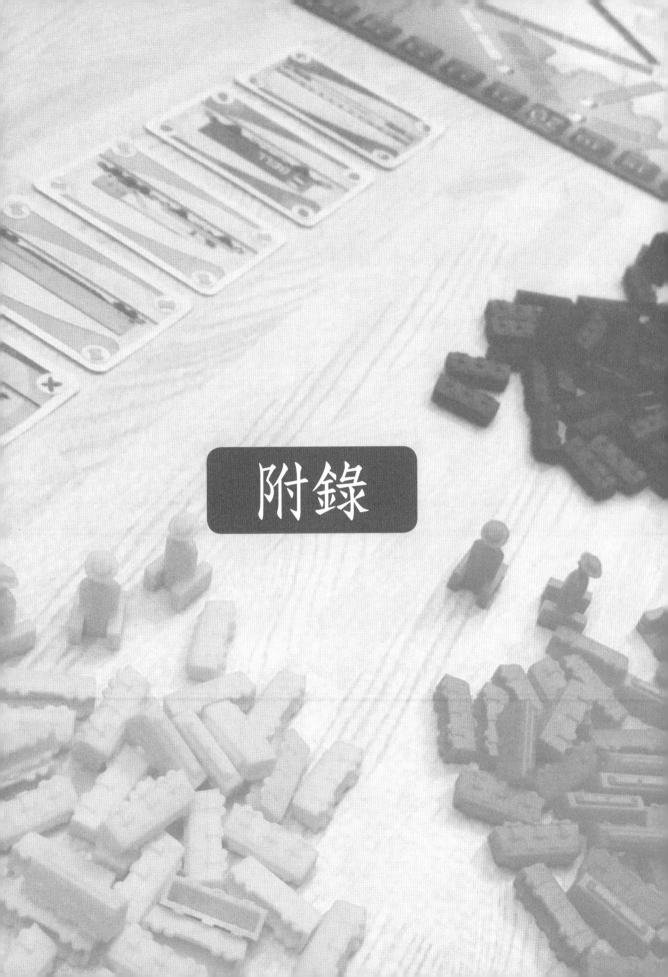

附錄

小組發展、功能與主題分析表

項目	人數	適用階段	破冰熱身	互相認識	常規建立	小組建立	經驗反思	自我認識	生命覺察	目標設定	自我管理	聆聽觀察	同感共情	表達技巧	面對衝突	家庭關係	領袖風格	共享願景	組織結構	合作解難	社會關懷	差異教育	思維技巧	其他
Ba. 短時間桌遊 (20分鐘以內)																								
Ba01. 水瓶座	2-5人	初/中	*							*		*												
Ba02. 心心相引	2-5人	初/中	*																					
Ba03. 心有鈴犀	2-4人	初/中/後	*							*														
Ba04. 撞桶王3D	2-6人	中/後				*		*																
Ba05. 終極密碼	2-4人	初/中	*					*				*												
Ba06. 齊小豬	2-4人	初/中							*						*									
Ba07. 指定動作	2-6人	初/中									*	*		*										肌肉訓練
Ba08. 打蒼蠅	2-8人	初	*					*																
Ba09. 鯊口餘生	4-6人	中/後	*			*				*														
Ba10. 奇雞連連	2人	初/中			*						*													
Ba11. 動手不動口	2人以上	初/中												*										肌肉訓練
Ba12. 德國蟑螂	2-6人	中/後								*	*													
Ba13. 靈犀一點	3-16人	初/中		*		*								*										任何主題
Ba14. 豬朋狗友	2-12人	初	*	*										*										
Ba15. Toddles Bobbles	2-12人	初/中		*				學習																批判
Ba16. 睡皇后	2-5人	初/中							*						*									
Ba17. 快手疊杯	2-4人	初	*					*						*		*								
Ba18. 毛塵寶寶	1-4人	初	*						*															
Ba19. 故事骰	2-9人	初/中/後	*									*												創意
Ba20. 數字火車	不限	初/中								時間														
Ba21. 迴轉壽司	2-5人	初/中	*																					
Ba22. 時間線	2-8人	初/中	*																					
Ba23. 香蕉猴王	2-4人	初/中/後										*	*	*										
Ba24. 通緝令	3-14人	中/後	*									*	學習											
Ba25. 搖滾節奏	3-20人	初/中	*	*								*												
Ba26. 伐木達人	2-8人	初/中	*		*																			人際關係
Ba27. 動物泛舟	2-7人	中/後	*									*	*								*			
Ba28. 籤籤入扣	2-8人	初/中	*																		*			創意策略
Ba29. 説謊小八	2-8人	中/後	*									*	*		*									
Ba30. 快手鬼鬼	2-8人	初/中	*									*												
Ba31. Hurri Count	2-6人	初/中	*																					
Ba32. 神馬東西	3-8人	初/中	*																					
Ba33. 泥巴大戰	3-6人	初/中	*																					
Ba34. 大家來找碴	2-6人	初/中	*		*		*																	
Ba35. 情書	2-4人	初/中	*																					家庭教育
Ba36. 掃毒	4人以上	初/中	*									*												
Ba37. 找對的杯	2-6人	初/中	*	*						學習		*												
Ba38. 紙牌心臟病	2-15人	初/中	*	*	*							*												
Ba39. 找個朋友	3-20人	初/中	*	*		*		*																任何主題
Ba40. 七級豬	3-13人	初/中	*											*	*									
Ba41. 誰是間諜?	6-14人	中/後										*		*										任何主題
Ba42. 我是甚麼?	2-10人	初/中	*	*																				任何主題
Ba43. 停車	2-5人	初/中								*														
Ba44. 快手拍卡	3-12人	初/中															*							
Bb. 中時間桌遊 (20-40分鐘)																								
Bb01. 出包魔法師	2-5人	中/後						*							*									
Bb02. 戰國時代	2-6人	初/中								*										*				

	人數	小組發展	功能 / 主題																				
		適用階段	破冰熱身	互相認識	常規建立	小組建立	經驗反思	個人成長				人際溝通					組織領導				社會公義			其他
								自我認識	生命覺察	目標設定	自我管理	聆聽觀察	同感共情	表達技巧	面對衝突	家庭關係	領袖風格	共享願景	組織結構	合作解難	社會關懷	差異教育	思維技巧	
b03. 估估劃劃	4-16人	初/中/後	*																				創意	任何主題
b04. 雙城爭霸	3-7人	中/後											*					*			*			
b05. 一網打盡	3-5人	中/後	*											*				*				*		
b06. 明槍你錢 (活動版)	8-20人	中/後																*			*			
b07. 熱氣球之旅	3-6人	中/後						*	*				*				*							
b08. 天生絕配	2-8人	中/後						*					*			*								任何主題
b09. 語破天機	2-12人	中/後												*	*								創意	
b10. 動物骰	2-4人	初/中/後	*					*														*		
b11. 妙語說書人	3-8人	中/後						*			學習			*									創意	
b12. 花火	2-5人	中/後				*																		
b13. 雞同鴨搶	2-5人	初/中/後		*										*			*							
b14. 你說我畫	3人以上	初/中/後												*										
b15. 火柴會說話	3-8人	初/中/後		*										*										任何主題
b16. 拉波卡	3-6人	中/後												*						*				
b17. 二人三築	1-8人	初/中/後												*	*									肌肉訓練
b18. 教父風雲	6-12人	中/後												*	*								批判	
b19. 騎士學院	2-5人	中/後						*			時間		*											
b20. 作弊飛蛾	3-5人	中/後	*		*																			
b21. 紙牌大富翁	2-5人	初/中/後						*			理財						*				*		系統	
b22. 小木偶	4-10人	中/後		*										*									批判	任何主題
b23. Red 7	2-4人	中/後																			*	*		
b24. 傳情畫意	6-8人	初/中/後												*	*								創意	
b25. 磁石魔法迷宮	2-4人	初/中/後	*					*			學習													
b26. 抵抗組織：阿瓦隆	5-10人	初/中/後							*				*										批判	
b27. 推倒提基	2-4人	初/中/後	*							*			*					*	*					
b28. 非洲之旅	2-5人	初/中/後	*							*			*								*			
b29. 石器部落	4-8人	中/後																*	*		*			
b30. 雪地狂歡：砸蛋	5-8人	初/中/後		*									*										批判	
b31. 奇幻之門	2-5人	初/中/後						*			*													
b32. 禮物	3-7人	初/中/後						*													*			
b33. 度度都到島	2-6人	初/中/後																		*	*	*		
b34. 嘿！我的魚	2-4人	初/中/後								*									*					
b35. 浮言浪語	2-6人	中/後						*													*			
b36. 犯罪現場	2-8人	中/後												*				*			*			
b37. 第一印象	10-26人	初/中/後				*															*	*		
b38. 垃圾山	2-5人	初/中/後			*								*								*	*		
b39. 奶油還是派	2-5人	初/中/後			*													*			*			
b40. 小吃大胃王 2	3-10人	初/中/後	*					*			學習													
b41. 拔毛運動會	2-4人	初/中/後	*								學習													
b42. 綿羊牧場	2-4人	中/後									*													
b43. 真心話	4-10人	中/後			*			*																任何主題
b44. 實話實說 2	3-5人	中/後					*	*										*					創意	
b45. 動物疊疊樂	2-4人	初/中/後						*														*		
b46. 生涯卡	5-8人	中/後					*	*								*								
3c. 長時間桌遊 (40 分鐘以上)																								
3c01. 卡卡城	2-5人	中/後						*		*											*			
3c02. 明槍你錢	3-6人	中/後												*										
3c03. 柯爾特快車	2-6人	中/後								*														
3c04. 送禮高手	3-8人	中/後		*		*												*						
3c05. 我是大老闆	3-6人	中/後																*		*				
3c06. 印加寶藏	3-8人	中/後								*					*									
3c07. 卡坦島	3-4人	中/後									*													
3c08. 鐵道任務——歐洲版	2-5人	中/後						*			時間													
3c09. 璀璨寶石	2-4人	中/後								*	時間													
3c10. 矮人礦坑	3-10人	初/中/後																*			*			

桌遊資源推介

PEOPLE ON BOARD
樂在棋中

達人系列桌上遊戲

最新

最新

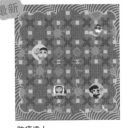

最新

音樂達人＋點讀筆
Master Musician + Ting Pen

時鐘達人
Time Pro

防疫達人
Disease Prevention Pro

港鐵沿途有禮桌上遊戲

最新

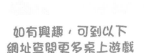

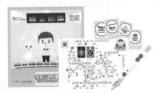

如有興趣，可到以下
網址查閱更多桌上遊戲

港鐵沿途有禮2019＋2020補充裝
MTR Board Game 2019 +
2020 Plus package

港鐵沿途有禮2019年版＋2020補充裝
MTR Board Game 2019 +
2020 Plus package
＋點讀筆 Ting Pen

「叮叮」香港電車桌上遊戲

原價：HK$388
優惠價：HK$298
「叮叮」香港電車桌上遊戲
Ding Ding The Hong Kong Tram Board Game

聯絡我們
CONTACT US
中環鴨巴甸街35號元創方B座H304室
H304, Block B,PMQ
35 Aberdeen Street, Central, Hong Kong

☎ +852 3158 0674
◎ www.pob.hk
f People On Board

香港社企, 設計桌遊, 連繫你我
HK Social Enterprise, Design Board Game, Connect You and Me

201

桌樂無限 - 香港桌上遊戲教育中心

地址：香港九龍旺角西洋菜南街5號1404室　電話：3954 5967
Address：Room 1404,Good Hope Building, 5 Sai Yeung Choi Street, Mong Kok, Kowloon

桌遊輔導及學習導師證書課程

桌遊 · 教育 · 工作應用

林浩文社工(文sir)
· 桌遊介入的先驅應用者
· 多年青少年工作經驗
· 特殊教育需要文憑
· 曾舉辦超過百場訓練及
　工作坊
· 曾於大專院校講授
　桌遊輔導工作

黃幹知社工(知sir)
· 中大社工系兼任講師、
　理工大學及浸會大學實習督導
· 多年青少年工作經驗
· 編輯「社會工作小組叢書」
· 於兩岸四地多間大專院校
　以創新手法帶領Debriefing

初階 (合共15小時)

* 桌遊簡介 - 歷史、分類、
　發展、功能、禮儀
* 詳細介紹桌遊功能
　(附遊戲實況演習)
* 導師專業守則
* 導師基本帶領技巧
* 如何以視象方式帶領桌遊小組

進階 (合共20小時)

* 桌遊教育的背景及理論
* 遊戲(Game Play)功能總論
* 桌遊教育與其他遊戲手法的異同
* 認識桌遊教育遊戲常見的機制
* 透過分析機制，帶出
　教育意義和玩點
* 不同界別桌遊應用分享

高階 (合共16小時)

* 桌遊小組解說技巧(Debriefing)
* 桌遊應用可能性
* 準備、帶領遊戲及解說實習
* 實習後討論、同學與導師反饋意見

＊通過進階課程後可申請
韓國桌遊業協會
之桌上遊戲教育導師證書

如欲查詢/報名請掃描QR code
或 致電 3954 5967
或 6235 8598

學生訓練　　專業培訓　　應用諮詢　　桌遊銷售

關於CAPSTONE

全港第1間提供
一站式桌遊服務的機構

超過10年桌遊教育經驗

服務學校機構超過100間

1000款以上桌遊可用於小組活動，
內容多變

★ 擁有超過1,200款、不同類型的桌遊提供售賣及遊玩體驗。

★ 於觀塘及銅鑼灣設立全港最大的桌遊Superstore，
　網上亦設有售賣點。

★ 獨家代理台灣品牌『新天鵝堡』、『楷樂國際』及
　『玩樂小子』各種桌遊。

★ 歷年推出多款自家設計遊戲，同時與不同機構協力創作
　具意義的桌上遊戲。

CAPSTONE課程

『桌上遊戲課程及到校服務』

幼稚園
- 短期小組
- Haba Learning Program
- Sumblox 數字積木聯盟
- 全學年桌遊成長小組

小學
- 特殊學習需要小組
- 義工服務
- 桌遊成長小組
- 大型桌遊活動
- Sumblox數字積木聯盟

中學
- 特殊學習需要小組
- 生涯規劃
- 義工服務
- 桌遊設計課程
- 桌遊成長小組
- 大型桌遊活動
- 全港學界桌遊比賽

長者
- 桌遊工作坊
- 興趣小組
- 預防性小組
- 發展性小組
- 支援社福專業服務

教師
- 教師團隊建立工作坊
- 桌遊融入個人成長工作坊
  (初階/高階)
- 教師專業發展 - 教與學工作坊

家長
- 親子桌遊日
- 親子關係小組
- 家長講座
- 校內桌遊展

了解課程內容

CERTIFICATION COURSE FOR
BOARDGAME
IN EDUCATION
桌遊教育應用導師(基礎)證書課程
接受報名

主辦機構   合辦機構
CAPSTONE   香港教育大學 The Education University of Hong Kong   SuSEN 特殊教育支援組

如需報價或查詢，請與Capstone Boardgame Co.李先生聯絡。

了解更多詳情：

📞 3755 0132 | @ info@capstoneedu.org

Capstone Boardgame Co.

銅鑼灣軒尼詩道438-444號金鵝商業大廈23樓A室
電話：2577 5388

觀塘成業街19-21號成業工業大廈1樓11室
電話：3755 0132

f Capstone Board Game f Capstone boardgame Education 🌐 shop.capstone.hk

小組工作實務技巧專業培訓

歡迎各機構 / 學校 / 企業邀請我知 Sir 為同工進行培訓或團隊退修：

主題	內容重點	課時	對象
舉一玩十： 遊戲變身再變新	• 遊戲之設計編排及講解與帶領技巧 • 舊酒新瓶創作新遊戲 7 式 • 一種物資帶領多個遊戲	3 小時 / 6 小時	社工 / 老師 / WW/PW/ PA/ 義工領袖
一團和戲： 歷奇輔導帶領技巧	• 不同主題之歷奇輔導流程設計 • 歷奇輔導活動之帶領介入及安全技巧	6 小時	
課室管理： 課室帶活動及解說	• 中小學生需要，人本建立關係（engage）及課室常規 • 爭取學生注意 30 招 • 全班活動及集體解說（Mass Debrief）技巧	3 小時 / 6 小時	社工 / 老師 / WW
Debrief 入門班	• 經驗學習法及小組解說基要概念 • 小組提問技巧入門	3 小時	PW/PA/ 義工領袖
Debrief 初階班	• 小組解說理論 • 提問架構與技巧：六何法、Roger 5F 等 • A.B.C.D.E.F. 引導技巧	3 小時 / 6 小時	社工 / 老師 / WW/PW/ PA
Debrief 中階班	• 以遊戲作解說（Debrief Games），示範輪換、位置、小卡、另類遊戲、藝術文本、戲劇等方式作解說	3 小時 / 6 小時	
Debrief 高階班	• 在發展性小組中以合宜的遊戲及上堆下砌解說提問法帶出主題，如：個人成長、人際非暴力溝通、組織領導及義工、公民與社會公義	1 日 （6 小時）	有經驗 社工 / 老師 / WW
Debrief 進階班	• 尋解導向（Solution-focused）解說提問技巧 • 過程取向及知行易徑（SSLD）介入小組關鍵事件 • 實務練習 / 現場督導（Live Supervision）	2 日 （12 小時）	
活用 Apps 帶討論： 電子 Debriefing	• 如何互動做講座：實時投票 / 回應及問答比賽平台 • 全組協作做研習：腦圖及小組討論協作工具 • 善用影音做反思：以多媒體形式深化 Debriefing	3 小時 / 6 小時	
相入非扉：攝影為本活動	• 體驗攝影為本遊戲：攝影概念、拍攝、選相及加工等系列活動如何帶出個人成長 / 社區影像發聲小組 • 不同場景、年紀之服務對象的小組應用案例	1-2 日 （6 小時 /12 小時）	社工 / 老師 / WW/PW/ PA
棋玩旅程：桌遊帶領及解說初階技巧	• 體驗個人 / 人際 / 組織 / 社會主題之精選桌上遊戲 • 練習如何用不同的解說提問技巧帶出主題訊息	3 小時 / 6 小時	

主題	內容重點	課時	對象
棋玩旅程：桌遊帶領及解說進階技巧	• 運用桌上遊戲及不同圖卡引導組員分享 • 處理桌遊過程中的關鍵事件	3 小時 / 6 小時	有桌遊經驗之社工
混合藝術媒介小組活動	• 藝術活動應用的理論、活動設計及帶領要點 • 體驗不同混合媒介物料於自我認識、個人成長、人際溝通等主題之活動	6 小時 / 2/3 日	社工 / 老師 / WW
活用 LEGO® 積木團隊引導 / 個人成長	• 活用 LEGO® 積木作團隊發展及培訓 / 個人成長及認識自我活動體驗 • 不同小組階段以 LEGO® 積木作 Debriefing 工具 • 小組輔導及 Debriefing 提問技巧	6 小時 / 12 小時	社工 / 老師 / WW
臨床督導小組	• 導師親臨小組活動現場作督導；或 • 同工分享小組計劃書或程序表；或 • 同工播放小組活動影片作朋輩督導小組	6-24 小時	有經驗社工
性格透視® 團隊建立	• 以 Personality Dimensions® 讓單位同工更認識自己和他人的核心需要、工作風格及小組動力，強化團隊關係，適合單位全體同工退修	3 小時 / 6 小時	任何職級同工

費用 / 報名連結：bit.ly/gsirtraining

查詢：黃幹知社工，叢書編者之一

（電郵：kevinwongkonchi@yahoo.com.hk）

過往參加者的評價：

☺ 與組員同在（Here & Now）

☺ 對 process 的重視和敏銳

☺ 透過經驗學習加深帶組之技巧，更有信心

☺ 學到用更多的遊戲去收集參加者的感受及需要

☺ 學懂應變，不要只著重遊戲成功與否，而應著重過程及感受

☺ 很有啟發，提醒多思考活動背後目標，參與者行為背後需要